# 통계로 미리 보는
# 핵심 키워드 7

통계는 대한민국의 미래를 알고 있다

# 통계로 미리 보는 핵심 키워드 7

**뉴시스 경제부 지음**

원앤원북스

# 『통계로 미리 보는 핵심 키워드 7』
# 일독을 권하며

우리가 늘 접하는 뉴스나 보도에서 '모든 통계가 어느 순간 사라진다면 어떤 일이 벌어질까?'라는 상상을 해본다. 아마도 뉴스의 신뢰도는 추락하고 정보로서의 가치는 크게 하락할 것이다. 통계가 없다면 지금의 인공지능을 비롯한 4차산업도 탄생하지 못했을 것이다.

통계는 우리가 주변의 세상을 정확하게 바라보고 합리적으로 의사결정을 하는 데 도움을 주는 다재다능한 도구다. 쏟아지는 정보의 홍수 속에서 옥석을 가려준다. 또한 최근 문제로 떠오르는 가짜뉴스나 정보에 속지 않으려면 우리는 통계와 친숙해질 필요가 있다.

거시경제 정책 분야에서 30여 년간 공직생활을 이끌어준 힘의 원천도 통계였다. 통계의 적극적인 소비자에서 지금은 신뢰받는 국가통계를 생산하고 국민의 통계 활용을 권하는 통계청장이 되었으니, 거의 평생을 통계와 함께해왔다고 해도 과언이 아니다.

이 책에 담긴 연재 기사가 4년 전 뉴시스에 처음 등장했을 때부터 애독자였다. 무엇보다 의미를 찾으면서도 읽는 재미가 있었던 기사였다. 세뱃돈 등 생활 속의 소재부터 거시경제 정책까지 다양한 주제를 통계에서 분석하고, 미니 다큐멘터리나 드라마처럼 입체적으로 구성한 기획과 필력이 놀라웠다.

매번 통계의 이면을 읽는 통찰에 감탄하면서도 때론 정부 경제정책을 향한 날카로운 지적과 비판에 성찰을 한 적도 여러 번이었다. 통계청에서도 국민의 통계 리터러시 향상을 위해 쉽고 편리한 통계정보 제공 서비스나 교육에서 이 책의 기사를 많이 참고했다.

그런 만큼 뉴시스가 그동안 연재 기사로 통계에 숨겨진 이야기를 찾아내 알기 쉽게 풀었던 내용을 도서로 출간한다는 소식을 듣고 그 누구보다 반가웠다. 통계를 치밀하게 분석해 2024년도를 핵심 키워드로 전망한 점도 이 책을 꼭 읽어야 할 이유 중 하나다.

20세기 초, 영국의 문명 비평가였던 허버트 조지 웰스는 장차 유능한 사회인이 갖춰야 할 기본적인 소양에는 읽기와 쓰기 능력과 마찬가지로 통계적 사고가 필요하다고 했다. 이 책은 디지털 시대에 통계적인 사고를 키울 수 있는 유용한 안내자가 될 것이다.

어렵게만 느껴졌던 통계와 친숙해지고 싶거나 통계를 이용해 세상을 바로 보고 삶의 지혜를 얻으려는 모든 분들께 이 책의 일독을 권한다.

이형일 통계청장

통계란 무엇일까요? 집단적인 사회현상이나 상황을 수치화해서 나타낸 것이라고 할 수 있습니다. 가령 학교에서 급식 메뉴를 정할 때 설문조사를 해서 학생들이 선호하는 음식이나 반찬 등을 파악하고 이를 분류하면, 다수의 학생들이 좋아하고 만족할 만한 급식 시간이 될 수 있겠지요. 한 회사에서 직원들을 위한 통근 버스를 운영하려고 할 때도 직원들의 거주지 정보를 활용하면, 많은 직원들이 편리하게 이용할 수 있는 최적의 노선을 찾는 데 도움이 될 것입니다.

정보기술(IT), 인공지능(AI) 등의 발달로 세상에는 무수히 많은 데이터가 차고 넘칩니다. 지금 이 순간에도 셀 수 없이 많은 정보가 생성되고, 축적되며, 다양한 분야에서 활용됩니다. 하지만 쓰임을 찾지 못하고 증발되기도 하지요. 전문가의 영역에 가까운 통계학과 달리, 통계는 그렇지 않습니다. 우리 실생활과는 떼려야 뗄 수 없죠.

아침에 눈을 떠 스마트폰으로 확인하는 날씨 정보도 기상 관측소에서 축적한 데이터를 분석해서 얻어낸 것입니다. 뉴스나 쇼핑 정보도 그동안 관심 갖고 눈여겨본 데이터를 기반으로 알고리즘이 형성된 것이고요. 대통령이나 국회의원을 뽑을 때, 내 또래의 관심사를 알고 싶을 때, 부동산이나 주식을 사고팔 때, 연인과 데이트하며 재미있는 영화를 보려고 할 때, 정치·사회·경제·문화에서 합리적인 선택을 하기 위해 통계 데이터를 일상에 접목시키거나 방대한 양의 정보를 활용하고 있습니다.


2020년부터 전 세계를 강타한 코로나19 바이러스 팬데믹(세계적 감염병 대유행)은 정치·사회·경제·문화·환경·국제 등 다양한 영역에서 이전에 경험하지 못한 '미증유(未曾有)'의 혼란기를 불러왔습니다. 3년여의 시간에 우리 사회는 많은 부분에서 근본적인 변화를 겪었고, 이를 받아들이며 삶의 균형과 조화를 찾으려 노력했습니다. 동시대를 살아가는 현대인들이 한 번도 경험해보지 못한 미증유의 세상과 사투 아닌 사투를 벌이는 동안에도 쉽사리 말로는 설명할 수 없는 일들을 통계가 보여주고 있습니다.

2023년, 우리 사회는 코로나19 팬데믹의 기나긴 터널에서 벗어나 새로운 지평을 열 것이라는 기대에 잔뜩 부풀었습니다. 그렇지만 현실은 녹록지 않았지요. 코로나19로 꽉 막혔던 하늘길이 열리면서 활발한 교류를 기대했지만, 마치 분풀이하듯 국가 간에 갈등이 폭발했습니다. 러시아가 우크라이나를 침공하며 발발한 전쟁은 2년 가까이 지속되고, 미국과 중국의 때아닌 패권 다툼이 벌어졌습니다. 기름 한 방울 나지 않는 우리나라는 물론, 전 세계가 에너지 대란을 겪어야 했습니다. 수출로 먹고사는 우리나라는 미중 무역 갈등 속에 갈팡질팡하며 '역대급' 무역 적자를 기록했습니다.

그럼에도 새로운 미래 먹거리를 찾으려는 노력은 계속되었습니다. 반도체와 전기차 등 신성장 산업은 세계시장을 호령했고, 국가 발전의 허브인 산업단지도 새롭게 탈바꿈할 준비를 마쳤습니다. 그러나 서민들은 좀처럼 허리를 펴지 못했습니다. 연일 고공행진 중인 물가 때문에 주머니 사정이 뻔해졌기 때문이죠. '저출산' '고령화'라는 인구구조 문제는 더욱 심화되고, 생산인구 감소와 양질의 일자리가 줄면서 노동의 질은 개선되기는커녕 오히려 뒷걸음질했습니다.

부동산은 어떨까요? 무섭게 치솟던 집값은 거품이 빠르게 걷히는 과정에서 전세사기 피해가 속출했고, 빈집이 늘어나는 등 갖가지 부작용을 낳았습니다. 대한민국의 미래 세대가 자라는 교육 현장도 혼란스럽기는 마찬가지였죠. 학교 폭력은 아이들 간의 다툼에서 그치지 않았고, 학부모의 그릇된 자식 사랑은 교권을 무너뜨렸습니다. 공교육의 갈라진 틈을 사교육 시장이 비집고 들어가면서 아이들 간의 교육격차가 더욱 심각해진 것이지요.

이 책은 '세상에 쓸모없는 통계란 없다'라는 일념으로, 뉴시스 경제부 기자들이 통계 속에 숨겨진 이야기를 찾아내 이해하기 쉽게 풀어냈습니다. 우리 주변에는 특별히 관심을 갖지 않으면 그 쓰임이 무엇인지 모르고 지나치는 통계가 수없이 많습니다. 경제 현안이나 사회적 관심사, 국제 정세, 평범한 이들의 먹고사는 문제에 이르기까지 통계로 세상을 바로 보고 현상을 분석하며, 다가올 미래를 예측해보고자 매주 연재했던 기사(세쓸통) 중에서 2023년을 돌아볼 수 있는 내용들을 7개의 키워드로 정리해 엮었습니다.

통계를 기반으로 하고 있지만, 통계에 대한 전문 지식이 없어도 쉽게 이해할 수 있는 내용들로 채웠습니다. 평소에 세상 돌아가는 이야기에 조금이라도 관심이 있거나 스마트폰에서 뉴스를 보는 행위가 어색하지만 않다면, 무리 없이 읽어 내려갈 것입니다. 그리고 전문 용어들을 쉽게 풀어 설명함으로써 이해를 돕고, 주제와 관련된 더 많은 정보를 독자 스스로 찾아보고 활용할 수 있게끔 안내하고 있습니다.

마지막으로 정부기관이 생산해내는 1천여 종의 주요 통계를 서비스하는 '통계청 국가통계포털(KOSIS)'을 비롯해 나라의 살림살이를 한눈에 확인할 수 있는 '열린재정', 국민들이 가장 민감해하는 장바구니 가격을 매일 업데이트해서 제공하는 '농산물유통정보(KAMIZ)' 등 실생활에 유용한 데이터를 모아 놓은 주요 통계 관련 사이트를 수록했습니다.

다시 한번 강조하면 이 책은 통계와 관련된 전문 지식을 필요로 하지 않습니다. 정보의 홍수 속에 가짜뉴스가 여과 없이 사람들에게 전달되고, 허위·과장된 정보가 소셜미디어 등을 통해 삽시간에 번지면서 세상을 바라보는 우리들의 시야가 점점 흐릿해지고 있습니다.

쏟아지는 데이터 안에 담긴 숫자를 오롯이 들여다보고, 이를 통해 거짓이나 꾸밈없이 세상을 볼 수 있는 방향성을 제시하고자 합니다. 통계가 우리 사회를 되돌아보고, 트렌드를 이해하고, 나름의 분석을 통해 미래를 예측하는 좋은 길라잡이가 될 수 있다는 것을 이 책을 통해 들여다보고자 합니다.

뉴시스 경제부

# CONTENTS

## 1장 전쟁발 에너지 대란

## 2장 고래 싸움에 무역 적자

# 3장 차세대 먹거리 산업의 현주소

# 4장 고물가 '텅'장 시대

# 5장 일자리 세대 전쟁

## 6장 나 홀로 월세, 집값 꿈틀

## 7장 더 글로리, 그리고 학교 참상

경제부 기자가 알려주는
7가지 키워드

- ⊘ 전쟁발 에너지 대란
- ⊘ 고래 싸움에 무역 적자
- ⊘ 차세대 먹거리 산업의 현주소
- ⊘ 고물가 '텅'장 시대
- ⊘ 일자리 세대 전쟁
- ⊘ 나 홀로 월세, 집값 꿈틀
- ⊘ 더 글로리, 그리고 학교 참상

첫 번째 키워드는 **전쟁발 에너지 대란**입니다. 코로나19 팬데믹 이후 세계경제와 우리 경제에 던져진 화두는 전쟁이었습니다. 코로나19 바이러스가 대유행의 그늘에서 벗어나 풍토병으로 우리 삶에 자리 잡아갈 무렵인 2022년 2월, 느닷없이 러시아가 우크라이나를 침공했습니다. 러시아는 전투기를 띄우고 탱크를 진격시키며, 미사일을 퍼부으면서 우크라이나를 무력으로 압박했습니다. 러시아의 속국이 되기를 거부한 우크라이나도 물러서는 법을 잊은 채 결사 항전하면서 전쟁은 장기전으로 돌입했지요. 두 나라의 전쟁으로 국제 유가는 치솟았고, 유럽에서는 천연가스 공급이 중단됐다가 재개되기를 반복했습니다.

전쟁으로 촉발된 에너지 대란의 파급력은 기름 한 방울 나오지 않는 우리 경제에 치명타였습니다. 이역만리에서의 전쟁 때문에 벌어진 에너지 공급망 위기는 2023년 우리 경제에 많은 상흔을 남겼습니다. 그렇기에 '전쟁발 에너지 대란'을 첫 번째 키워드로 꼽았습니다.

전쟁 이후 천정부지로 치솟은 국제 유가 때문에 국내 휘발유 가격은 한때 리터당 2천 원을 훌쩍 넘겼습니다. 정부는 서민 부담을 덜기 위해 '유류세 인하'라는 한시 조치를 가동했지만, 전쟁 장기화에 이를 거두는 것조차 쉽지 않았습니다.

에너지 대란으로 전기·가스요금을 제때 올리지 못하면서 한국전력공사와 한국가스공사는 천문학적인 적자를 떠안았습니다.

뒤늦게 전기요금 인상을 단행했지만, 이는 공기업의 부채를 덜기는커녕 난방비와 전기요금 폭탄이라는 부메랑이 되면서 서민들의 생활을 더욱 옥죄었지요.

가스 공급망이 뒤틀리면서 가스요금은 큰 폭으로 뛰었고, 여름철 폭염에 최대치를 찍었던 전력수요는 한파로 인한 난방비 폭탄으로까지 이어졌습니다. 에너지 대란의 후폭풍은 저소득층에게 더욱 치명적이었고, 이는 통계청의 가계동향조사에서 여실히 드러났습니다. 연료비 부담이 늘어난 탓에 소득의 상당 부분을 난방비를 포함한 필수생계비에 쓸 수밖에 없었던 것이지요.

한편 지역 경제도 얼어붙게 만들었습니다. 대표적인 공업 도시인 울산과 경북 지역의 전기사용량이 되레 줄었으니까요. 전쟁발 에너지 대란은 현재진행형입니다. 이스라엘과 팔레스타인 무장정파 하마스 간에 벌어진 전쟁이 중동의 화약고에 불을 댕겼기 때문입니다. 국제 유가의 변동성은 우리 경제의 아킬레스건입니다. 국제 유가가 안정되지 않은 한, 우리 경제의 불확실성은 더욱 확대될 수밖에 없습니다. 따라서 에너지 공급망 다변화와 신재생에너지 등 대체에너지 개발을 비롯해, 가계경제에 숨통을 트일 에너지 취약 계층에 대한 집중적인 지원이 요구됩니다.

두 번째 키워드는 고래 싸움에 무역 적자입니다. 최근 미국과 중국의 G2(주요 2개국) 패권 다툼으로 인해 무역 규제가 심화되면서 우리 수출 기업들의 활동이 어려워진 상황입니다. 이를 통계를 바탕으로 살펴보고자 합니다.

2022년 에너지 대란을 시작으로 2023년 수출 실적이 곤두박질치기 시작했습니다. 우리나라의 경제를 떠받치는 수출은 1990년대 후반 국제통화기금(IMF) 외환위기 사태와 2008년 글로벌 금융위기 때를 넘어서는 역대급 무역 적자를 기록했습니다. 2023년 수출 실적을 과거의 수출 실적 통계치와 비교해보면 얼마나 심각했는지가 여실히 드러납니다.

2023년 상반기(1~6월)에만 264억 6,700만 달러(한화 약 36조 원) 적자를 기록했습니다. 이러한 무역 적자 규모는 IMF가 선정한 주요 208개국 중 200위로 바닥권을 형성한 것입니다. 같은 순위 집계에서 2017년 5위였고, 2021년까지만 해도 18위로 상위권을 지키던 우리나라가 불과 2년 만에 '문제아(?)'로 전락한 사실에 놀라지 않을 수 없습니다. 이 순위만 놓고 보면 수출 강국을 자부하며 '메이드 인 코리아' 'K-신드롬'을 불러일으키며 승승장구하던 모습은 신기루였나 싶을 정도입니다. 순위가 곤두박질친 배경은 무엇이고, 무역 적자의 심각성과 구체적인 원인 등을 무역 통계를 통해 확인하고자 합니다.

2023년 6월에는 무역수지가 16개월 만에 흑자로 전환했습니다. 그러나 마냥 반길 수만은 없었던 이유를 통계가 말해주고 있습니다. 수출이 반등에 성공했다기보다 내수 부진 등 수입이 줄어서 생긴 '불황형 흑자'였기 때문입니다. 중국의 경기 불황이 우리나라 무역에 상당한 악영향을 끼쳤습니다.

과연 2024년에는 '불황형'이라는 단어를 떼고 수출도 완전한 '플러스'로 전환한 무역 흑자를 이룰 수 있을지, 우리 수출 기업들의 입가에 다시금 미소가 번질 수 있을지를 살펴보고자 합니다.

세 번째 키워드는 **차세대 먹거리 산업의 현주소**입니다. 우리나라의 미래 신성장 산업인 반도체와 전기차 등에 주목해보고자 합니다. 코스피 시가총액 1, 2위가 반도체 기업인 삼성전자와 SK하이닉스입니다. 세계적인 공급망 불안 속에 반도체 업황이 잔뜩 움츠러들자 우리나라의 수출 실적은 혹한기를 맞았습니다. 반도체 수출이 줄면서 무역수지는 크게 악화되고, 국내 제조업과 설비투자 등도 순식간에 얼어붙었지요. 반도체산업이 살아나야 수출이 회복되고, 국내 경기도 온기가 돌 것이란 전망은 너무나도 자명한 이야기입니다.

정부도 반도체 부진이 일시적인 현상에 그칠 수 있도록 관련 투자와 인재 육성에 더욱 박차를 가했습니다. '반도체산업이 지금과 같은 경쟁력을 유지할 수 있는냐'는 무엇보다 '중장기적인 인재 수요에 얼마나 잘 대응하느냐'에 달려 있습니다. 전기·수소 등 미래차도 반도체와 함께 차세대 먹거리 산업으로 꼽힙니다.

2023년 반도체 부진은 아쉬움을 남겼지만 자동차는 떠오르는 수출 효자로서 새로운 가능성을 열었습니다. 미국과 유럽 등에서 우리나라 전기차와 하이브리드 자동차가 판매 호조세에 힘입어 연일 역대 최고 판매치를 경신하기도 했으니까요. 자동차 선진국인 미국에서 한국산 전기차 수출이 5년 만에 60배나 성장했다는 데이터는 반기지 않을 수 없습니다. 반도체에 의존했던 수출이 자동차를 비롯한 다른 산업으로 확산될 것이란 기대도 가져볼 수 있는 대목입니다.

반도체산업에 의존도를 낮추고 다양한 산업이 성장하려면, 국가 발전의 허브를 자처했던 산업단지의 재도약이 필요합니다. 전국에 낙후된 산업단지를 새롭게 탈바꿈하기 위해 규제를 완화하고, 중소기업이나 산업 현장을 기피하는 청년들이 일하고 싶은 환경을 조성하려는 노력도 필요합니다. 앞으로 반도체를 대체할 수 있는 기간산업이 성장하는 요람이 될 수 있을지가 주목됩니다. 이와 함께 바닥을 다진 반도체 업황이 다시 반등하면서 2024년에는 완연한 회복세를 보일지도 살펴볼 예정입니다.


네 번째 키워드는 **고물가 '텅'장 시대**입니다. 높은 물가로 인한 서민 부담, 그에 대한 대비책 등을 모색해보고자 합니다. 2022년부터 미국은 코로나19 위기를 극복하는 과정에서 경기 부양을 위해 시장에 풀었던 자금을 거둬들이기 시작했습니다. 이로 인해 기준금리가 연일 상승했지요. 한국도 예외는 아닙니다. 2021년 말

1.00%에 불과했던 한국은행 기준금리는 인상을 거듭한 끝에 현재 3.50%까지 치솟은 상태입니다.

'고금리·고물가·고환율' 이른바 '3고(高)' 시대가 한국 경제를 강타했습니다. 영혼까지 끌어 모아 은행에서 돈을 빌린 2030 세대는 내 집 마련의 꿈을 만끽할 새도 없이 이자 부담에 허덕이고 있습니다. 코로나19 기간을 힘겹게 보낸 소상공인 역시 고금리의 빚더미에 눌려 하루하루를 힘겹게 버텨내고 있는 상황입니다.

대다수의 국민들을 힘들게 하는 것은 단연 고물가입니다. 점심 한 끼를 해결하는 데 1만 원은 별다른 선택지가 되지 못합니다. 서민들의 허기를 달래주던 라면과 햄버거, 김밥은 가격이 얼마나 무섭게 치솟고 있는지 통계에서도 여실히 드러납니다. 하루 일과를 마치고 먹는 치맥(치킨과 맥주)도, 피로를 풀기 위해 찾던 사우나도, 건강을 챙기고자 향했던 헬스장도 서민들의 주머니 사정을 봐주지 않았지요.

세계적인 에너지 대란에도 억지로 눌렸던 공공요금은 일제히 올랐고, 인건비와 원자재 비용 증가는 고물가를 부채질했습니다. 물가 고공행진은 서민 경제를 더욱 불안에 빠뜨렸습니다. 게다가 코로나19 이후 살아나야 할 내수시장은 더욱 꽁꽁 얼어붙었고요. 대표적인 불황형 상품인 복권 판매율이 크게 증가했다는 데이터가 서민들의 힘겨운 삶을 보여주는 것 같아 씁쓸합니다.

물가를 잡기 위한 다양한 노력들이 효과를 제대로 보지 못하고 있습니다. 대외적인 영향이 큰 탓이라고는 하지만, 뾰족한 수 없이 바깥세상이 바뀌기를 보고만 있는 것도 곤욕입니다. 월급 빼고 모조리 오르는 상황에서 물가가 안정되지 않은 한, 서민들의 어려움은 계속될 것입니다.

다섯 번째 키워드는 **일자리 세대 전쟁**입니다. 취업난에 일자리를 두고 MZ세대와 신노년세대라 불리는 베이비부머, 즉 부자지간인 두 세대 사이에 보이지 않는 전쟁이 벌어지고 있습니다. 번듯한 직장을 찾기까지 아르바이트(이하 '알바')를 전전하는 20대, 이들이 가고 싶어하는 월급 500만 원이 넘는 업종, 왜 이런 업종을 꿈꿀 수밖에 없는지, 즉 소득에 따라 향후 삶의 양식도 양극화할 수밖에 없는지 등을 통계로 살펴봤습니다. 알바라도 하면서 대기업 입사를 위해 고군분투할 수밖에 없는 현실이 2023년에도 계속되었습니다.

그런데 막상 어렵게 취업을 하더라도 삶이 윤택해지는 것은 아닙니다. 휴가도 제때 못쓸 정도로 과도한 노동 시간은 '과로사회'라는 오명을 불러왔습니다. 2023년 정부가 주 69시간 근로제도를 꺼내든 이후, 과로사 사건이 수면 위로 부상했습니다. 그러면서 MZ세대는 직업을 선택할 때 개인의 발전 가능성이나 고용 안정보다 소득과 업무량, 근로시간을 더 중요하게 생각한다는 연구 결과도 나왔지요.

반면 베이비부머 등은 은퇴 후에도 쉼 없이 살아가고 있습니다. 노인들의 재취업 행렬이 계속되고 있지요. 노인들이 재취업을 선택하는 이유는 일을 통해 건강을 찾고 스트레스도 낮추며 사회·경제적 성취도 얻기 때문이라지만, 실은 먹고사는 문제에 가깝습니다.

취업난은 심각한데 노인들까지 취업 전선에 뛰어들다 보니 분위기가 심상치 않습니다. 청년들도 일자리를 찾지 못하는데 노인들 일자리까지 챙기기에는 시기상조 아니냐는 지적입니다. 한정된 밥그릇을 두고 아버지세대와 자식세대가 싸우는 '세대 갈등'으로 번지는 지경입니다. 2024년에는 일자리를 두고 세대 갈등이 더 심화되지는 않을지, 갈등을 어떻게 풀어나갈지, 두 세대의 일자리를 보는 시선은 어떻게 달라질지 등을 전망해봅니다.

여섯 번째 키워드는 **나 홀로 월세, 집값 꿈틀**입니다. 인구구조 변화와 그에 따른 부동산 시장을 분석해봅니다. 출산율이 역대 최저치를 기록하고 노년층 인구는 늘어나, 2024년에는 국민 5명 중 1명이 노년층이 될 것이란 전망이 있습니다. 인구는 고령화되고 세대수는 증가하는, 즉 나이 든 1인 가구가 늘어나는 추세가 빨라지고 있는 것입니다.

지역별 합계출산율은 1명 미만으로 떨어졌습니다. 전국에서 유일하게 세종만 합계출산율이 1명을 넘어서고 있는데 이는 무엇 때문일까요? 비교적 안정적인 직업군인 공무원들이 군집해 있다 보니 상대적으로 다른 지역에 비해 혼인 연령이 빠르고, 출산도 활발하다는 것이 통계로 드러나고 있습니다.

뜨겁게 달아올랐다가 차갑게 식어간 부동산 시장은 어떨까요? 코로나19를 거치면서 집값이 크게 올랐다가 급락했습니다. 그 결과 사회적 문제가 노출되고 있습니다. 전국에서 전세사기가 잇따르면서 피해자가 속출하고, 이로 인해 월세 수요가 급격히 증가해 '메뚜기족'이라 불리는 이사 수요가 늘어난 점도 통계에서 드러났습니다.

그럼에도 인구는 계속해서 수도권과 도심으로 집중되고 있습니다. 고령화된 농촌지역은 지역소멸 위기감이 팽배합니다. 농촌지역뿐 아니라 지방도시에서도 빈집 문제가 심각합니다. 전국에 버려진 빈집만 13만 호에 달합니다. 부동산 시장의 등락은 마냥 반길 수도, 그렇다고 안타까워할 수도 없습니다. 부동산 경기가 경제를 크게 좌우하는 우리나라의 현실을 감안했을 때, 2024년에도 지금과 같은 시장 상황이 지속되면 경기 불황의 그늘이 짙어질 수 있습니다. 그렇다고 얼어붙은 부동산 시장에 봄이 찾아온다 해도 집 없는 서민들은 맘 편히 두 발 뻗을 수도 없겠지요.

마지막 키워드는 더 글로리, 그리고 학교 참상입니다 2023년 온라인동영상서비스(OTT)인 넷플릭스에서 〈더 글로리〉가 세계 드라마 부문 1위를 기록했습니다. 이를 기점으로 사회경제 분야에 영향을 미친 학교 교육에 주목했습니다. 〈더 글로리〉를 통해 학교 폭력 사태가 10여 년이 지난 현재에도 여전하다는 것, 그리고 뉴스에 자주 등장한 학교폭력 사태를 조명해보고자 합니다.

서이초등학교 20대 여교사의 안타까운 죽음과 유명 웹툰 작가의 그릇된 자녀 사랑이 '교권 붕괴'라는 실태를 보여주는 동시에, '교권 회복'이라는 사회적 관심을 불러일으켰지요. 관련 통계를 바탕으로 학교폭력의 심각성과 무너진 교권 실태를 짚어보면서 2023년 학교 현장에서 벌어진 일들이 교육을 넘어 인권 문제로 불거진 점에 관심을 기울여봅니다.

나아가 공교육의 기반이 허술해지고 입지가 작아지면서 사교육 시장은 더욱더 몸집을 부풀렸습니다. 저출산으로 학령인구는 지속적으로 감소하고 있지만, 사교육비 총액은 매년 10% 안팎 커지고 있죠. 수능 시험에서 킬러문항을 없애고 사교육 업체를 점검하는 등의 정책적 노력은 효과를 발휘하지 못하고 있습니다.

사교육 시장이 팽창하면 할수록 소득 수준에 따른 '부익부 빈익빈'은 더욱 심화되고 있습니다. 소득 수준이 높을수록 자녀에게 더 많은 사교육비를 투자합니다. 이는 상위권 대학 진학으로 이어질 확률을 높여주지요. 그렇지 못하면 '개천용(개천에서 용이 난다)'의 기적을 바라야겠죠. 이는 부의 대물림, 가난의 쳇바퀴가 되는 것으로 2023년의 현실입니다.

# 1장

# 전쟁발
# 에너지 대란

# 전쟁에 요동친 국제 유가,
# 자원 빈국인 우리나라에 직격탄!

러시아와 우크라이나 간 전쟁은 많은 이들에게 상처를 남겼습니다. 경제적으로도 세계 곳곳에 피해를 입혔습니다. 바로 에너지난을 일으킨 것입니다. 러시아는 석유·천연가스 주요 수출국이다 보니, 우리나라를 비롯한 전 세계 에너지 수입국에 타격을 주었습니다. 양국 전쟁이 예상보다 길어지면서 전 세계는 '고유가 시대'에 접어듭니다.

그러던 중 중동에서도 전쟁이 발발합니다. 이스라엘과 팔레스타인 무장정파 하마스 간에 분쟁이지요. 중동 역시 주요 산유국 집결지인 만큼, 이번 사태로 유가가 추가 상승할 것으로 우려됩니다. 그나마 다행인 것은 걱정만큼 유가가 치솟지는 않았다는 점입니다. 중동 사태가 앞선 전쟁과 달리, 유가를 치솟게 하지 않은 이유는 무엇일까요?

우리나라에는 안타깝게도 기름 한 방울 나오지 않습니다. 매장된 자원도 부족하다 보니 에너지를 수입해서 쓸 수밖에 없지요. 그만큼 에너지 해외 의존도가 유독 높은 국가입니다. 따라서 유가를 비롯한 에너지 가격이 국제 가격에 따라 출렁입니다. 해외에서 사오는 가격에 그때그때 바뀌는 환율까지 적용되면서 말이죠.

일반적으로 가격은 수요와 공급에 따라 정해집니다. 전 세계적으로 기름 수요가 크게 변동하지 않는 만큼, 유가는 수요보다 공급량에 더 민감하게 반응하는 경향이 있습니다. '국제 유가, 사우디·러시아 감산 지속 발표에 상승'과 같은 국제 뉴스를 한 번쯤 본 적 있을 겁니다. 이처럼 주요 산유국에서 연말까지 원유 생산량을 줄이겠다는 '감산' 정책을 발표하면 국제 유가가 크게 오르곤 합니다. 일반적으로 국내 유가는 국제 유가와 약 2~3주 시차를 두고 움직입니다. 해외에서 기름을 사서 들여오고 우리에게 닿기까지의 시차로 보면 됩니다.

공급량이 줄어드는 또 다른 케이스는 없을까요? 산유국에서 인위적으로 원유 생산을 줄이는 것 말고도 사건·사고로 줄어드는 경우가 있습니다. 대표적인 사례가 바로 '전쟁'이지요. 2023년 전 세계는 전쟁의 위험을 2번이나 겪었습니다. 2023년 2월 24일은 러시아의 우크라이나 침공으로 양국 간에 전쟁이 발발한 지 만 1년이 되던 날입니다. 참혹한 전쟁은 이후로도 계속되었지요. 만 1년이 되던 그날, 볼로디미르 젤렌스키 우크라이나 대통령은 연설에서 '우리 생애에서 가장 긴 날'이라고 소회를 밝혔습니다. 이 표현처럼 전쟁은 깊은 상처를 곳곳에 남겼습니다. 전쟁을 치르는 당사국이 가장 크게 아팠겠지만, 세계 곳곳에도 출혈이 컸거든요.

러시아는 미국과 사우디아라비아에 이어 세계 3대 주요 산유국으로 꼽힙니다. 유럽은 경유의 60%를 러시아에서 수입할 정도이고요. 러시아가 전쟁을 치르는 동안 세계 원유 공급이 줄면서 국제 유가가 오르기 시작합니다.

### 휘발유와 경유, 무엇이 다른가요?

휘발유는 대부분 승용차 연료로 사용되고, 경유는 자동차는 물론이고 선박이나 포클레인, 굴착기 등 다양한 장비의 연료로 사용됩니다.

### 왜 휘발유가 경유보다 비싼가요?

꼭 휘발유가 경유보다 비싼 건 아니에요. 경유가 광범위하게 사용되다 보니 국제 시장에서는 오히려 경유가 휘발유보다 더 비싸게 판매됩니다. 그런데 우리나라 주유소에 걸려 있는 가격표를 보면 휘발유가 더 비쌉니다. 그 이유는 바로 '유류세'에 있습니다.

유류세란 정부가 기름에 매기는 세금입니다. 과거 정부에서는 휘발유를 사치품의 일종이라 여겼습니다. 휘발유는 자동차 연료, 경유는 산업용 연료로 인식했지요. 이를 반영해 정부가 경유보다 휘발유에 세금을 더 높게 책정하면서 비싸게 공급된 것입니다.

하지만 자동차는 이제 과거처럼 사치품이 아닌 국민들의 보편적인 이동수단이 되었습니다. 정부는 휘발유 가격이 오르면 서민 경제에 부담이 될 수 있다고 보고, 국제 유가가 오를 때마다 유류세 인하 정책을 검토한 것입니다.

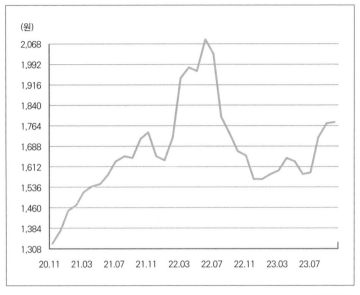

전국 휘발유 가격(2020년 11월~2023년 7월)

2023년 10월에도 유가가 들썩였습니다. 2023년 10월 7일 팔레스타인 무장정파 하마스와 이스라엘 간에 분쟁이 시작됐기 때문이지요. 이 두 사태로 유가가 얼마나 올랐는지 수치로 확인해보겠습니다.

우선 러시아-우크라이나 전쟁이 발발한 때부터 만 1년이 된 시점까지 살펴보죠. 대표적인 국제 유가 지표로 쓰이는 두바이유를 기준으로 보면, 전쟁 직후에 가격이 치솟습니다. 급격히 오른 가격은 전쟁 직후 숨고르기를 하듯 주춤하거나 소폭 하락하기 마

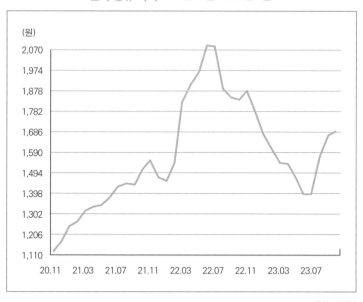

전국 경유 가격(2020년 11월~2023년 7월)

출처: 오피넷

련입니다. 전쟁 직후 국제 유가도 이와 같은 패턴을 보입니다.

한국석유공사 유가정보시스템 페트로넷에 따르면, 두바이유는 2022년 2월 23일 배럴당 93.65달러에서 3월 9일 127.86달러까지 치솟습니다. 이후 잠시 주춤했지만요. 전쟁의 여파가 컸던 것일까요? 이내 6월 10일 118.94달러까지 다시 상승합니다. 이후 유가는 오르내림을 이어가더니 9월 80달러대, 12월께 70달러대까지 밀린 뒤 다시 소폭 반등합니다.

국내 유가는 국제 유가와 큰 틀에서 같은 흐름을 보입니다.

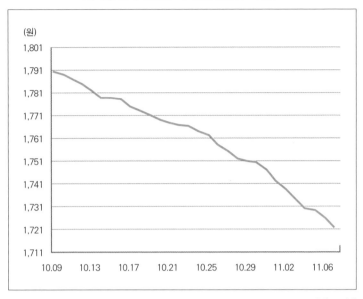

**리터당 전국 휘발유 가격(2023년 10~11월)**

출처: 오피넷

2022년 2월 초 전국 기준, 휘발유 평균 판매가는 1,718원에서 6월 5일 2,138원까지 크게 올랐습니다. 이후 하락세를 이어가던 가격은 그해 말 1,537원까지 떨어지다가 2023년 소폭 반등했습니다. 결국 전쟁이 발발한 뒤 국제 유가는 급등했고, 이후 오르내림을 이어가는 등 변동성이 커졌다는 사실을 알 수 있습니다.

당시 국내 유가 시장을 살펴보면 재미있는 지점이 눈에 띕니다. 휘발유와 경유의 움직임이 달랐다는 점입니다. 분명 휘발유보다 저렴했던 경유가 2022년 6월 5일에 2,158원까지 오르며 휘발유

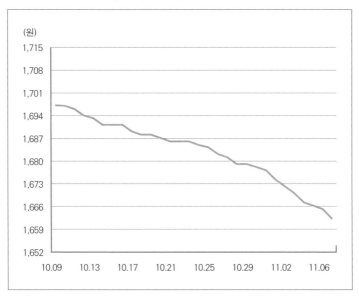

**리터당 전국 경유 가격**(2023년 10~11월)

(원)

출처: 오피넷

가격을 추월했습니다. 그야말로 '가격 역전'이지요.

경유가 휘발유보다 비싸다니 이상하지 않나요? 주유소에 가 보면 휘발유가 보통 경유보다 더 비싸잖아요. 국내에서는 세금이 많이 붙는 휘발유가 경유보다 일반적으로 비싼 값에 팔리거든요. 그런데 가격이 역전된 이유는 무엇일까요? 러시아-우크라이나 전쟁 이후 유럽을 중심으로 경유 수급에 차질이 생기면서 5월 경유 가격이 휘발유를 앞지른 것으로 분석됩니다.

이후 휘발유 가격은 경유보다 가파르게 하락하더니 2022년

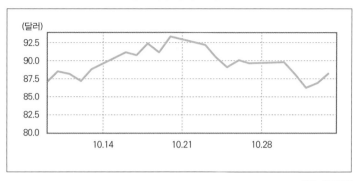

두바이유 유가 그래프

출처: 페트로넷

말 다시 반등합니다. 반면 경유는 계속 떨어지더니 휘발유 밑으로 떨어집니다. '가격 재역전'이 벌어진 것이지요. 전문가들은 휘발유 가격이 반등한 배경으로, 유류세 인하폭이 축소된 점을 꼽습니다. 유가에는 정부에서 매기는 세금이 붙습니다. 국민들의 유가 부담이 커질 때를 우려해 정부에서는 유가에 매기는 세금인 '유류세'를 조정하는데, 그 과정에서 휘발유 가격이 반등했습니다.

러시아-우크라이나 전쟁이 발발한 지 1년을 넘긴 2023년 4월, 국내 휘발유 가격은 전쟁 직후 수준까지는 아니지만 1,600원대까지 오르다 떨어지기를 반복했습니다. 그러다가 휘발유 가격이 다시 요동칩니다. 10월 초 팔레스타인 무장세력 하마스가 이스라엘 가자지구를 침공하면서부터죠.

대표적인 산유국 중동 지역에서 전쟁이 발발하자 앞서 에너지난을 겪은 전 세계 국가는 충격에 휩싸였습니다. 미국 투자은행인 골드만삭스에서는 국제 유가가 배럴당 100달러까지 오를 것이라고 전망했습니다. 실제로 사태 직후인 2023년 10월 초, 두바이유는 90달러에 육박할 만큼 오릅니다. 러시아-우크라이나 전쟁 직후처럼 유가 급등 시기가 도래할 것이라는 우려가 커졌습니다.

다행히 국제 유가는 우려만큼 오르지는 않았습니다. 국제 유가에 연동되며 움직이는 국내 유가도 마찬가지고요. 전쟁이 일어난 지 한 달이 지난 뒤에도 국제 유가는 80달러대에 머물렀습니다. 페트로넷에 따르면 2023년 11월 7일 두바이유는 배럴당 86.89달러를 기록했습니다. 국내 유가는 오히려 한 달째 하락세를 이어갔고요.

오피넷에 따르면 2023년 11월 첫째 주 휘발유 판매가격은 전주 대비 17.8원 하락한 리터당 1,745.8원, 경유는 8.6원 하락한 1,675.9원을 기록했습니다. 10월 둘째 주, 즉 사태가 발발한 그다음 주부터 4주 연속 하락했으니 사실상 큰 영향을 받지 않았다고 보는 게 맞겠지요.

전문가의 예측과 달리 유가가 급등하지 않은 이유는 무엇일까요? 두 전쟁이 유가에 미친 영향의 차이는 어디에서 비롯된 것일까요? 해답은 '산유국 당사자인가?'에 주목할 필요가 있습니다. 러시아-우크라이나 전에서 전쟁의 주체인 러시아는 세계 3위의 산유국입니다. 그러다 보니 전쟁이 발발한 직후 원유 생산이 어려워지면서 공급량이 줄었고, 이것이 실제 가격에 바로 반영된 겁니다.

반면 이스라엘-팔레스타인 사태는 양국이 주요 산유국이 몰려 있는 중동에 있지만 이들이 산유국은 아니었습니다. 이번 사태로 원유 공급에 영향을 줄 수는 있겠지만, 원유 생산이 실제로 줄어드는 것은 아니었던 겁니다. 중동 산유국까지 전쟁이 확산되지 않는다면 러시아-우크라이나 전만큼 유가에 타격을 미치지는 않을 것으로 예상됩니다.

### 통계 돋보기

**기름값이 많이 올라서 주유할 때마다 걱정이라면?**

오피넷(www.opinet.co.kr)에서 가격 정보를 손쉽게 확인할 수 있습니다. 한국석유공사가 운영하는 오피넷에는 매주 가격 통계가 업데이트됩니다. 매주 금요일 오후에 휘발유와 경유의 주유소 평균 판매가격은 물론이고, 지역별 가격 통계까지 발표됩니다. 알뜰주유소를 포함해 정유사별 가격까지 비교해볼 수 있습니다. 그리고 우리 동네에서 제일 저렴한 주유소도 찾을 수 있습니다. 오피넷 홈페이지 메인화면에서 저가 순으로 '베스트 5' 주유소가 매번 업데이트되니 저렴한 곳에서 주유하세요!

# 2024년에는 어떻게 달라질까?

전쟁이 언제 끝날지 예측하기란 쉽지 않습니다. 따라서 안타깝지만 두 전쟁이 끝나지 않은 상태를 가정한 채 유가를 전망해보겠습니다. 여전히 주요 산유국인 러시아로 인해 '고유가 시대'는 계속될 전망입니다. 전쟁 양상에 따라, 글로벌 경제상황에 따라 유가는 출렁일 겁니다.

반면 팔레스타인-이스라엘 사태는 어떨까요? 지금 같은 상황이라면 유가에 미치는 영향이 크지 않을 겁니다. 다만 인근 이란이나 사우디아라비아 등 중동 산유국으로 확전되어서 중동 4차 전쟁, 이란혁명 등이 일어난다면 유가는 추가 급등할 것으로 예상됩니다. 앞서 골드만삭스 등에서 전망한 국제 유가 100달러도 넘어설 수 있습니다. 세계은행은 2023년 말 99달러를 전망하면서 확전 시에는 여기에서 최대 75%까지 추가 상승할 수 있다고 내다봤습니다.

유가에 영향을 미치는 요인에는 전쟁 말고도 '감산'이 있습니다. 주요 산유국 모임인 오펙플러스(OPEC+) 등에서 공급을 줄인다고 발표할 수 있습니다. 반대로 전 세계적으로 기름 수요가 달라지는 일은 없을까요? 중국이 경기가 회복되거나 위축되면서 기름을 필요로 하는, 즉 수요가 증가할 가능성도 있습니다.

무엇이 되었든 2023년의 고유가 기조가 이어질 것이란 전망이 우세합니다. 유가가 많이 올라서 주유하기가 두렵지 않나요? 2024년에는 국제 뉴스와 국내 유가 추이를 꼼꼼히 챙겨보길 바랍니다. 유가를 절약하기 위해 상대적으로 가격이 떨어졌을 때 주유하거나 우리 동네에서 가장 저렴한 주유소는 어디인지 찾아보는 것은 어떨까요.

# 싸다고 펑펑 쓴 전기가
# 부메랑이 되다

특별히 많이 쓴 것 같지도 않은데 전기요금 고지서의 숫자가 나날이 오르는 듯한 느낌. 엊그제 요금을 올린다더니 또다시 들려오는 요금 인상 뉴스. 기분 탓일까요? 결론부터 말하자면 전기요금은 최근 들어 '많이' 오른 것이 맞습니다. 그런데도 정부는 또 올려야 한다고 말합니다. 왜 아직도 요금을 더 인상해야 한다는 걸까요? 사실 우리나라의 전기요금은 주요국보다 상대적으로 싼 편이었습니다. 영국과 미국의 절반 수준이거든요. 하지만 우리나라의 전기요금이 2023년에 이어 2024년까지 지속 인상될 가능성이 높습니다. 이대로라면 '전기료가 싼 나라'라는 수식어도 더 이상 어울리지 않을 것 같네요. 그럼 우리나라 전기요금 수준은 주요국과 비교해 어느 정도인지, 왜 더 올려야 한다는 것인지 수치를 통해 알아보겠습니다.

정부는 2022년 이후 1년 반 동안 전기요금을 40%가량 올렸습니다. 그런데 2023년 초, 러시아-우크라이나 전쟁 등으로 국제 연료비가 치솟으면서 발전 원가는 2배 이상 올랐습니다. 한국전력공사(이하 한전)는 전기를 손해 보면서 파는 '역마진 구조'에서 벗어날 수가 없어 적자를 떠안아야 했습니다. 국제 연료비는 우리나라의 상황을 봐주지 않는데, 정부가 민생 부담을 고려해 요금 인상에 속도 조절을 했던 것이죠.

한전은 2023년 3분기에 '9분기 연속 적자' 흐름을 끊고 '반짝 흑자'를 기록했으나 2021년부터 지속된 적자를 해소하기엔 갈 길이 먼 상황입니다. 이 때문에 그동안 '위기의 한전' 재무 구조를 살릴 방도는 전기요금 인상뿐이라는 이야기가 수차례 언급되었지요.

45조 원이 넘는 누적 적자를 기록하고 있는 한전의 재무 위기는 사실 매우 위험합니다. 정부는 전기요금 인상 카드를 만지지 않으면 안 되는 상황입니다. 다만 고물가 상황이 지속되면서 정부는 고민에 빠졌습니다. 민생 부담 최소화와 한전 적자 해소라는 이 2가지 과제를 모두 해결할 방법을 찾아야만 했습니다. 결국 2023년 11월, 정부는 서민들의 전기요금 부담을 고려해 대기업 등 일부 산업용 전기요금만 조정했습니다.

이렇게 찔끔찔끔 올린다고 한전 적자 해소에 도움이 될까요? 한전의 적자 규모가 워낙 크고 이자도 눈덩이처럼 불어나고 있어서 아마 정부는 2024년에도 계속 요금을 올려야 할 것 같습니다.

**전기요금 수준 국제 비교**

| 종별＼국가별 | 한국 | 일본 | 영국 | 미국 |
|---|---|---|---|---|
| 주거부문 | 0.108 | 0.240 | 0.284 | 0.137 |
| 지수 | (100) | (221) | (262) | (127) |
| 산업부문 | 0.096 | 0.147 | 0.188 | 0.073 |
| 지수 | (100) | (154) | (197) | (76) |

단위: $/kWh
출처: 한국전력공사 '2023년 상반기 KEPCO in Brief'

　다른 나라의 상황은 어떨까요? 우리나라는 사실 그동안 '전기료가 싼 나라'에 속했습니다. 그런데 상황이 바뀌지 않는다면 이 수식어는 옛말이 될지도 모릅니다. 한전이 최근 발간한 '2023년 상반기 KEPCO in Brief'를 참고해 우리나라 전기요금 수준을 살펴보겠습니다.

　이 자료에는 한전의 전력 구입, 판매, 재무, 발전 등과 관련한 수치가 포함되어 있습니다. 보고서에는 2023년 2월 OECD 산하 국제에너지기구(IEA)가 내놓은 요금 수준 국제 비교도 들어 있습니다. 2021년 요금 수준을 한국, 일본, 영국, 미국 등 국가별로 비교한 내용을 구체적으로 살펴보겠습니다. 주택용 전기의 경우 한국은 1kWh(킬로와트시)당 108달러였습니다. 반면 같은 기간 일본은 240달러, 영국은 284달러로 한국의 2배를 웃돌았습니다. 주택용 전기요금이 비교적 저렴한 미국조차도 137달러로 한국보다 높았습니다. 확실히 한국의 전기료가 매우 저렴한 편이라는 의미입니다.

산업용 전기를 보면 한국이 96달러일 때 일본은 147달러, 영국은 188달러, 미국은 한국보다 저렴한 73달러였습니다. 산업용 전기도 저렴한 편에 속하긴 하지만, 주택용 전기가 놀랍도록 저렴합니다.

발전 원가로 따지면 고압에 대규모인 산업용 전기는 원래 주택용 전기보다 원가가 낮습니다. 이 때문에 다른 국가들도 주택용 전기보다 산업용 전기에 더 저렴한 요금을 매깁니다. 하지만 우리나라는 주택용과 산업용 전기요금 차이가 별로 나지 않습니다. 여기에 최근 발표된 산업용 전기요금만 인상하는 방안으로, 주택용

### 용도별 전기

우리나라 전기요금 체계는 전기 사용 용도에 따라 주택용·일반용·산업용·교육용·농사용·가로등 등 6가지 계약종별로 구분해 요금을 적용하고 있습니다. 주택용은 주거용 고객으로, 계약전력 3kW 이하의 고객을 의미합니다. 교육용은 유아교육법, 초·중등교육법, 고등교육법에 따른 학교 등에서 사용되는 전기입니다. 산업용은 한국표준산업분류상 광업, 제조업 고객을 의미하고, 농사용은 농작물 재배, 축산, 양잠, 수산물양식업 고객을 의미합니다. 일반 공중의 편익을 위한 도로, 교량, 공원 등의 조명용 전등이 가로등에 해당하고, 일반용은 앞서 제시한 이외의 고객을 의미합니다.

| 구분 \ 연도 | | 2000 | 2019 | 2020 | 2021 | 2022 | 2023. 6 |
|---|---|---|---|---|---|---|---|
| 인구 1인당 | | 5,067 | 10,039 | 9,826 | 10,330 | 10,652 | 5,253 |
| 호당 사용량 | 가정용 | 3,552 | 5,135 | 5,382 | 5,616 | 5,673 | 2,681 |
| | 공공서비스 부문 | 20,259 | 21,672 | 20,500 | 20,616 | 20,997 | 10,486 |
| | 생산부문 | 123,898 | 127,983 | 119,370 | 122,330 | 121,048 | 60,940 |
| | 합계 | 15,995 | 21,815 | 21,046 | 21,752 | 22,035 | 10,840 |

단위: kWh/년

출처: 한국전력공사 '2023년 상반기 KEPCO in Brief'

전기요금과 산업용 전기요금의 차이는 조금 더 좁혀질 것으로 보입니다.

다음으로 인구 1인당 전기 사용량이 어느 정도 수준인지를 비교해보겠습니다. 전기 사용량은 현재 역마진 구조인 한전의 적자 규모를 바꿀 수 있는 중요한 변수입니다. 원가를 모두 보상받지 못하는 현재의 가격 구조에서 전기 사용량이 많을수록 한전에는 더 많은 적자가 쌓이는 상황이기 때문입니다.

2000년 우리나라 인구 1인당 전기 사용량은 연간 5,067kWh 수준입니다. 최근 5년간을 살펴보면 2018년 1만 195kWh, 2019년 1만 39kWh, 2020년 9,826kWh, 2021년 1만 330kWh, 2022년 1만 652kWh 수준이었습니다. 2023년 상반기만 보면 5,253kWh로 집

| 국가 | 1인당 전기 사용량 | 국가 | 1인당 전기 사용량 |
|---|---|---|---|
| 일본 | 7,434('20) | 영국 | 4,179('20) |
| 프랑스 | 6,739('19) | 독일 | 5,868('20) |
| 이탈리아 | 4,759('20) | 캐나다 | 14,598('20) |
| 러시아 | 6,755('19) | 중국 | 5,331('20) |

출처: 한국전력공사 '2023년 상반기 KEPCO in Brief'

계됐습니다.

　다른 나라를 살펴보면 영국의 인구 1인당 전기 사용량은 우리나라의 절반도 안 되는 것을 알 수 있습니다. 2022년 해외전기사업통계(JEPIC)에 따르면, 2020년 일본의 인구 1인당 전기 사용량은 7,434kWh, 영국 4,179kWh, 독일 5,868kWh 수준이었습니다. 이탈리아 4,759kWh, 캐나다 1만 4,598kWh, 러시아 6,755kWh, 중국 5,331kWh로 집계됐습니다. 2020년 기준으로 주요국 중 캐나다 외에는 우리나라보다 인구 1인당 전기 사용량이 많은 나라가 눈에 띄지 않습니다.

　전력 판매량은 최근 증가세를 보이다가 다시 감소세를 보이고 있습니다. 최근 5년간 연간 전력 판매량을 살펴보면 2018년 52만 6,149GWh(기가와트시)였던 전력 판매량은 2019년 52만 499GWh로 소폭 감소했습니다. 코로나19가 창궐했던 2020년에

**연간 전력 판매량**

| 구분＼연도 | 1980 | 2019 | 2020 | 2021 | 2022 | 2023. 6 |
|---|---|---|---|---|---|---|
| 가정용 | 5,317 | 70,455 | 74,074 | 77,558 | 78,558 | 37,140 |
| 성장률 | 6.8 | △0.3 | 5.1 | 4.7 | 1.3 | △0.3 |
| 공공서비스 | 4,504 | 172,769 | 168,067 | 173,213 | 181,438 | 91,582 |
| 성장률 | 1.8 | △1.0 | △2.7 | 3.1 | 4.8 | 1.4 |
| 생산 | 22,913 | 277,275 | 267,129 | 282,660 | 287,937 | 141,225 |
| 성장률 | 5.4 | △1.3 | △3.7 | 5.8 | 1.9 | △2.3 |
| 합계 | 32,734 | 520,499 | 509,270 | 533,431 | 547,933 | 269,947 |
| 성장률 | 5.1 | △1.1 | △2.2 | 4.7 | 2.7 | △0.8 |

단위: GWh, %
출처: 한국전력공사 '2023년 상반기 KEPCO in Brief'

도 50만 9,270GWh로 줄었습니다. 그러나 기저 효과와 경기 회복 등으로 2021년 전력 판매량은 코로나19 이전보다 늘어나 53만 3,431GWh에 달했습니다. 2022년에는 54만 7,933GWh로 전년 동기 대비 2.7% 증가했습니다.

전력 판매량, 즉 전기 사용량을 좌우하는 것 중에서 강력한 신호가 있습니다. 바로 전기요금 인상입니다. 요금 인상은 단가를 더 높여서 받는 효과뿐 아니라 국민들에게 전기를 절약하게끔 유도합니다. 에너지 수입 의존도가 높은 우리나라는 전기를 많이 쓸수록 손해를 볼 수밖에 없습니다. 이 때문에 요금 인상이 필요하다는 이야기가 계속 나오는 것이지요. 이에 따라 우리나라 전기료 수준도 세계의 추세를 따라갈 것이라는 전망이 늘고 있습니다.

주요국은 연료비 상승분을 요금에 지속 반영하며 올리는 한편, 세율 인하와 보조금 지급 등으로 소비자를 직접 지원하고 있습니다. 2024년에 전기료가 대폭 오른다면 에너지 소비도 줄 것으로 점쳐집니다. 전력 판매량은 2023년 상반기에 26만 9,947GWh로 0.8% 줄었습니다. 사용량이 줄어든 것은 경기 침체, 온화한 날씨 때문일 수도 있겠지만, 요금이 오른 점도 조금은 영향을 미쳤을 것으로 보입니다.

> **통계 돋보기**
>
> 한국전력은 홈페이지(home.kepco.co.kr) 이용 고객을 위해 전기·전력과 관련된 유용한 정보를 제공하고자 'Kepco in Brief'를 발표하고 있습니다. 해당 보고서는 상반기와 연간으로 1년에 2번 공개됩니다. 상반기 보고서는 해당 연도 4분기에 발표되고, 연간 보고서는 다음 연도 4~5월에 게시됩니다.

## 2024년에는 어떻게 달라질까?

전력 당국인 산업통상자원부는 물가 당국인 기획재정부와 조만간 2024년도 전기요금 협의를 다시 시작해야 할 것으로 보입니다.

2024년 4월 총선이 예정되어 있으므로 당정 모두 조심스럽게 접근할 수밖에 없겠지요. 결국 2024년에도 2023년처럼 몇 차례에 걸쳐 요금 인상이 이뤄질 것으로 보입니다.

벌써부터 전기요금 고지서를 받아들기가 두려워집니다. 다만 한전 등 에너지 공기업의 적자를 완충장치 삼아 고물가 시대를 버티는 것도 한계가 있는 만큼, 어느 정도의 감내는 불가피할 것으로 보입니다. 쉽지 않은 고차방정식을 풀기 위해서는 국민을 설득하기 위한 정부의 노력이 관건이 될 전망입니다.

# 저소득층에게 더 가혹한
# 공공요금

높은 물가와 고금리로 서민들의 살림살이가 나날이 팍팍해지고 있습니다. 특히 고물가 늪에 빠진 2023년에는 먹고, 입고, 생활하는 '의식주'와 밀접한 지출이 모두 늘어나면서 서민들의 가계 살림이 더 힘들어졌습니다. 그런데 문제는 이 고통이 여기서 멈추지 않을 거라는 점입니다. 공공요금의 한 축을 담당하는 한전이 부채 해소를 위해 전기요금 인상 카드를 만지작거리고 있기 때문입니다.

전기·가스 등 공공요금은 사람이 살아가는 데 필수적으로 지출되는 항목입니다. 소득이 적은 가구가 많이 버는 고소득층보다 타격이 더 커지는 구조이지요. 그렇다면 2023년 저소득층의 삶을 옥죄는 필수생계비가 얼마나 늘었는지, 앞으로 살림살이는 나아질지 알아보겠습니다.

소비자물가동향

| 시도별 | 품목별 | 2023. 01 | |
|---|---|---|---|
| | | 원데이터 | 전년 동월 대비 증감률 |
| 전국 | 전기·가스·수도 | 129.72 | 28.3 |
| | 전기료 | 136.48 | 29.5 |
| | 도시가스 | 129.00 | 36.2 |

단위: 2020=100
출처: 통계청 국가통계포털(KOSIS)

인천에 사는 임 모 씨(60세)는 2023년 2월, 관리비 48만 원이 찍힌 고지서를 보고 깜짝 놀랐습니다. 집 실내 온도를 22도에 맞춰두고 자주 들어가지 않는 방의 보일러는 꺼놓고 겨울을 견뎠는데도 관리비가 많이 나와서였지요. 주위에서 한 달 관리비가 90만 원이 넘었다는 하소연도 들립니다.

겨울은 크리스마스와 새해에 대한 기대감, 그리고 설렘이 동반되는 계절입니다. 하지만 서민들에게는 낭만에 불과하지요. 가뜩이나 추운 날씨에 공공요금까지 치솟으면서 겨울나기가 더 시리게 느껴집니다. '전기료 급등' '난방비 폭탄' 등의 뉴스는 서민들의 삶을 더욱 움츠리게 할 뿐입니다.

공공요금은 2022년부터 2023년에 이르기까지 큰 폭으로 상승해 서민의 삶을 옥죄었습니다. 통계청의 '소비자물가동향'을 살펴보면 2023년 1월 전기·가스·수도요금은 1년 전보다 28.3% 급등해

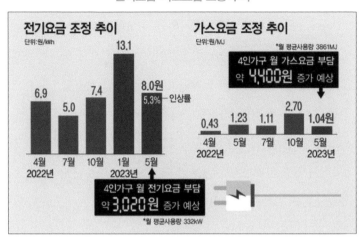

2010년 1월 통계 작성 이래 최대 상승폭을 보였습니다. 무엇보다 전기요금 상승률이 가팔랐습니다. 1월 전기요금은 2022년 1월보다 29.5%나 급등했습니다. 소비자물가동향은 계절에 따라 영향을 받기 때문에 통상 같은 달을 기준으로 비교합니다. 전기요금 상승폭은 2차 석유파동 여파가 있던 1981년 1월(36.6%) 이후 42년 만에 가장 높은 수준이었습니다.

2022년에 이어 2023년에도 전기료가 대폭 인상된 탓입니다. 2022년 전기요금은 4월, 7월, 10월 3차례에 걸쳐 kWh당 19.3원 올랐습니다. 2023년 1분기에는 1980년 이후 최대 오름폭인 kWh당 13.1원 인상되었고, 2분기에도 kWh당 8원 더해졌습니다. 가스요금도 2022년 1월보다 36.2% 상승했습니다.

이는 2022년 4월, 5월, 7월, 10월 등 4차례에 걸쳐 1MJ(메가줄)당 5.47원 비싸지면서입니다. 정부는 서민의 부담 완화를 위해 2023년 1분기 가스요금은 동결했지만, 2분기에는 MJ당 1.04원 올려 4인 가구 기준 한 달 가스요금이 약 4,400원 증가했습니다.

공공요금 인상은 저소득층에 더 가혹했습니다. 통계청의 '가계동향조사'를 보면 2023년 1분기 저소득층의 필수생계비가 77만 3,002원으로 집계되었습니다. 이는 처분가능소득(85만 8,389원)의 90.1%에 달하는 수준으로, 2021년 1분기 이후 8분기 만에 최대입니다. 필수생계비는 식료품·비주류음료, 주거·수도·광열(연료비 포함), 교통, 식사비 등으로 지출되는 비용을 말합니다. 저소득층은

### 저소득층과 고소득층을 구분하는 기준은 무엇일까요?

정부에서 가구 소득을 계층별로 분류할 때 1분위부터 5분위로 나눕니다. 여기서 1분위는 소득 하위 20%로 저소득층이라 불리지요. 반대로 5분위는 고소득층, 즉 소득 상위 20%의 구간을 뜻합니다. 이따금 1~10분위로 세분화하기도 하지만, 이럴 경우 각 계층별로 포함되는 가구수 차이가 크게 발생하므로 통계를 해석할 때 주의가 필요합니다.

### 처분가능소득

가구의 소득에서 사회보험, 이자비용, 세금 등 비소비지출을 뺀 금액. 가구에서 소비하거나 저축 등으로 지출할 수 있는 소득.

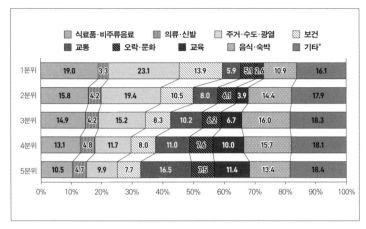

소득 5분위별 소비지출 구성비

| | 식료품·비주류음료 | | 의류·신발 | | 주거·수도·광열 | | 보건 |
|---|---|---|---|---|---|---|---|

| | 교통 | | 오락·문화 | | 교육 | | 음식·숙박 | | 기타* |

| | 식료품·비주류음료 | 의류·신발 | 주거·수도·광열 | 보건 | 교통 | 오락·문화 | 교육 | 음식·숙박 | 기타* |
|---|---|---|---|---|---|---|---|---|---|
| 1분위 | 19.0 | 3.3 | 23.1 | 13.9 | 5.9 | 5.1 2.6 | | 10.9 | 16.1 |
| 2분위 | 15.8 | 4.2 | 19.4 | 10.5 | 8.0 | 6.1 3.9 | | 14.4 | 17.9 |
| 3분위 | 14.9 | 4.2 | 15.2 | 8.3 | 10.2 | 6.2 6.7 | | 16.0 | 18.3 |
| 4분위 | 13.1 | 4.8 | 11.7 | 8.0 | 11.0 | 7.6 10.0 | | 15.7 | 18.1 |
| 5분위 | 10.5 | 4.7 | 9.9 | 7.7 | 16.5 | 7.5 11.4 | | 13.4 | 18.4 |

* 기타: 주류·담배, 가정용품·가사서비스, 통신, 기타상품·서비스 포함
출처: 통계청 가계동향조사 2023년 1분기 자료

세금·보험·이자 등 고정적으로 나가는 비소비지출을 제외하고 소비·저축할 수 있는 처분가능소득의 9할 이상을 필수생계비로 사용하고 있다는 의미입니다.

저소득층의 처분가능소득 대비 필수생계비 지출의 비중은 2021년 1분기 91.3%, 이후 2분기부터 2022년 4분기까지 70~80% 대를 보이다가 2023년 1분기에 90%를 넘어섰습니다. 반면 같은 기간 고소득층의 필수생계비 지출 비중은 처분가능소득(886만 9,009원)의 28.6%에 그쳤습니다. 세부적으로 보면 2023년 1분기 전국 가구의 주거·수도·광열 지출은 2022년 1분기보다 11.5% 늘었습니다. 주거·수도·광열에는 실제 주거비, 주택 유지 및 수선, 상하수도 및 폐기물 처리, 연료비 등이 포함됩니다. 이 중 냉난방과 취사 등에 지출된 연료비는 2022년보다 23.5% 늘어, 2006년 관련 통계 작성 이래로 가장 큰 증가폭을 기록했습니다. 특히 저소득층의 주거·수도·광열 지출은 2021년보다 15.7% 증가했으며 연료비 역시 26.1%나 늘었습니다.

공공요금 부담은 앞으로도 이어질 것으로 예상됩니다. 러시아-우크라이나 전쟁 등 외부 요인에 따른 국제 유가 급등으로 에너지 가격이 오르면서 한전의 누적 적자가 커지고 있기 때문입니다. 김동철 한전 사장 역시 전기요금 인상의 필요성을 강조한 바 있습니다.

다만 정부는 2024년 4월 총선거를 앞둔 2023년 4분기에 산업용 전기요금만 인상하고 가정용과 소상공인의 전기요금은 동결했습니다. 정치적 이해관계를 떠나 서민들이 더 추운 겨울을 보내지 않도록 정부의 세심한 정책이 필요할 때입니다.

### 통계 돋보기

가계동향은 1년에 4번, 분기별로 통계청에서 발표합니다. 과거 가계의 소득과 지출, 저소득층과 고소득층 간의 소득 격차 등을 알고 싶다면 통계청에서 운영하는 국가통계포털(kosis.kr)의 소득·소비·자산 부분에서 확인할 수 있습니다.

## 2024년에는 어떻게 달라질까?

전기·가스 등 공공요금은 시기의 문제일 뿐 결국 인상 수순을 밟을 거라는 전망이 지배적입니다. 코로나19 등 팬데믹 시기를 거치면서 에너지 가격이 급등함에 따라 한전의 부채가 크게 늘었기 때문입니다.

실제 2023년 6월 기준, 한전의 총 부채는 201조 4천억 원으로 200조 원을 처음 넘겼습니다. 정부가 공공기관 정상화 방침을 밝힘에 따라 2024년에 물가가 안정되면 공공요금 인상은 불가피할 것이라는 게 일반적인 시각입니다. 다만 정부는 2024년 상반기까지는 공공요금을 동결하겠다고 밝혔습니다. 물가 안정을 위한 민생 안정 조치의 일환이라는 취지입니다. 2024년 4월 국회의원 선거와 관계없다고 밝힌 만큼, 올해 하반기 급격한 요금 인상으로 이어져 서민들의 부담을 가중시키지 않기를 바랍니다.

# 난방비 아끼려다
# 전기료 폭탄?

2022년 겨울. 우리가 겪은 한파는 그 어느 때보다도 매서웠습니다. 하지만 더 매서웠던 것은 '난방비 고지서'였지요. 2022년 가스요금이 크게 오르면서 '폭탄급' 요금이 예상된 것입니다. 사람들은 부랴부랴 보일러를 껐고, 전기 난방기구를 사들였습니다. 이것이 최강 한파가 한반도를 덮친 2022년 겨울, 전기 사용량이 역대 최고치를 갈아치운 이유입니다. 심지어 '최대 전력수요= 여름철'이라는 공식마저 깨졌습니다. 게다가 2023년 여름에는 여름철 최대 전력수요 기록마저 갈아치웠습니다. 이렇게 전기를 펑펑 쓰면 요금 인상으로 돌아올 수 있다는 사실을 알고 있어야 합니다. 가스요금을 피하고자 전기를 쓴 겨울, 비교적 저렴한 전기에 마음 놓고 에어컨을 튼 여름. 우리들의 모습을 보여준 2023년 전력수요 수치를 조금 더 살펴보겠습니다.

우리 생활에 필수인 전기. 전기 없는 세상은 이제 상상하기도 어렵습니다. 너무나 자연스럽게 생활 속에 녹아든 만큼, 전기의 소중함을 가끔은 잊습니다. 그래서일까요? 우리나라 전기 사용량은 매년 늘어나고 있습니다. 특히 전기를 가장 많이 사용하는 여름과 겨울. 더울 때는 에어컨과 선풍기, 추울 때는 전기장판이 필수품이 되어버린 요즘입니다. 여름과 겨울 중에서 전기를 더 많이 쓰는 계절은 언제일까요? 다들 예상하셨다시피 여름입니다.

그런데 그 기록이 처음으로 깨졌습니다. 바로 2022년 12월, 크리스마스를 이틀 앞둔 날입니다. 전력거래소에 따르면 2022년 겨울 최대 전력수요는 9만 4,509MW(메가와트)를 기록해 2022년 여름철 최대 전력수요인 9만 2,990MW를 뛰어넘었습니다. 역대 동

**최대 전력수요(피크수요)**

최대 전력수요는 1일, 1주일, 1개월, 연간 등 특정 기간에 1시간 평균 전력 사용이 최대인 순간의 전력수요 값을 의미합니다. 요일별, 계절별, 기후 조건, 전력소비 형태 등에 따라 발생 시간대가 달라질 수 있는 겁니다. 우리나라의 전력거래시장은 한국전력거래소가 운영하고 있습니다. 전력을 생산하는 발전사업자와 이를 각 가정과 산업체에 판매하는 판매사업자인 한국전력공사 사이에서 이뤄지는 전력거래에 관련된 모든 업무를 책임지고 있지요. 전력은 저장이 불가능하기 때문에 매 순간 수요와 공급이 일치해야 합니다. 이 때문에 최대 전력수요를 예상하는 일은 매우 중요합니다. 전력수급을 안정적으로 관리하기 위해 필수적이지요.

최근 5년 최대 전력 실적

| 일시 | 공급능력 | 최대수요 | 예비전력 | 예비율 |
|---|---|---|---|---|
| 2023년 08월 07일 | 104,297 | 93,615 | 10,682 | 11.4 |
| 2022년 12월 23일 | 105,628 | 94,509 | 11,119 | 11.8 |
| 2022년 07월 07일 | 99,716 | 92,990 | 6,726 | 7.2 |
| 2021년 12월 27일 | 103,554 | 90,708 | 12,846 | 14.2 |
| 2021년 07월 27일 | 100,739 | 91,141 | 9,598 | 10.5 |
| 2021년 01월 11일 | 99,189 | 90,564 | 8,625 | 9.5 |
| 2020년 08월 26일 | 97,951 | 89,091 | 8,860 | 9.9 |
| 2020년 01월 16일 | 94,735 | 82,352 | 12,383 | 15.0 |
| 2019년 08월 13일 | 96,389 | 90,314 | 6,075 | 6.7 |
| 2019년 01월 09일 | 100,827 | 85,392 | 15,435 | 18.1 |

단위: MW, %
출처: 한국전력거래소

절기 최대 전력수요가 직전 여름 최대 전력수요를 뛰어넘은 것은 처음이었습니다.

여름철 최대 전력수요를 새로 쓴 2023년 8월(9만 3,615MW)의 기록도 2022년 겨울에 비하면 소폭 낮은 수치였습니다. 2021년 1월 11일과 2021년 12월 27일 최대 전력수요도 9만MW를 넘기긴 했지만, 같은 해 여름철 최대 전력수요를 넘기지는 못했습니다.

통상 전력수요는 겨울철보다 여름철에 높습니다. 2019년 기준, 국내 에어컨 보급률은 0.97대입니다. 한 가구에 에어컨 1대는 있다는 뜻이지요. 에어컨 없이는 생활하기가 어려운 7~8월에는 전력수요가 급증합니다. 이 때문에 전력거래소 등 관련 기관은 여름철 피크 시기에 긴장감을 놓지 못하고, 에어컨 온도 높이기 등 에너지 절약 캠페인을 실시합니다.

물론 2022년 겨울이 추웠던 것은 맞습니다. 그런데 어쩌다가 이렇게 이례적인 기록이 나타난 걸까요? 난방비가 증가하면서 소비자들이 전기 난방제품을 찾기 시작했던 것과 무관하지 않은 듯합니다.

통계청이 발표한 2022년 12월 소비자물가동향에 따르면, 도시가스와 지역난방비는 전년 동기 대비 약 36.2%, 34.0%씩 증가하는 등 동절기 난방비가 급등했습니다. 정부가 2022년 4월, 5월, 7월, 10월 4차례에 걸쳐 도시가스요금을 MJ당 5.5원, 약 38.7% 인상했기 때문입니다. 이는 난방비 대란 사태로 이어지기도 했습니다. 이에 사람들은 너도나도 보일러를 끄고 전기 난방제품을 사용했습니다. 이것이 요금을 절약하는 방법이라고 생각한 것이지요.

그런데 문제는 우리나라가 에너지 수입 고(高)의존 국가라는 것입니다. 정부가 싼 가격에 전기를 공급할 수 있는 이유는 전기 원가가 싸서 그런 것이 아닙니다. 서민 물가를 걱정해 공기업인 한전이 적자를 감당하며 요금에 원가 인상분을 모두 반영하지 않은 것뿐이지요. 그렇다면 전기요금 고지서도 안전하지 않다는 의미가 됩니다.

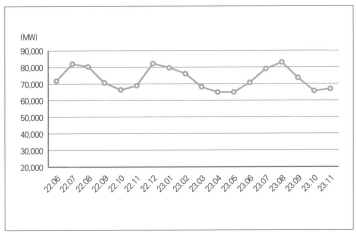

**월별 평균 최대전력**

(MW)

출처: 전력통계정보시스템(EPSIS)

전력수요가 피크인 여름철의 상황도 살펴보겠습니다. 최대 전력수요는 2023년 여름에도 치솟았습니다. 전력수요가 계속해서 높아진다는 것은 전기 사용량이 많아져서 한전의 적자가 더욱 쌓이고 있다는 것을 의미합니다. 이는 다시 말해 요금 인상 요인을 가중시키는 강력한 이유가 됩니다.

실제로 전력수요가 계속 오르고, 러시아-우크라이나 전쟁으로 인한 글로벌 에너지 가격 상승세까지 겹치면서 2022년부터 전기요금은 연이어 인상되었습니다. 전기요금 고지서 금액도 예상보다 높아서 서민 부담이 커졌을 겁니다. 2023년 3분기에는 동결되었지만, 2022년 2분기부터 2023년 2분기까지 총 39%나 올랐으니까요. 급등한 가스요금을 피해 전기용품을 사용하던 사람들도 이제는 '전기료 대란' 걱정을 피할 수 없게 되었습니다.

2023년 초겨울은 유독 따뜻했습니다. 하지만 폭풍전야가 우려되는 상황입니다. 갑작스럽게 찾아온 추위는 이번 겨울의 예고편일 것입니다. 겨울철 또다시 최대 전력수요를 경신할지 관심이 쏠리는 이유입니다.

전기와 가스요금이 모두 오르면서 서민들은 물론 취약계층의 걱정이 깊어지고 있습니다. 요금을 인상하는 요인은 외부 요인이 가장 크지만, 전력 사용량이 높아지면 에너지를 공급하는 공기업의 적자는 더욱 쌓입니다. 이는 적자 해소를 위해 요금 인상을 고려하지 않을 수 없다는 의미가 됩니다.

### ⊚ 통계 돋보기

한국전력거래소는 홈페이지(new.kpx.or.kr)에 '오늘의 전력정보'를 통해 '최대부하전망'과 '실시간 전력수급현황'을 공개하고 있습니다. 월별 평균 최대전력은 전력통계정보시스템(EPSIS) 홈페이지(epsis.kpx.or.kr)에서 확인할 수 있습니다. 전력통계정보시스템에서는 '최대 전력수급'도 확인할 수 있습니다. 전력수급은 일별로도 집계되며 전날 수치까지 확인이 가능합니다.

# 2024년에는 어떻게 달라질까?

정부는 '난방비 폭탄' 사태 때문에 멈췄던 가스요금 인상을 고민해야 할 상황입니다. 한국가스공사가 민수용(주택용) 가스를 원가보다 저렴하게 공급함으로써 얻게 된 미수금은 무려 15조 원이 넘습니다. 2023년 말 기준으로 가스공사의 원가보상률은 78% 수준에 불과합니다. 한전의 적자 역시 매우 심각한 상황이지만 가스공사도 미수금 해소가 절박한 문제입니다.

정부는 2024년에 전기요금과 함께 가스요금도 인상할 수밖에 없을 겁니다. 제2의 난방비 폭탄 사태를 우려해 속도를 조절할 수는 있겠지만, 전기요금이나 가스요금은 계속해서 오를 가능성이 남아 있지요. 마음 놓고 펑펑 쓰는 만큼, 요금은 대가로 돌아올 것입니다. 에너지 수입 의존도가 높은 우리에게는 전기는 물론이고 가스 절약도 필수입니다.

2024년 정부는 에너지 절약을 위한 대책을 여러 번 내놓을 전망입니다. 정부의 노력과 함께 우리 국민들도 에너지 절약에 최선을 기울여야 합니다.

# 에너지난에
# 공기업도 휘청!

부채 200조 원, 누적 적자 47조 원. 이 수십 수백억 원에 달하는 액수가 체감

이 되나요? 천문학적인 이 금액이 공기업 한 곳에서 불거진 부채와 적자 규

모라는 게 믿기 어려울 정도입니다. 게다가 우리 삶에서 필수인 전기를 공급

하는 한전의 2023년 2분기 말 성적표라는 사실이 놀랍습니다.

한전은 1996~1998년만 해도 삼성전자를 뛰어넘어 국내 주식시장에서 시가

총액 1위에 달할 정도로 우리나라를 대표하는 기업이었습니다. 그런데 어쩌

다가 어마어마한 적자 상태의 부실 공기업이 된 걸까요?

전 국민의 전기 공급을 담당하는 만큼, 적자 문제를 해결하지 못하면 한전은

물론이고 국내 경제까지 위태로워질 수 있습니다. 그제야 한전은 뼈를 깎는

심정으로 부랴부랴 구조조정에 돌입했습니다. 부채를 갚고자 임직원의 성과

급을 반납하고, 가지고 있던 자산을 하나둘 내다 팔기 시작했지요. 그중 대표적인 것이 바로 부동산입니다. 안타까운 점은 하필이면 재무 개선에 본격적으로 돌입한 2022~2023년이 부동산 침체기였다는 사실입니다. 한전이 울며 내놓은 알짜 부동산이 헐값에 팔리는 것은 아닐지 걱정됩니다. 그마저 팔리지도 않을까 전전긍긍합니다.

한전의 영업 손실이 9분기째 계속되면서 2023년 2분기 연결 기준 누적 46조 9,516억 원까지 불어났습니다. 이는 역대 최악의 수준입니다. 심지어 부채는 2분기 말 기준 201조 4천억 원이나 됩니다. 부채가 사상 처음으로 200조 원을 넘긴 것입니다. 이런 상황이면 '한전채'를 새롭게 발행하지 못할 것이라는 우려까지 나옵니다. 너무 큰 액수라서 도통 감이 안 오나요?

재무 상황이 악화되자 투자 업계에서는 자칫 자본잠식에 빠지는 것 아니냐는 이야기까지 나옵니다. 전기를 공급하는 공기업인 한전이 최악의 경우 자본잠식된다면, 이는 곧 한전이 망하면서 전기 공급이 끊길 수도 있다는 뜻입니다.

어쩌다 한전이 망할지도 모를 상황까지 걱정하는 사태에 이른 걸까요? 지난 2022년 초 러시아와 우크라이나 전쟁에서 촉발된 글로벌 에너지난으로 국제 에너지 가격이 올랐습니다. 우리나라는 일종의 도매상 격인 한전이 해외에서 에너지를 수입해 국내에 공급합니다. 비싼 가격에 해외에서 사올 수밖에 없지만, 전기요금이 워낙 민생과 맞물린 공공요금이다 보니 국민들에게 파는 가격까지는 올리지 못하면서 촉발된 상황입니다.

전기요금 인상 여부를 결정할 때마다 매번 유보되었습니다. 이렇게 전기요금이 제때 인상되지 못하면서 러시아-우크라이나 전쟁이 일어나는 동안 '비싸게 사오고 싸게 팔던' 한전이 적자를 떠안게 된 겁니다.

한전은 전기요금을 추가로 인상해야 한다고 호소합니다. 이를 위해 2023년 한전은 역사상 처음으로 정치인 출신의 사장을 선임하고 비상경영 체제에 돌입했습니다. 요금 인상을 추진하는 동시

---

**재무제표**

기업의 성적표. 성적표 내 지표를 구성하는 요소에는 매출, 영업이익·손실, 당기순이익·손실 등이 있습니다.

**매출**

기업이 서비스나 물건을 팔아 벌어들인 돈

**영업이익·손실**

물건을 팔아 번 매출액에서 원가나 판매비, 관리비 등을 뺀 개념. 흑자가 나면 영업이익, 적자가 나면 영업손실

**당기순이익·손실**

일정 기간 기업의 전체 수익에서 비용을 차감한 순이익. 영업이익에서 법인세 등까지 뺀 개념

에 재무개선을 시작한 것입니다. 임금 인상분을 반납하고 조직 구조도 대폭 재편했습니다. 하지만 안타깝게도 이것만으로 부족하다는 지적이 나옵니다.

결국 한전이 보유한 알짜 부동산을 내놓을 수밖에 없었지요. 즉 한전이 갖고 있는 '돈 되는 것'들은 다 팔겠다고 선언한 셈입니다. 앞서 "매각대상 44개소(전력그룹사 포함) 외에도 '가능한 모든 부동산을 매각한다'는 원칙하에 부동산 처분을 추진한다"라고 발표했습니다. 그 일환으로 한전이 수도권에 보유한 여의도 소재 남서울본부를 매각하고, 서울 강남구 양재동에 위치한 한전아트센터 등은 임대를 놓기로 결정합니다. 이 밖에도 추가로 임대를 놓을 자산을 발굴하겠다는 입장을 밝혔습니다.

그런데 문제가 있습니다. 한전의 목표대로 부동산을 매각한다면 과연 숨통이 트일까요? 한전이 눈물을 머금고 아끼는 부동산을 내놓았지만, 하필 그 시점이 부동산 침체기와 맞물린 것이지요. 적자가 불어나던 2022~2023년은 국내 기준금리가 연이어 인상되고 대출 규제가 강화되면서 부동산 수요가 크게 줄던 때였습니다. 이와 같은 분위기는 주택 시장은 물론 부동산 경·공매 시장까지 확대되었습니다.

공기업이 보유 자산을 매각하는 가장 대표적인 방식이 공매입니다. 공매란 한국자산관리공사(캠코) 주관으로, 이들의 자산 매각을 추진하는 경매 방식입니다. 민간에서 실시하는 경매와는 방법·주체 면에서 차이가 나지만, '내가 내놓은 매물을 사려는 사람들 사이에 경쟁을 붙여 처분한다'라는 큰 틀은 유사하다고 볼 수 있습니다.

경매와 공매는 그 방식이 다른 만큼 경쟁률 산정 방식도 다릅니다. 하지만 공매만의 시장 통계를 따로 찾기 어려워, 비교적 쉽

### 경매

빚을 못 갚았을 때 '집이 경매에 넘어갔다'라고 하지요. 이처럼 사적인 채무 관계가 해결되지 못했을 때 법원 등에서 진행하는 방법이 경매입니다. 낙찰받기를 원한다면 법원에 직접 가서 써내면 됩니다.

### 공매

국가나 지방자치단체, 공공기관 등이 자산이나 체납된 압류재산 등이 있을 때 이를 처분하는 방식이 공매입니다. 한국자산관리공사에서 담당하며 해당 홈페이지에서 입찰이 가능합니다.

### 입찰

경·공매에 응하는 일

### 낙찰

입찰에서 최고금액을 제시해 경쟁자를 제치고 그 매물을 얻는 일. 이때 낙찰받은 사람은 낙찰자

### 유찰

입찰에 참여했지만 낙찰되지 못한 경우 유찰이라 이르는데, 정확한 용어는 아닙니다. 패찰이라고도 부르지만 언론 등에서는 주로 유찰이라 부릅니다.

게 얻을 수 있는 경매 시장 통계를 살펴봤습니다. 부동산 시장 수요는 주택이든 경·공매든 큰 틀에서 비슷하거든요.

법원경매 전문 기업인 지지옥션이 발표한 전국 아파트 경매 통계에 따르면, 2023년 4월 낙찰률(경매 물건 중 실제 낙찰비율)은 39.7%로 2022년 5월(42.8%) 대비 약 3.1%p 줄었습니다. 같은 기간 낙찰가율(감정가 대비 실제 낙찰된 가격 비율)은 94.3%에서 19.3%p 떨어졌고요. 아파트에 한정해서 산출한 자료이지만, 경매 시장에서 1년 가까이 동안 수요가 감소하면서 감정가 대비 점점 낮은 가격에 팔리고 있다는 사실을 확인할 수 있습니다.

이번에는 한전 매물을 중심으로 살펴보겠습니다. 캠코가 운영하는 자산처분시스템 온비드에 올라온 데이터입니다. 2023년 1월 1일부터 5월 9일까지 약 5개월 동안 한전이 매각을 진행한 물건은 총 72건입니다. 이 중 약 12.5%에 해당하는 9건만 낙찰되었고, 나머지는 유찰되거나 취소되었습니다. 2022년 같은 기간 130건 중에서 41건(31.5%)이 낙찰된 것과 비교하면 수요가 반토막도 안 되는 셈이지요.

이러한 분위기는 2022년 하반기로 되돌려 볼수록 더 심화합니다. 2022년 8월 1일부터 12월 말까지 약 5개월을 살펴보면, 물건 88건 중에서 18건이 유찰된 것을 확인할 수 있습니다. 즉 2022년 초부터 5개월 단위로 31.5%에서 20.4%, 12.5%로 수요가 점차 줄어든 모습이지요.

## 전국 아파트 경매 통계

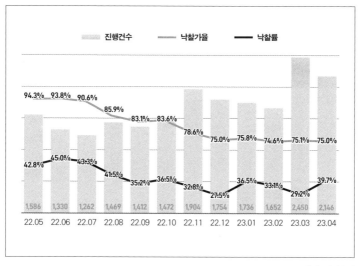

출처: 지지옥션

### 감정가

시장에서 거래되는 가격이 아닌 감정평가사나 감정전문기관 등에서 일정 기준에 맞춰 평가를 거쳐 책정한 가격으로, 경매나 공매 진행 때 주로 사용됩니다. 그야말로 전문가가 감정한 가격입니다.

### 낙찰률·낙찰가율

낙찰률은 경매를 진행했을 때 건수 대비 얼마나 낙찰되었는지 비율입니다. 낙찰가율은 경매를 진행한 결과, 낙찰되었을 때 낙찰된 가격이 매물의 감정가의 어느 수준인지를 보여주는 비율입니다. 즉 감정가 대비 낙찰가의 비율이지요.

## 온비드 유찰 매물 현황

개별 매물을 살펴봐도 2023년에 들어서면서 부동산 시장이 침체되었다는 분위기가 감지됩니다. 2021년에는 감정가의 약 3배에 팔린 매물이 눈에 띕니다. 전남 완도군 소안면의 한전 소안센터 업무시설은 감정가의 342.73%, 같은 지역 금당S/C 근린생활시설은 291.8%에 낙찰되었습니다. 2022년에는 대구 수성세무서 북측 인근의 11$m^2$ 규모의 도로가 감정가의 398.41%, 경기 의정부 용현동에 약 5만$m^2$ 규모 토지가 230%에 팔리기는 했지만, 대체로 낙찰가율은 100%대에 머뭅니다.

2023년에는 매각된 매물 모두가 100%대 낙찰가율에 그칩니다. 최고 낙찰가율은 154.89%인 전남 함평군의 단독주택입니다. 몇 년째 유찰된 매물도 눈에 띕니다. 경북 경주시에 있는 대구본부 경주지사 안강서비스센터 업무시설은 2021년 나온 이래 현재까지 12차례나 유찰되었지요. 급할수록 신중해야 합니다. 돈 되는 자산을 팔아 치우는 것도 중요하지만, 제값을 잘 받을 수 있는 방안을 고민하는 일도 필요합니다.

### ⊗ 통계 돋보기

캠코가 운영하는 자산처분시스템 온비드(onbid.co.kr)는 공기업 등이 보유한 부동산은 물론 동산까지 저렴하게 매입할 수 있는 사이트입니다. '부동산-신규물건'에 접속하면 현재 입찰 진행 중인 물건의 정보를 볼 수 있습니다. 그리고 부동산의 상세한 정보부터 유찰 횟수까지 상세히 볼 수 있습니다. 부동산 침체기에는 외면당했지만 건실한 매물이 있지는 않은지, 매의 눈으로 찾아보는 건 어떨까요?

## 2024년에는 어떻게 달라질까?

한전이 찾은 해법은 매각 방식의 다양화입니다. 2022년 한전은 의정부변전소 부지를 최초로 '제안 공모형 매각' 방식을 도입해 감정가의 3배인 2,945억 원에 매각한 바 있습니다. 부동산 시장이 침체됐더라도 매각 방식을 달리하면서 틈새시장을 노린다면 나름의 방법을 찾을 수도 있습니다. 하지만 모든 부동산을 그렇게 처분하기란 쉽지 않습니다. 인기 없는 매물은 시장이 침체되었을 때 헐값에 팔리거나 외면당할 수밖에 없으니까요.

그나마 다행인 점은 부동산 시장이 2023년 하반기를 기점으로 조금씩 살아났다는 겁니다. 거래가 침체되었던 분위기가 조금씩 풀리면서 일부 지역에서는 집값 반등세를 보였지요. 이는 경매 시장에서도 감지할 수 있습니다.

지지옥션에 따르면 2023년 9월 전국 아파트 낙찰가율은 전월 80.6%보다 2.9%p 오른 83.5%로, 그해 최고치를 기록했습니다. 평균 응찰자 수는 전월 8.0명보다 0.3명 늘어난 8.3명으로 집계되었고요. 서울 아파트 경매 진행건수도 216건으로 2016년 6월(234건) 이후 7년 3개월 만에 월별 최다 건수를 기록했습니다.

2023년 상반기에 침체됐던 경매시장도 하반기에 들어서 살아나는 조짐을 보였습니다. 이 같은 분위기가 2024년에도 이어진다면 한전의 부동산 매각이 조금 더 수월해지지 않을까 싶습니다.

물론 경매와 공매 시장의 분위기는 다를 수 있고, 아파트와 달리 한전이 내놓는 큰 덩어리의 부동산을 파는 일은 또 다른 문제일 수 있습니다. 다만 2023년보다 더 나은 부동산 시장 분위기가 조성되면서 조금 더 수월하게 매각될 수 있기를, 그래서 한전의 재무 구조가 개선되길 기대하는 바입니다.

# 90%가 넘는
# 에너지 수입 의존도

우리는 언제까지 전쟁이 발발했다는 해외 뉴스에 기름값 걱정을 해야 할까요? 기름 한 방울 나지 않는 우리나라의 숙명으로 치부해야 하는 걸까요? 에너지 자립도가 낮은 우리나라는 국제 에너지 파동 때마다 홍역을 치러왔습니다. 앞선 석유 파동 때, 러시아-우크라이나 전쟁 때 서민들도 어려움을 겪었습니다. 이제는 더 이상 한국전력과 가스공사 등 에너지 공기업이 국민들의 부담을 대신 떠안을 수도 없습니다. 공기업의 적자는 결국 국가를 위태롭게 하니까요.

본질적인 해결책은 에너지 자립도를 키우는 일입니다. 기름 한 방울 나지 않는 이 나라에서 에너지를 스스로 생산할 수 있는 방법은 무엇일까요? 여러 방법이 있겠지만 최근 급부상한 대안이 바로 '원전'입니다.

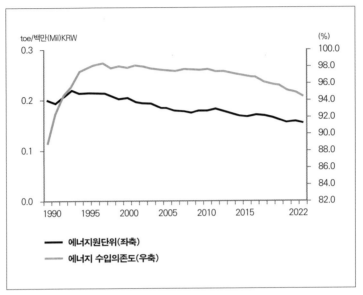

에너지원단위 및 에너지 수입의존도

출처: 에너지경제연구원

해외에서 무슨 일만 터지면 '에너지 요금이 오르지는 않을까?' 하는 한숨부터 나오기도 합니다. 에너지 자립도가 얼마나 낮길래 그런 것일까요? 기름 한 방울 나오지 않는 나라지만, 국내 곳곳에 댐도 있고 발전소도 꽤 있는 것 같은데 말이지요.

에너지경제연구원이 2023년 10월 발간한 '에너지통계월보'를 보면 지난 1990년부터 2022년까지 우리나라의 에너지 수입 의존도를 찾을 수 있습니다. 에너지 수입 의존도 수치는 1995년부터 점차 줄어들기는 했지만 여전히 90%를 넘어서고 있습니다. 한눈

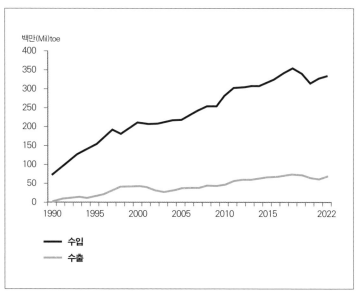

에너지 수출입 규모

백만(Mil)toe

출처: 에너지경제연구원

에 봐도 의존도가 높아 보입니다.

의존도가 높다 한들 줄어들고 있다면 고무적인 것 아닐까요? 그래서 이번에는 에너지 수출입 규모를 보겠습니다. 우리나라가 에너지를 수입하는 물량이 1990년 약 7천만toe(석유환산톤)에서 2020년까지 급증했습니다. 수출량이 같은 기간 완만하게 늘어난 것과 대조적이지요. 우리나라는 이전보다 의존도가 소폭 줄었을지는 몰라도 여전히 막대한 양의 에너지를 수입하고 있습니다.

해외 의존도가 높다 보니 우리나라는 시시각각 해외 사건·사고에 영향을 받습니다. 중동의 종교 분쟁에 국내 유가가 출렁이고, 미국과 중국 간 패권 다툼에 전기·가스 등 에너지 요금이 흔들리는 식이지요. 에너지 요금 인상은 물가 상승과 경제 문제를 야기합니다. 결국 에너지 자립도를 키우자는 결론으로 귀결되지요. 하지만 자원이 풍부하지 않은 이 작은 땅덩어리에서 무엇을 할 수 있을지 전문가들의 고민도 깊어집니다.

러시아-우크라이나 전쟁으로 에너지난을 호되게 당한 우리나라는 대안을 찾아 나섰습니다. 바로 '원전 생태계 복원'입니다. 앞서 원전을 폐기했던 정책을 되돌려, 원자력 발전으로 에너지 자립도를 키우자는 취지이지요.

2022년부터 정부는 그동안 중단했던 원전 가동을 본격화하고 재정비했습니다. 원전을 담당하는 공기업인 한국수력발전소를 비롯해 원전 설비·장비 업체 등까지, 그야말로 원전 생태계를 살리는 노력을 시작했지요. 당장 원전 생태계 복원을 추진하더라도 규

**원전 이용률과 가동률, 무엇이 다른가요?**

이용률은 발전설비 운영의 효율성과 활용도를 나타내는 지표입니다. 설비가 얼마나 건전한지, 운영 인력이 우수한지 등 발전소 운영기술 수준을 평가하는 척도로 사용됩니다. 가동률은 연간 발전소가 실제로 얼마나 가동되는지 비율을 나타냅니다. 이용률과 더불어 원전이 얼마나 안전한지, 그리고 경제적인지를 나타내는 중요한 지표라고 볼 수 있습니다.

모가 큰 원전이 갑자기 늘어날 수는 없는 법입니다. 즉 원전 정책을 추진한다고 통계 수치가 극적으로 많아지지는 않을 겁니다.

세계적인 추이를 한번 살펴보겠습니다. 한국원자력산업협회가 국제원자력기구(IAEA)를 인용한 자료에 따르면 2023년 1월 기준 운전 중인 원전 설비용량과 기기 기준, 우리나라는 글로벌 5위(25기)를 차지했습니다. 정지한 원전은 2기, 건설 중인 원전은 3기로 집계됐습니다. 한국수력원자력에 따르면 2022년 말 기준 원전 이용률은 81.6%, 가동률은 81.1%입니다.

이번에는 세계 주요국 현황을 살펴보겠습니다. 전 세계에서 32개국이 총 422기 원전을 운영 중입니다. 이 중에서 가장 많은 원전을 운전하는 국가는 단연 미국(92기)입니다. 전 세계적으로 운전 중인 원전의 약 4분의 1이 미국에 있는 셈이죠. 프랑스와 중국도 원전을 많이 운전하는 나라로 꼽힙니다. 운전 중인 원전은 프랑스 56기, 중국 55기로 미국 다음입니다.

특히 일부 국가에서 원전을 집중적으로 운영한다는 점이 주목됩니다. 모든 국가에서 두루두루 원전을 운영하는 게 아니라는 것이죠. 실제로 글로벌 상위 3개국인 미국, 프랑스, 중국에서 운전 중인 원전은 203기인데, 이는 전체의 48%에 달합니다. 4위는 러시아가 차지했는데 운전 중인 원전은 37기로, 우리나라보다 12기가 더 많습니다.

2023년 1월 기준 우리나라에서 운전 중인 원전 순위는 한 계

국가별 원전 현황

| 국가명 | 운전 | 정지 | 건설 | 계획 |
|---|---|---|---|---|
| 미국 | 92 | 41 | 2 | 3 |
| 프랑스 | 56 | 14 | 1 | - |
| 중국 | 55 | - | 18 | 47 |
| 러시아 | 37 | 10 | 4 | 25 |
| 대한민국 | 25 | 2 | 3 | - |
| 인도 | 22 | - | 8 | 12 |
| 캐나다 | 19 | 6 | - | - |
| 일본 | 17 | 27 | 2 | 1 |
| 우크라이나 | 15 | 4 | 2 | - |
| 영국 | 9 | 36 | 2 | 2 |

출처: 한국원자력산업협회(KAIF)가 국제원자력기구(IAEA) 자료를 인용해 산출

단 상승했습니다. 한국원자력산업협회에 따르면 탈원전 정책을 본격적으로 추진한 2018년 8월 기준 우리나라에서 운전 중인 원전은 24기로 글로벌 순위가 6위였습니다.

전 세계적으로 영구 정지된 원전은 총 204기입니다. 이 기록에서도 미국이 1위를 차지했습니다. 미국에 영구 정지된 원전은 41기가 있습니다. 이 밖에 영구 정지된 원전은 독일 33기, 일본 27기 순입니다.

세계에서 원전 추진 현황은 어떻게 다를까요? 우리나라와 달

세계 원전 현황(2023년 1월 기준)

| 구분 | 기수 | 설비용량(MWe) | 국가 수 | 보기 |
|------|------|------|------|------|
| 운전 중 | 422 | 378,314 | 32개국 | IAEA |
| 건설 중 | 57 | 58,858 | 18개국 | IAEA |
| 계획 중 | 104 | 107,197 | 16개국 | WNA |
| 영구 정지 | 204 | 99,047 | 21개국 | IAEA |

출처: 한국원자력산업협회(KAIF)

리 후쿠시마 사고를 겪은 일본에서는 원전 비중을 줄이고 있습니다. 일본은 2018년만 해도 원전 42기를 운전하던 원전 글로벌 3위 국이었는데, 지난 5년간 원전 운전을 크게 줄이며 8위로 내려앉았습니다.

독일은 2018년 원전 7기를 운전하며 10위권에 들었지만 탈원전 정책을 추진한 결과, 2023년 1월 기준 운전 중인 원전은 3기로, 순위가 21위까지 하락했습니다. 그런데 2023년 하반기부터 독일 내에서 의견이 분분합니다. 원전을 다시 추진하자는 측과 이를 반대하는 측이 맞섰거든요. 세계 최초의 탈원전 국가인 이탈리아가 2023년 10월 원전 재도입 추진에 나서는 등 유럽 일부 국가에서는 원전을 다시 짓거나 재도입하는 방안을 검토하는 분위기도 감지됩니다.

**원전과 관련된 수치와 현황을 한눈에 파악하려면?**

전 세계 원자력 관련 정보는 국제원자력기구(IAEA), 국내 원자력 현황은 한국수력원자력 홈페이지에서 볼 수 있습니다. 한국원자력산업협회에서 이를 간편하게 파악할 수 있게 정보를 취합해서 제공합니다. 수치가 즉각 업데이트되지 않는 아쉬움도 있습니다. 하지만 원전의 수치는 단기에 급변하지 않으므로, 큰 틀에서 파악하고 싶을 때 활용해보길 바랍니다.

## 2024년에는 어떻게 달라질까?

당분간 글로벌 에너지난은 계속될 테고, 우리나라의 에너지 자립도를 키워야 할 필요성은 더욱 고조될 것입니다. 그 주요 정책은 원전이 될 테고요. 지금보다 국내에 더 많은 원전 생태계가 형성될 것으로 예상됩니다. 현재 추진하는 원전 수출도 계속될 것이고, 내부적으로도 에너지를 생산하기 위한 원전 가동 비율이 높아질 겁니다.

원전 가동이 계속될 때 따라오는 이슈가 있습니다. 바로 '사용후핵연료'입니다. 원전 가동 시에 나오는 사용후핵연료를 저장하는 시설이 곧 포화 상태에 이릅니다. 2030년 한빛원전을 시작으로 한울원전, 고리원전 저장 시설이 순차적으로 포화될 예정입니다. 이에 '고준위 방사성폐기물 관리 특별법' 제정과 관련한 논의가 계속되었습니다. 2023년 국회에서 논의가 사실상 불발되면서 연내 법안 통과는 무산됐지만 2024년에는 더욱 확대될 것으로 예상됩니다.

# 2장

# 고래 싸움에
# 무역 적자

# 외환위기·금융위기 때보다
# 심각했던 무역 적자

최근 우리나라가 무역 적자에 허덕이고 있다는 이야기가 심심찮게 들려옵니다. 강대국들 사이에서 '작지만 강했던' 대한민국이 어쩌다가 적자를 면치 못하는 신세가 된 걸까요? 급변하는 세계경제 시장 속에서 우리나라는 지금 어떤 상황인걸까요?

2022년 무역 적자가 무려 '역대 최대치'를 기록했습니다. 나라에 돈이 없던 국제통화기금(IMF) 외환위기, 세계경제가 휘청했던 글로벌 금융위기 때보다 훨씬 살기 좋은 지금, 우리는 정말 그보다도 심각한 적자를 낸 걸까요? 얼마나 심각한 상황이고, 과거 우리 경제 위기 때와 비교해서 얼마나 안 좋은 상황인지 수치를 통해 한번 확인해보겠습니다.

대한민국에 '역대급 무역 적자'가 쌓였다고 합니다. 2022년 3월부터 이어진 무역 적자가 무려 15개월 연속으로 이어진 것이지요. 이는 우리 경제의 최대 위기로 기억되는 IMF 외환위기 발발 이전인 1995년 1월~1997년 5월 이후 최장기 기록을 세운 것입니다.

2023년 6월부터 간신히 흑자전환에 성공하기는 했지만, 11개월째 수출 감소세가 이어졌습니다. 다행히 2023년 10월에 수출이 증가세로 돌아서는 '수출플러스' 전환으로 성공했지만, 이미 IMF 외환위기 이후 최장기로 이어진 무역 적자 탓에 걱정이 됩니다.

### IMF 외환위기

1997년 11월 21일, 우리나라는 외환보유액이 부족해지면서 국제통화기금인 IMF에 도움을 요청합니다. IMF는 가입국들이 낸 돈을 모아뒀다가 경제가 어려운 나라에 돈을 빌려주는 기구입니다. 과거 우리나라는 약 30년간 급격한 성장을 이뤘습니다. 이 과정에서 기업 경쟁력 약화, 수출 감소, 기술 개발 소홀 등의 부작용이 일어납니다. 문제가 심각해지자 다른 나라 금융 기관들이 우리나라 금융기관이나 기업에 대주던 자금을 한꺼번에 회수했지요. 그러면서 한국은행에 있던 외환이 바닥나고 맙니다.

우리나라는 돈을 빌리고, 이후 4년간 IMF의 관리를 받았습니다. IMF는 돈을 빌려주는 대가로 우리나라에 경제 구조를 개선하라고 요구하는 등 적극적으로 '간섭'했지요. 우리 국민들은 '금 모으기 운동' 아나바다(아껴 쓰고 나눠 쓰고 바꿔 쓰고 다시 쓰는) 운동' 등을 벌이면서 위기 극복에 힘을 모으기도 했습니다. 그 결과 2001년 IMF에서 빌린 돈을 모두 갚았습니다.

무역 적자의 심각성을 익히 들어보긴 했지만 과거 우리 경제 위기 때와 비교해보면 어떨까요? 얼마나, 어떻게 심각하다는 것인지 한국무역협회의 수출입 통계를 통해 자세히 뜯어보겠습니다.

한국무역협회의 수출입 통계에 따르면 우리나라는 2022년에만 478억 달러의 무역 적자가 쌓였습니다. 이는 IMF 외환위기 발생 직전인 1996년 206억 달러 이후 최대치입니다. 2023년 1~9월 무역수지 적자 규모는 197억 달러를 기록했습니다. 이는 글로벌 금융위기를 맞은 2008년 133억 달러보다도 큰 규모입니다.

우리나라가 100억 달러 이상의 무역수지를 기록한 해를 자세히 살펴보겠습니다. 통계를 발표하기 시작한 1956년부터 살펴보면 대한민국 사상 첫 무역 흑자는 1986년입니다. 1989년까지 4년 연속 흑자 끝에 1990년부터 다시 무역 적자를 기록했고요. 1994년까지 수십억 달러의 적자를 기록하던 우리나라는 1995년 처음으

### 글로벌 금융위기

2007년 미국 금융시장에서 시작해 전 세계로 파급된 대규모의 금융위기 사태를 통틀어 이르는 말입니다. 당시 미국 경제는 부동산 가격 상승이 이어졌고 수많은 채권이 발행되었습니다. 그런데 이 채권의 부실이 드러나면서 많은 금융기관이 무너져 내렸습니다. 가장 유명한 사건이 바로 '리먼브라더스'의 파산입니다. 글로벌한 대형 은행이 무너지면서 사람들은 금융기관을 믿지 못하는 신용경색 현상까지 발생했습니다. 이 신용경색은 미국을 넘어 전 세계로 급격히 번졌습니다.

로 100억 달러가 넘는 무역 적자를 냈습니다. 1995년에 낸 적자는 100억 6,094만 달러로, IMF 외환위기의 그림자가 드리운 시점입니다. 이어 206억 달러 적자를 기록한 1996년을 지나 1997년에는 약 85억 달러의 적자로 소폭 회복세를 보였습니다. 이후 1998년부터 무역 흑자가 지속됩니다. 1998년 390억 달러의 흑자를 기록하며 한국 경제의 힘을 보여줬던 우리나라는 2007년까지 10년간 무역 흑자를 냈습니다.

그러다가 2008년 글로벌 금융위기가 찾아옵니다. 약 133억 달러의 적자를 내며 주춤하던 무역 수지가 2009년 404억 달러의 흑자를 기록하며 성장의 발판을 마련합니다. 이후 증감이 있긴 했지만, 2021년까지 무려 13년간 연간 무역 흑자를 기록합니다.

이 가운데 2022년에 냈던 적자 규모인 478억 달러는 반도체 가격 하락에 따른 수출 감소와 중국 시장 침체의 영향이 컸습니다. 중국 시장 회복이 예상보다 더딘 데다 러시아-우크라이나 전쟁 등 글로벌 에너지 위기까지 찾아왔습니다. 수출 감소는 이어지는데 에너지난에 수입이 늘자, 무역 적자의 늪에서 빠져나오기 힘들었던 것입니다.

산업통상자원부가 발표한 '2023년 10월 수출입동향'에 따르면 수출은 전년보다 5.1% 증가한 550억 9천만 달러를 기록한 반면, 수입은 9.7% 줄어든 534억 6천만 달러로 집계됐습니다. 이에 무역 수지는 16억 4천만 달러 흑자가 났습니다. 다행히 5개월 연속 흑

## 수출입총괄

| 연도 | 수지 | 연도 | 수지 |
|---|---|---|---|
| 2023년(1월~9월) | −19,687,149 | 1989년 | 912,402 |
| 2022년 | −47,784,897 | 1988년 | 8,885,756 |
| 2021년 | 29,306,921 | 1987년 | 6,261,115 |
| 2020년 | 44,865,275 | 1986년 | 3,130,570 |
| 2019년 | 38,889,663 | 1985년 | −852,533 |
| 2018년 | 69,657,229 | 1984년 | −1,386,580 |
| 2017년 | 95,216,125 | 1983년 | −1,747,167 |
| 2016년 | 89,233,053 | 1982년 | −2,397,446 |
| 2015년 | 90,257,530 | 1981년 | −4,877,664 |
| 2014년 | 47,150,101 | 1980년 | −4,786,801 |
| 2013년 | 44,046,919 | 1979년 | −5,283,158 |
| 2012년 | 28,285,319 | 1978년 | −2,261,288 |
| 2011년 | 30,800,566 | 1977년 | −764,081 |
| 2010년 | 41,171,602 | 1976년 | −1,058,289 |
| 2009년 | 40,449,040 | 1975년 | −2,193,418 |
| 2008년 | −13,267,409 | 1974년 | −2,391,478 |
| 2007년 | 14,643,353 | 1973년 | −1,015,252 |
| 2006년 | 16,082,216 | 1972년 | −897,914 |
| 2005년 | 23,180,479 | 1971년 | −1,326,713 |
| 2004년 | 29,381,985 | 1970년 | −1,148,788 |
| 2003년 | 14,990,786 | 1969년 | −1,201,095 |
| 2002년 | 10,344,375 | 1968년 | −1,007,473 |
| 2001년 | 9,341,323 | 1967년 | −676,017 |
| 2000년 | 11,786,492 | 1966년 | −466,107 |
| 1999년 | 23,933,177 | 1965년 | −288,360 |
| 1998년 | 39,031,389 | 1964년 | −285,293 |
| 1997년 | −8,452,170 | 1963년 | −473,471 |
| 1996년 | −20,623,963 | 1962년 | −366,969 |
| 1995년 | −10,060,945 | 1961년 | −275,264 |
| 1994년 | −6,334,938 | 1960년 | −310,700 |
| 1993년 | −1,564,276 | 1959년 | −283,995 |
| 1992년 | −5,143,742 | 1958년 | −361,714 |
| 1991년 | −9,654,736 | 1957년 | −419,972 |
| 1990년 | −4,827,947 | 1956년 | −361,468 |

단위: 천 달러
출처: 관세청

자를 기록한 것입니다.

수출 증가세와 무역 흑자를 동시에 달성한 것은 무려 20개월 만입니다. 그동안 흑자를 기록하고도 '불황형 흑자'라는 오명을 뒤집어써야 했던 이유입니다. 2022년 10월부터 12개월 연속 감소하던 수출 실적은 2023년 10월 플러스 전환에 성공했습니다. 연내 플러스로 전환하겠다던 정부 목표가 달성된 것입니다. 다만 우려는 남아 있습니다. 2022년 수출 실적이 워낙 안 좋았던 만큼, 이번 수출 증가세가 저조했던 전년 동기 실적의 기저효과라는 지적을 피할 수 없었지요.

## 🔍 통계 돋보기

한국무역협회의 '연간 수출입총괄 통계'는 연도별로 우리나라 수출 실적을 집계한 통계입니다. 연도별·분기별·반기별·월별 집계를 확인할 수 있습니다. 통계 자료는 한국무역협회 K-stat 무역통계(stat.kita.net)에서 확인할 수 있습니다.

## 2024년에는 어떻게 달라질까?

정부는 우리 무역을 보는 우려에 대해 '견조한 개선세'를 보이고 있다는 입장입니다. 외부 변수가 많은 반도체나 컴퓨터, 유가 영향을 받는 석유·화학제품을 제외한 품목들은 견조한 증가세를 보인다고 파악하고 있습니다. 수출 증가세가 2024년 초까지 이어질 것이라는 전망도 내놨습니다.

수출 증가세를 이어가고자 하는 노력도 지속되고 있습니다. 정부는 2023년 '수출 원팀코리아'를 중심으로 총력 대응하겠다는 입장입니다. 이를 위해 금융·마케팅·인증 등 3대 애로사항 분야를 중심으로 단기 수출지원 대책도 세웠습니다. 정책금융기관은 무려 78조 원을 집중 투입합니다. 2024년 상반기까지 수출상승 모멘텀을 이어나가 수출 플러스와 무역수지 흑자 기조를 공고히 하겠다는 전략입니다.

수출 시장 다변화 전략도 펼치고 있습니다. 중국에 치우쳐 있던 우리 수출 시장을 미국, 유럽, 중동 등 다양한 시장으로 확대하겠다는 것입니다. 여기에 중국 시장이 회복된다면 우리는 다시 흑자 기록을 이룰 것입니다.

IMF 외환위기와 글로벌 금융위기 당시, 위기를 벗어난 우리 무역은 이전보다 강한 모습을 보였습니다. 비 온 뒤에 땅이 굳는다고 하지요. 적자의 늪에 빠졌던 우리 경제가 2024년에는 더욱 견고한 모습으로 성과를 내길 기원합니다.

# 무역 적자 순위
# 200위의 진실

우리나라 무역수지가 200위를 차지했습니다. 그것도 주요 208개국 중에서 200위입니다. 그런데 원래 이 수준이 아닙니다. 그동안 우리나라는 대체로 10위권 내에서 움직였지요. 그러던 무역수지가 북한에까지 밀리더니 최하위권으로 뚝 떨어졌습니다.

우리나라는 땅덩어리가 좁고 자원이 부족해서 수출로 먹고사는 나라입니다. 그렇기에 수출 성적을 보여주는 무역수지가 곤두박질치면, 이는 국내 수출기업의 위기로 이어집니다. 갑자기 무역수지가 바닥을 친 이유는 무엇일까요? 큰 문제는 없을지, 그리고 회복할 수는 있을지 낱낱이 살펴보겠습니다.

2023년 상반기 우리나라 무역수지는 국제통화기금(IMF)이 선정한 208개국 중 200위를 기록했습니다. 원래부터 이렇게 순위가 낮았던 것은 아닙니다. 2019년만 하더라도 세계 11위, 2020년에는 8위였죠. 물론 2021년에 18위까지 떨어지긴 했지만, 그래도 10위권대에 머물던 우리나라 무역 순위가 갑자기 200위라니요.

2023년 상반기, 우리나라와 마찬가지로 무역수지 순위가 하위권을 맴돈 해외 선진국도 눈에 띕니다. 홍콩(202위), 일본(203위), 프랑스(205위), 영국(207위), 미국(208위) 등은 우리나라보다 순위가 더 낮았습니다.

해외 선진국보다 순위가 높다고 안심하기에는 이릅니다. 몇 개 국가들도 우리처럼 위기를 겪은 것일 뿐, 대다수 해외 주요국을 비롯한 199개국이 우리를 앞섰으니까요. 구체적으로 살펴볼까요?

중국(1위)과 독일(2위), 호주(4위), 네덜란드(9위), 스위스(11위), 이탈리아(20위) 등 주요국을 비롯해 아세안(ASEAN, 동남아시아 국가연합)에서는 베트남(13위)과 인도네시아(19위) 등이 상위권에 있습니다. 페루(22위), 콩고민주공화국(23위), 가나(33위), 라오스(56위), 짐바브웨(124위), 카메룬(136위) 등 경제 규모면에서 우리보다 뒤처지는 나라들도 무역수지 순위가 앞섭니다.

북한(109위)보다 100위 정도나 밀렸으니 이쯤 되면 의아합니다. 10위권에 머물던 우리나라의 무역수지가 북한보다 낮은, 최하위권까지 밀린 이유가 무엇일까요?

## 2023년 1~6월(상반기) 세계 무역수지 순위

| 순위 | 국가명 | 수출액 | 수출증감률 | 수입액 | 수입증감률 | 무역수지 |
|---|---|---|---|---|---|---|
| 190 | 루마니아 | 51,120 | 4.5 | 65,625 | -0.3 | -14,505 |
| 191 | 이스라엘 | 32,888 | -11.0 | 47,435 | -14.9 | -14,547 |
| 192 | 벨라루스 | 13,595 | -20.7 | 29,200 | 69.9 | -15,605 |
| 193 | 그리스 | 27,918 | -1.5 | 44,023 | -8.4 | -16,105 |
| 194 | 이집트 | 20,443 | -18.1 | 36,833 | -9.9 | -16,390 |
| 195 | 오만 | 7,350 | -35.2 | 23,889 | 20.7 | -16,539 |
| 196 | 아랍에미리트 | 175,273 | 2.8 | 192,034 | -4.3 | -16,761 |
| 197 | 모로코 | 18,795 | -13.9 | 38,046 | 1.2 | -19,251 |
| 198 | 스페인 | 219,734 | 2.6 | 241,533 | -4.3 | -21,799 |
| 199 | 멕시코 | 291,964 | 4.0 | 316,211 | 1.6 | -24,247 |
| 200 | 한국 | 307,177 | -12.4 | 333,644 | -7.7 | -26,467 |

단위: 백만 달러, %
출처: 무역협회가 인용한 IMF 통계

순위가 뚝 떨어진 것은 이번이 처음이 아닙니다. 순위는 그 전년인 2022년에 한 차례 크게 떨어졌거든요. 그해 우리나라 무역 순위는 197위로 전년 18위 대비 100계단 넘게 밀려났습니다.

무역협회에 따르면 2022년 무역수지는 연말 기준으로 477억 8,600만 달러 적자를 기록했습니다. 순위도 순위지만 당시 누적 무역 적자 규모는 역대 최악이었습니다. 2023년 상반기에는 적자가 더 쌓이면서 역대치를 계속 경신합니다. 그러면서 순위가 추가로 하락한 것이죠.

일각에서는 무역수지 순위가 바닥을 친 것을 두고 크게 걱정할 일이 아니라고 말합니다. 우리나라가 수출로 먹고사는 나라인 만큼, 무역수지보다 수출 실적 자체가 더 중요하다고도 설명합니다. 그런 말이 나왔던 이유가 있습니다. 역대 최악의 무역 적자가 났던 2022년에 아이러니하게도 역대 최고 수출 실적을 기록했거든요.

산업통상자원부가 발표한 수출입 통계에 따르면 2022년 수출액은 6,835억 8,476만 달러로 역대 최대치를 기록했습니다. 전년 대비 6.1% 증가한 수치입니다. 무역 적자가 났다지만 우리 기업들은 정작 수출을 잘하고 있었단 뜻이지요. 그러니 문제가 없다는 겁니다.

그렇다면 왜 무역수지가 악화된 것일까요? 수출보다 수입이 더 크게 늘었기 때문입니다. 무역수지는 수출에서 수입을 뺀 값이거든요. 그해 수입은 7,313억 6,965만 달러로, 전년 대비 18.9% 증가했습니다. 즉 수출이 역대급을 기록했지만 수입은 그보다 더 큰

---

**무역수지**

무역수지 = 수출액 − 수입액

**경상수지와 무역수지는 무엇이 다를까요?**

경상수지도 무역수지처럼 수출액에서 수입액을 뺀 수치를 다룹니다. 다만 무역수지가 단순히 상품 무역에서 수출과 수입의 차이를 다룬다면, 경상수지는 상품서비스 무역은 물론 이자와 배당금 등 더 큰 범위를 포함합니다.

## 2014~2023년(1~9월) 수출입 및 무역수지

• 전체 : 68 건 / 단위 : 금액 - 천불, 증감률 - % / (제공기관: 관세청)

| 순번 | 년도 | 수출 | | 수입 | | 수지 |
|---|---|---|---|---|---|---|
| | | 금액 | 증감률 | 금액 | 증감률 | |
| 1 | 2023년 (1월~9월) | 464,278,052 | -11.5 | 483,965,201 | -12.6 | -19,687,149 |
| 2 | 2022년 | 683,584,760 | 6.1 | 731,369,657 | 18.9 | -47,784,897 |
| 3 | 2021년 | 644,400,368 | 25.7 | 615,093,447 | 31.5 | 29,306,921 |
| 4 | 2020년 | 512,498,038 | -5.5 | 467,632,763 | -7.1 | 44,865,275 |
| 5 | 2019년 | 542,232,610 | -10.4 | 503,342,947 | -6.0 | 38,889,663 |
| 6 | 2018년 | 604,859,657 | 5.4 | 535,202,428 | 11.9 | 69,657,229 |
| 7 | 2017년 | 573,694,421 | 15.8 | 478,478,296 | 17.8 | 95,216,125 |
| 8 | 2016년 | 495,425,940 | -5.9 | 406,192,887 | -6.9 | 89,233,053 |
| 9 | 2015년 | 526,756,503 | -8.0 | 436,498,973 | -16.9 | 90,257,530 |
| 10 | 2014년 | 572,664,607 | 2.3 | 525,514,506 | 1.9 | 47,150,101 |

단위: 천 달러
출처: 무역협회

폭으로 늘어나면서 무역수지가 477억 8,489달러 적자가 난 겁니다. 역대급 적자에 순위도 하위권으로 밀려났고요.

수입은 왜 이렇게 늘어난 걸까요? 그 이유는 이 시점과 맞물린 러시아-우크라이나 전쟁 때문입니다. 2022년 2월 러시아와 우크라이나 간에 전쟁이 발발하면서 원유와 가스, 석탄 가격이 크게 올랐기 때문이죠. 이를 수입해서 쓰는 우리나라 입장에서는 평소처럼 에너지를 수입해서 썼지만, 단가 자체가 오르다 보니 총 수입액이 크게 증가한 겁니다. 이는 세계 공통으로 나타나는 현상이지만, 유독 에너지 대부분을 수입해서 쓰는 우리나라에서는 수입액이 더 늘어날 수밖에 없던 겁니다. 그러다 보니 무역수지는 다른 국가보다 더욱 악화되어 순위가 밀려난 것이지요.

무역수지가 나빠도 수출 실적은 좋으니 그래도 다행이라고 칩시다. 문제는 이듬해인 2023년이었습니다. 2023년 상반기, 역대급 무역 적자를 기록한 점도 우려되는데 그나마 좋았던 수출 실적까지 악화됩니다. 2022년 하반기부터 조금씩 악화되던 수출 실적은 감소세를 이어가며 상반기에는 계속 하락하기 시작합니다.

2023년 1~6월 상반기에 우리나라 수출은 전년 동일 기간보다 12.4% 줄어든 3,071억 7,700만 달러를 기록합니다. 아무래도 그 전년이 역대급으로 좋다 보니 그보다 더 좋기가 쉽지 않을 테죠. 수입도 줄기는 했지만 수출만큼 줄지는 않았습니다. 3,336억 4,400만 달러로 같은 기간 대비 7.7% 줄었거든요. 결국 상반기 역시 무역 적자를 추가로 기록하며 순위가 한 차례 떨어졌습니다.

일각에서는 무역수지를 단순히 순위만 놓고 비교할 일은 아니라고 말합니다. 그 나라의 무역 규모에 대비해서 비교해야 하기 때문에, 무역 규모가 작은 나라와 단순 비교하는 것은 맞지 않다고 설명하지요. 하지만 우리나라 순위만 놓고 보더라도 상위권에 머물던 순위가 크게 변동했다는 것만으로도 이전보다 상황이 나빠졌다는 것을 가늠할 수 있습니다.

게다가 글로벌 에너지 위기가 닥치면서 다른 나라보다 순위기가 크게 흔들렸다는 점을 주목할 필요가 있습니다. 그만큼 에너지 해외 의존도가 높으니 전쟁 한 번에도 수입이 크게 늘고, 다른 나라보다 무역 순위가 고꾸라졌으니까요. 이번 순위 하락을 계기로 에너지 자급도를 늘릴 방법을 모색해야 합니다.

## 2024년에는 어떻게 달라질까?

무역수지는 연 단위로 보면 적자이지만 월별로 보면 흑자로 전환되었습니다. 2023년 6월부터 연말까지 7개월 연속 흑자를 이어갔습니다. 다만 2022년부터 역대급 규모로 쌓이다 보니 하반기에 흑자를 기록하더라도 누적 규모는 100억 달러 가까이 적자입니다.

다만 2023년 12월 무역수지는 월별 기준 3년 만에 최대치를 기록한 점이 눈에 띕니다. 2023년 하반기에는 월별 무역흑자를 이어간 끝에 연말에는 최대치까지 개선된 흐름을 보인 것인데, 게다가 수출 실적도 10월부터 증가세로 전환되었거든요. 이처럼 수출 실적도, 월별 무역수지도 개선되는 모습을 보이는 만큼, 2024년에는 무역수지 순위가 다시 오르지 않을까 기대해봅니다.

# 적자 허덕이던 무역수지,
# 기지개 켜나 했더니 실상은 '불황형'?

액수도 기간도 역대급이던 무역수지 적자가 흑자 전환에 성공합니다. 비록 월별이긴 하지만 말입니다. 기나긴 적자의 늪에서 빠져나온 만큼 흑자 전환 소식에 뛸 듯이 기뻐야 할 테지만, 언론과 전문가들은 이를 두고 '불황형 흑자'라고 우려합니다. 흑자이기는 한데 반쪽짜리 흑자이니, 마냥 기뻐할 일은 아니란 것이지요.

흑자면 흑자지, 불황형 흑자라니 도대체 무슨 뜻일까요? 단비 같은 무역 흑자에 무엇이 문제일까요? 과연 우리나라 무역수지는 언제쯤 안심할 수 있을까요? 흑자를 기록했지만 마냥 웃을 수 없는 상황, 무엇 때문인지 살펴보겠습니다.

우리나라의 무역수지는 2023년 5월까지 위태로웠습니다. 물이 턱 끝까지 차올랐다면 바로 이런 느낌 아닐까요? 무역적자가 2022년 3월 이후 15개월 연속 쌓였는데, 이 기록이 역대급이거든요. 기간도 액수도 모두 역대급입니다.

누적 적자 규모는 우리나라를 휘청이게 했던 2번의 경제 위기 때보다 더 심각합니다. 1998년 IMF 외환위기와 2008년 글로벌 금융위기 때보다 더 크다니, 어느 정도 위기인지 이제 감이 오나요? 2022년 한 해 무역적자 규모만 봐도 글로벌 경제위기 이후 처음이자 당시보다 3배가 넘는 수준입니다. 게다가 2023년에는 1~5월 기간에 누적된 무역 적자 규모가 273억 5천만 달러였습니다. 이는 2022년 한 해 동안 누적된 적자 규모(477억 8,500만 달러)의 절반을 넘어선 정도입니다. 그리고 15개월 연속 적자였던 때는 1995년 1월~1997년 5월 이후 25년 만입니다.

**2개년 월별 무역수지**

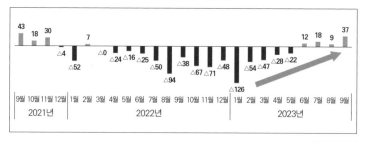

단위: 억 달러
출처: 산업통상자원부

이처럼 극한의 기록을 세우며 적자를 이어가던 때 불행 중 다행인지, 2023년 6월 적자 흐름에 제동이 걸립니다. 월별이기는 하지만 무역수지가 흑자로 돌아선 것이지요. 산업통상자원부에 따르면 2023년 6월 무역수지는 12억 달러 흑자를 기록합니다. 게다가 이로부터 연이어 흑자가 납니다.

7월 18억 달러 흑자를 낸 이후 8월에는 그보다 적은 9억 달러이지만 흑자가 났고요. 9월에는 그 규모가 훨씬 늘어난 37억 달러 흑자를 냈습니다. 역대급 적자의 설움을 보란 듯이 벗어나려는 것인지 연이어 흑자 행진을 이어갔습니다. 앞으로 무역수지와 수출입 실적이 개선되면서 우리 경제가 살아날 것이란 기대가 커졌습니다.

그런데 언론과 경제 전문가들은 안심할 수 없다고 지적합니다. 흑자를 흑자라 하지 않고 '불황형'이라는 수식어를 달면서 말이죠. 흑자면 흑자지 불황형이라니, 무슨 뜻일까요? 무역수지가

### 적자와 흑자란 무엇일까요?

쓴 돈(지출)보다 벌어들인 돈(수입)이 더 많아서 잉여가 발생한 상태를 '흑자'라고 합니다. 반대로 수입보다 지출이 많아 손실이 생긴 상태를 '적자'라고 합니다. 무역수지는 물론 영업이익, 당기순이익 등 회계에서도 두루 쓰이는 용어입니다. 적자에서 흑자가 되었을 때 '흑자 전환', 흑자에서 적자가 되었을 때 '적자 전환'이라고 표현합니다.

흑자이기는 하나, 이게 수출이 늘어서 난 흑자가 아니라는 설명입니다.

무역수지란 총수출에서 총수입을 뺀 개념입니다. 그러니 흑자가 나려면 통상적으로 수출이 개선되어야 합니다. 수출이 플러스로 개선되면서 생긴 흑자가 아닌, 수출은 여전히 마이너스이지만 수입이 더 마이너스가 되면서 만들어진 흑자였던 것이지요. 저조했던 수출 실적이 개선되면서 만들어진 무역 흑자가 아니라, 수입이 상대적으로 덜 악화되면서 만들어진 무역 적자이니 이 상황을 마냥 좋다고 할 수 없다는 겁니다.

실제 2023년 6월 통계에서 살펴보겠습니다. 산업통상자원부에 따르면 6월 무역수지는 11억 3천만 달러 흑자를 기록했습니다. 수출은 542억 4천만 달러로, 전년 같은 달보다 6.0% 감소했습니다. 반면 수입이 531억 1천만 달러로 같은 기간 11.7%나 줄었습니다. 흑자를 기록했지만 수출이 개선된 게 아니라 감소한 것을 확인할 수 있습니다. 수입이 수출보다 더 큰 폭으로 감소하면서 만들어진 '상대적 흑자'였던 것입니다. 그런 점에서 전문가들은 흑자이긴 하지만 수출경기가 좋다고 볼 수 없으니 '불황형'이라고 수식한 겁니다.

이처럼 '불황형 흑자'란 경기 불황기에 수출이 늘어나서 만들어진 흑자가 아닌, 수출보다 수입이 더 줄어서 만들어진 상황을 뜻합니다. 수치상으로는 흑자가 난 만큼 상황이 개선된 것처럼 보

## 월별 수출 증감률

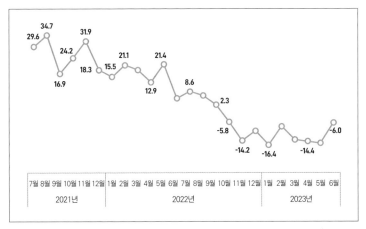

단위: %
출처: 산업통상자원부

## 월별 수입 증감률

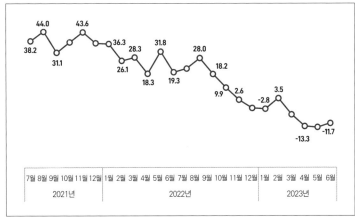

단위: %
출처: 산업통상자원부

일지 몰라도 수출기업들의 사정은 여전히 나쁠 수밖에 없거든요. 특히 수출로 먹고사는 우리나라에서는 흑자더라도 기업의 수출 실적이 좋지 않다면 경제 전반에 위기가 드리워질 수 있습니다. 그런 의미에서 흑자이긴 하지만 반쪽짜리이자 완전한 의미는 아니기에 불황형 흑자라고 한 겁니다.

그렇다면 수입은 왜 줄었을까요? 우리나라는 에너지를 많이 수입합니다. 이 기간에 반도체와 철강 등의 수입도 줄긴 했지만, 에너지 수입이 1년 전 6월보다 27.3%나 감소하면서 전체 수입도 감소했습니다. 우리나라가 수입하는 3대 에너지인 원유(-28.6%), 가스(-0.3%), 석탄(-45.5%) 등에서 크게 감소했지요. 2022년 러시아-우크라이나 전쟁 직후 국제 에너지 가격이 오르면서 수입액이 늘었는데, 그때보다 시간이 흐르면서 가격이 좀 더 안정세를 찾자 수입액이 줄어든 것으로 분석됩니다.

물론 2023년 상반기보다 수출 감소세는 개선된 모습입니다. 그런 점도 분명 무역수지가 흑자로 개선된 점에 긍정적인 영향을 미쳤을 겁니다. 하지만 수출은 여전히 감소, 즉 마이너스라는 점에서 사실상 수입이 더 큰 폭으로 감소해서 만들어진 흑자란 점은 달라지지 않습니다.

6월 이후는 어떻게 변했을까요? 7월 수출은 2022년 동월 대비 16.2% 감소한 505억 달러, 8월에는 8.3% 감소한 519억 달러, 9월에는 4.4% 감소한 547억 달러를 기록했습니다. 수입은 7월 25.4%

## 수출입과 무역수지 통계

| 구분 | 2022년 | 2023년 | | |
|---|---|---|---|---|
| | 9월 | 7월 | 8월 | 9월 |
| 수출 | 572(+2.3) | 505(△16.2) | 519(△8.3) | 547(△4.4) |
| 수입 | 610(+18.2) | 487(△25.4) | 510(△22.8) | 510(△16.5) |
| 무역수지 | △38 | +18 | +9 | +37 |

단위: 억 달러
출처: 산업통상자원부

감소한 487억 달러, 8월 22.8% 감소한 510억 달러, 9월 16.5% 감소한 510억 달러로 집계됩니다. 즉 수출보다 수입이 훨씬 더 감소하면서 만들어진 흑자, 즉 불황형 흑자 기조가 이어졌습니다.

그래서인지 걱정이 됩니다. 과연 수출로 먹고사는 우리나라에 희망은 없는 것일까요? 역대급 무역 적자 끝에 흑자 전환되었다는 기쁨도 잠시, 불황형 흑자라니요. 이러다 수출 기업들이 줄도산 나는 것은 아닐지 염려됩니다.

다행히 희망이 보입니다. 2023년 10월 드디어 '진정한 흑자'의 서막이 드리워졌으니까요. 이 기간의 무역수지는 16억 4천만 달러 흑자가 납니다. 수출은 1년 전 10월보다 5.1% 증가한 550억 9천만 달러, 수입은 9.7% 감소한 534억 6천만 달러를 기록합니다. 드디어 '플러스 수출'을 낸 것입니다. 1년 째 감소세를 이어가던 수출이 13개월 만에 플러스 전환을 이뤘습니다. 주력 수출 품목이 줄

줄이 최대 실적을 달성한 데다, 장기간 고전을 면치 못하던 반도체에서 감소세가 개선되었기 때문입니다. 비로소 수출 플러스를 기반으로 만들어진 무역 흑자가 났습니다.

일각에서는 이때의 수출 플러스 실적을 폄하하기도 합니다. 1년 전 10월, 수출 실적이 워낙 저조했기에 생긴 기저효과라면서요. 하지만 이번에 반도체와 컴퓨터 시장이 완전히 회복되었다면 역대 10월 기준으로도 수출 실적이 최대치였을 것이라고 전문가들은 진단합니다. 그만큼 수출이 이전보다 눈에 띄게 개선된 것은 분명해 보입니다.

지역별 수출 실적은 주요 9대 수출시장 중에서 6개 시장인 미국·아세안(ASEAN)·일본·중동·인도·중남미에서 증가했습니다.

## 기저효과란 무엇인가요?

경제지표가 좋고 나쁨을 평가할 때, 이를 절대적인 것이 아닌 비교하는 상대에 따라 결과가 달라지는 효과를 말합니다. 가령 시험에서 70점을 맞았다면 잘한 것일까요? 작년에 50점을 맞았다면 작년보다 잘했다고 볼 수 있지만, 만약 작년에 90점을 받았다면 작년보다 못한 것이지요. 같은 70점이라 하더라도 작년에 몇 점이었는지에 따라 현재 점수는 오르거나 떨어진 점수가 되는 겁니다. 이처럼 비교시점에 따라 잘하거나 못한 것이 달라 보여서 다른 평가를 받는 효과를 기저효과라 부릅니다. 정부나 전문가, 언론 등에서 자신의 주장을 유리하게 끌고 가기 위해 비교 대상을 설정하는 과정에서 기저효과가 나타나곤 합니다. 통계를 왜곡해서 해석하지 않도록 '기저효과가 아닌지'를 잘 살피는 것이 필요합니다.

미국 수출액은 101억 달러로 역대 10월 중 최고치였습니다. 아세안에서 수출도 2022년 10월 이후 13개월 만에 플러스로 전환되었으며, 2023년 최대치이자 역대 10월 중에서도 1위를 기록했습니다. 중동도 자동차·석유제품 호조세에 한 달 만에 플러스로 전환되었습니다. 수출도 조금씩 개선되는 모습입니다.

---

**🔍 통계 돋보기**

**수입과 수출이 어떻게 달라지는지, 그리고 어떻게 구분할 수 있을까요?**

수출입 통계는 관세청과 산업통상자원부 홈페이지에서 확인이 가능합니다. 다만 잘 꾸며진 표로 비교하면서 살펴보고 싶다면, 무역협회에서 운영하는 K-stat를 이용하길 권합니다. 국내 통계의 '수출입 총괄' 탭을 누르면 연도별 수출과 수입, 무역수지 흐름을 한눈에 볼 수 있습니다. '국가 수출입' 탭을 누르면 우리나라가 각국에 수출하는 무역 규모를 살필 수 있습니다.

---

## 2024년에는 어떻게 달라질까?

2023년 10월 수출 실적이 전 품목에서 두루 개선된 만큼, 이 기세를 타고 2024년에도 수출 플러스 기조가 계속될 것이란 관측이 우세합니다. 실제로 10월부터 3개월 연속 수출 실적은 증가세를 이어갔고, 12월에는 그 해 월별 기준 최고치를 기록했지요. 미국과 아세안을 비롯해 세계 주요 수출 시장에서도 선전할 것으로 예상됩니다. 2024년 수출은 개선될 것이란 전망이 우세하지만, 얼마나 개선될 것인지 여부는 우리나라 최대 수출 품목인 반도체와 우리나라의 최대 수출 시장인 중국의 회복 수준에 달렸습니다.

무역수지는 어떨까요? 무역수지는 수출은 물론 수입도 고려해야 합니다. 수출은 개선될 것이라 기대되므로, 수입이 반대로 크게 증가하진 않을지 살펴야 합니다. 러시아-우크라이나 전쟁이 계속되면서 전쟁 직후에 에너지가 급등했던 것처럼 다시 뛰지는 않을까요? 이스라엘-팔레스타인 사태처럼 다른 전쟁이 발발하진 않을까요? 에너지 가격 변화로 수입이 늘어나면서 무역 적자가 다시 심화되는 것은 아닌지, 국제 뉴스도 꼼꼼히 읽어보길 바랍니다.

# 바나나와 오렌지가 흔해진 이유가
# FTA 때문이라고?

어린 시절 값비싼 고급 과일이던 바나나에 대한 추억 하나쯤 있을 겁니다. 귀한 바나나가 어느 순간부터 흔해지지 않았나요? 대표적인 수입 과일인 바나나는 자유무역협정(FTA)으로 시장이 개방되면서 우리 식탁에 흔하게 오를 수 있었습니다.

바나나뿐만 아니라 2004년 한-칠레 FTA를 시작으로 포도, 바나나, 오렌지 등 다양한 수입 과일이 쏟아져 들어왔습니다. 우리나라와 FTA를 체결해 시장이 개방된 나라는 현재까지 59개국에 달합니다. FTA가 우리 생활에 어떤 변화를 주었는지 알아보겠습니다.

바나나는 이제 쉽게 접할 수 있는 과일입니다. 그런데 앞으로 더 저렴해질 수 있습니다. 2023년 9월 한-필리핀 FTA가 체결되면서 필리핀에서 수입되는 바나나에 물리는 관세가 서서히 없어질 예정이니까요. 필리핀산 바나나에 부과하는 관세가 없어지는 만큼 가격은 더 싸지겠죠.

우리나라로 들어오는 필리핀산 바나나의 규모는 어마어마합니다. 한국무역협회에 따르면 2022년 우리나라가 수입한 필리핀산 바나나는 20만 6,174t(톤)입니다. 수입액만 따지면 2억 3,410만 달러입니다. 지금도 바나나 수입이 이렇게 많은데 가격이 저렴해진다면 수입은 더욱 늘겠지요.

생각해보면 우리나라는 바나나 생산이 풍부한 아열대 기후가 아닌데도 합리적인 가격으로 바나나를 살 수 있습니다. FTA의 장점이 바로 여기에 있습니다. 바나나가 풍족한 국가에서 싸게 수입하는 게 교역하는 양국 모두에게 훨씬 이득인 것이지요.

### 자유무역협정(FTA)이란?

FTA는 다른 나라와 상품, 서비스, 투자 등 여러 분야에 걸쳐 관세 장벽을 완화하는 특혜무역협정입니다. 최근에는 양자 간 맺었던 협정을 넘어 다자 간 협정으로 넓어지고 있습니다. 또 시장 개방과 관세 장벽을 푸는 것뿐만 아니라, 지적재산권·정부조달·경쟁 등 다양한 주제도 함께 논의하며 분야도 확대되는 추세입니다.

### 필리핀에서 수입하는 바나나 현황

| 연도 | 천 불(USD 1,000) | 톤(TON) |
|---|---|---|
| 2000 | 179,507.00 | 73,082 |
| 2013 | 306,517.20 | 246,763 |
| 2014 | 343,501.10 | 305,087 |
| 2015 | 328,613.30 | 287,014 |
| 2016 | 304,489.80 | 275,137 |
| 2017 | 344,527.00 | 287,710 |
| 2018 | 332,344.10 | 280,266 |
| 2019 | 286,916.10 | 236,992 |
| 2020 | 260,795.20 | 205,772 |
| 2021 | 257,820.10 | 213,371 |
| 2022 | 234,106.40 | 206,174 |

출처: K-stat 무역통계

다만 정부는 국내 바나나 농가의 시름을 덜기 위해 한-필리핀 FTA를 마련해, 바나나에 대한 농산물 세이프가드 조치가 가능하도록 했습니다. FTA 발효 첫해부터 '수입이 연도별 기준 물량을 넘어서면 다시 관세를 부과하겠다'는 것입니다. 바나나 교역만 늘어난다면 조금 아쉽겠지요. 이번 FTA 체결에는 통조림 등 조제 파인애플에 물리던 36%의 관세를 7년에 걸쳐서 서서히 없애겠다는 내용도 담겼습니다. 앞으로 가정에서 필리핀산 통조림 파인애플도 더 싸게 즐길 수 있겠네요.

한편 우리나라는 자동차 수출에 대한 관세를 없앴습니다. 2024년 상반기에 FTA가 발효될 것으로 전망되는데, 발효되자마자 자동차 관세가 철폐됩니다. 발효 즉시 무관세가 적용되면, 우리나라의 자동차 브랜드들은 곧바로 가시적인 성과를 볼 수 있습니다.

필리핀에 한번쯤 가봤다면, '일본 자동차가 참 많다'라고 생각해봤을 거예요. 실제로 필리핀에서 일본 자동차는 82.5%라는 압도적인 점유율을 차지하고 있습니다. 2022년 필리핀에서 많이 팔린 자동차 브랜드들을 줄 세우면 토요타, 미쓰비시, 포드, 르노-닛산, 스즈키 순입니다. 우리나라의 현대·기아는 9위 정도이고요. 필리핀은 일본 승용차에 20%의 관세를 매기는데, 우리나라 자동차에 관세가 없다면 가격 경쟁력이 생기는 것이지요.

사실 필리핀은 우리나라와 이미 교역이 많았던 국가입니다. 우리나라는 2022년 필리핀에 123억 달러를 수출했고, 52억 달러를 수입했습니다. 앞서 한-아세안 FTA, 역내포괄적경제동반자협정(RCEP) 등으로 시장 개방이 많이 진행되었기 때문입니다. 교역량을 줄 세우면 필리핀은 17위의 교역국입니다. 총 교역액만 따졌을 때 2020년 102억 달러, 2021년 135억 달러, 2022년 175억 달러로 가파르게 상승 중입니다.

이런 상황에서 양자 간 FTA까지 체결했으니 교역은 더욱 활발해질 것입니다. 정부에서도 이번 한-필리핀 FTA에 대해 성과가 컸다고 평가합니다. 산업통상자원부는 바나나 수입은 5년 관세 철폐로 개방하지만, 자동차 수출의 경우 관세를 즉시 철폐시키는 성과가 있었다고 설명했습니다.

우리나라는 첫 FTA를 어떤 나라와 맺었을까요? 우리나라는

2004년 4월 1일 칠레와 FTA를 처음으로 추진했습니다. 당시 정부에서는 첫 FTA를 맺을 국가로 남아프리카공화국과 칠레 중에서 고민했다고 합니다. 지구 반대편에 있는 아프리카국 또는 남미국이자 우리나라와 교역은 드물지만 이점이 큰 '낯선' 나라를 찾았던 것이지요. FTA의 의의를 엿볼 수 있는 에피소드입니다.

우리나라에 잘 알려진 FTA는 아마도 한-미 FTA일 것입니다. 우리나라는 무려 2003년부터 미국과의 FTA 체결을 구상해왔다고 합니다. 우리는 오랜 협상 끝에 2012년 3월 15일 한-미 FTA를 발효시켰습니다. 미국 시장은 전 세계 국내총생산(GDP)의 24.7%를 차지하는 세계 최대 시장인 데다, 우리나라의 2위 교역국인 만큼 관세 장벽 철폐와 시장 개방 효과가 컸다고 평가됩니다.

그동안 우리는 어떤 나라들과 FTA를 맺어왔을까요? 2023년 10월 기준으로 59개국과 21건의 FTA를 발효시켰습니다. 그리고 FTA 협정을 지속적으로 추진하고 있습니다. 대표적으로 2012년부터 추진이 시작된 한·중·일 FTA가 있습니다. 여기에 걸프협력회의(GCC), 에콰도르, 우즈베키스탄, 아르헨티나·브라질·파라과이·우루과이 등 남미공동시장(MERCOSUR), 러시아 등이 대표적으로 협상이 진행되고 있는 FTA 대상입니다.

FTA의 절차는 간단하지 않습니다. FTA를 추진하기로 약속하고 조문 하나하나를 합의해가는 일은 쉽지 않은 과정입니다. 그렇기 때문에 기간이 오래 걸립니다. 앞서 설명한 필리핀과의 FTA는

## FTA 상대국 및 발효 시기

| 구분 | 상대국 | 발효 시기 |
|---|---|---|
| 발효<br>(59개국 21건) | 칠레 | 2004.04 |
| | 싱가포르 | 2006.03 |
| | EFTA | 2006.09 |
| | 아세안 | 2007.06(상품무역협정)<br>2009.05(서비스무역협정)<br>2009.09(투자협정) |
| | 인도 | 2010.01 |
| | EU | 2011.07.01(잠정)<br>2015.12.13(전체)<br>2011년 7월 1일 이래 만 4년 5개월간 잠정 적용 |
| | 페루 | 2011.08.01 |
| | 미국 | 2012.03.15<br>2019.01.01(개정의정서) |
| | 튀르키예 | 2013.05.01(기본협정, 상품무역협정)<br>2018.08.01(서비스투자협정) |
| | 호주 | 2014.12.12 |
| | 캐나다 | 2015.01.01 |
| | 중국 | 2015.12.20 |
| | 뉴질랜드 | 2015.12.20 |
| | 베트남 | 2015.12.20 |
| | 콜롬비아 | 2016.07.15 |
| | 중미 5개국 | 2021.03.01 전체 발효 |
| | 영국 | 2021.01.01 |
| | RCEP | 2022.02.01 |
| | 이스라엘 | 2022.12.01 |
| | 캄보디아 | 2022.12.01 |
| | 인도네시아 | 2023.01.01 |

출처: 관세청 FTA포털

2023년 9월에 서명을 완료했지만, 앞으로 국회 비준을 거쳐 발효까지 성공시키려면 기간이 더 필요합니다.

최근 정부가 추진하고 있는 다자간의 협정 중에서 가장 관심이 쏠리는 것은 단연 '인도·태평양 경제 프레임워크(IPEF)'입니다. 2021년 미국의 조 바이든 대통령이 제안한 경제협력체로 2022년 5월에 공식 출범했습니다. 참여국만 해도 한국, 미국, 일본, 호주, 뉴질랜드, 싱가포르, 태국, 베트남, 브루나이, 말레이시아, 필리핀, 인도네시아, 인도, 피지 등 14개국에 달합니다.

IPEF는 상품·서비스시장 개방 및 관세 인하를 목표로 하는 기존의 무역협정과는 달리, 디지털·공급망·청정에너지 등 새로운 통상 의제도 다루고 있습니다. 이에 협상 분야(필라)가 무역(필라1) 뿐만 아니라 공급망(필라2), 청정경제(필라3), 공정경제(필라4)까지 광범위합니다. 2023년 공급망(필라2)에 이어 청정경제(필라3), 공정경제(필라4) 협정이 체결되었고, 나머지 무역(필라1)에 대한 협상도 순조롭게 이어지고 있습니다.

**인도·태평양 경제 프레임워크(IPEF)란?**

IPEF는 인도·태평양 지역에서 중국의 경제적 영향력 확대를 억제하기 위해 미국이 주도하는 다자 경제협력체입니다. IPEF는 2021년 10월, 조 바이든 미국 대통령이 제안했습니다. 참여국들은 디지털·공급망·청정에너지 등 새로운 통상 의제에 공동 대응하기 위해 활발하게 논의 중입니다.

FTA와 관련한 구체적인 통계를 살펴보고 싶다면 수출입무역통계 홈페이지(tradedata.go.kr)를 이용해보세요. FTA 협정별·산업별·지역별 활용 현황을 제공해 국가무역 정책과 기업의 수출입 경영 전략에 활용할 수 있도록 공개하고 있습니다. FTA 협정별로 특혜 대상의 수출액·수입액을 포함해 FTA 적용금액도 볼 수 있습니다. 이를 통해 FTA 활용률까지 알 수 있습니다. 수출입무역통계 중 FTA 협정별 통계의 공표는 분기별로 하고 있습니다. 다만 현재는 2022년의 자료밖에 없고, 2022년 이전의 FTA 활용률은 관세청에서 제공하는 FTA포털(www.customs.go.kr/ftaportalkor/)에서 볼 수 있습니다.

## 2024년에는 어떻게 달라질까?

2000년대 FTA로 대표되었던 국제 통상의 질서는 격변하고 있습니다. 한편에서는 IPEF와 같은 다자간의 거대 경제협력체계가 논의되고 있지만, 반대편에서는 미국의 인플레이션감축법(IRA)과 같이 보호무역 기조하에 주요국이 규제 장벽을 높이고 있습니다. 수출로 먹고사는 우리나라가 격변하는 국제 흐름 속에서 잘 나아가고 있는지 지켜보면 좋을 것 같습니다.

# 3장

# 차세대 먹거리 산업의
# 현주소

# 반도체 주춤하자 닫힌 수출 성장판, 언제쯤 회복할까?

대한민국의 수출경제를 이끌던 반도체가 위기에 처했습니다. 반도체 부진이 장기화하면서 정부의 노력이 무색할 만큼 수출 회복이 더딘 상황입니다. 반도체는 2022년 기준 한국 전체 수출액의 약 20%(1,292억 달러)를 차지한 주력 산업입니다. 이는 반도체가 휘청거리면 수출 실적도 위기에 빠질 수밖에 없는 구조라는 의미이지요.

특히 2023년 정보통신기술(ICT) 분야 수출은 저점을 찍었습니다. 전문가들도 수출이 회복되려면 반도체 회복이 절실하다는 데 입을 모읍니다. 우리나라의 수출 위기를 벗어나는 데 반도체 회복이 관건이라면, 언제쯤 회복할 수 있을까요? 회복 전망을 숫자로 알 수 있다면 얼마나 좋을까요? 그래서 함께 살펴보겠습니다.

우리나라 수출경제는 아직 어렵습니다. 누적된 무역 적자도 심각하고요. 자세히 들여다보면 우리나라 최대 수출 품목이 예전만큼 힘을 쓰지 못하는 상황입니다. 대한민국의 경제, 그리고 우리 수출경제를 모두 견인해왔던 반도체가 그 주인공입니다. 반도체 수출이 살아난다면 우리 수출경제 회복도 탄력을 받을 수 있습니다. 좀처럼 힘을 쓰지 못하고 있는 반도체이지만, 최근 반도체 분야가 조금씩 상승세를 보이고 있다는 이야기가 들립니다. 모두가 기다리고 있는 반도체 회복, 그 시점이 궁금해집니다.

이렇게 특정 산업이 언제 회복할지 궁금할 때 볼 수 있는 수치가 있습니다. 바로 기업경기실사지수(BSI; Business Survey Index)입니다. 국내 제조업을 업종별로 구분해 해당 산업의 현황과 전망

### 반도체산업

1970년대까지의 반도체 시장은 미국 기업들이 주도권을 쥐고 있었습니다. 유럽과 일본이 무섭게 추격하고 있었지요. 그러다 1980년대 일본 기업들의 독주가 이어졌습니다. 1990년대 중반 미국이 다시 주도권을 되찾았지만, 한국과 대만이 신흥 강자로 떠올랐습니다. 2000년대 초반에 들어서자 일본 반도체 기업들은 도태되었고, 한국의 삼성전자가 미국 기업인 인텔을 바짝 뒤쫓았습니다. 이후 한국은 메모리 반도체 시장에서 무섭게 성장해 세계 1위로 떠오릅니다. 시스템 반도체와 팹리스(반도체 설계가 전문화된 기업) 시장은 여전히 미국의 힘이 강하지만, 메모리 분야와 파운드리(반도체 제조를 전담하는 생산 전문 기업) 분야의 주도권을 가져온 한국은 전 세계 시장에서도 영향력이 막강합니다.

# 제조업 경기조사 통계

**■ 현황BSI**

| 현황 | | 반도체 | 디스플레이 | 무선통신기기 | 가전 | 자동차 | 조선 | 일반기계 | 정유 | 화학 | 철강 | 섬유 | 바이오/헬스 | 이차전지 |
|---|---|---|---|---|---|---|---|---|---|---|---|---|---|---|
| 2021 | 3분기 | 104 | 93 | 95 | 86 | 89 | 95 | 88 | 93 | 88 | 86 | 83 | 93 | 105 |
| | 4분기 | 108 | 98 | 101 | 96 | 87 | 97 | 102 | 104 | 99 | 97 | 90 | 101 | 108 |
| 2022 | 1분기 | 79 | 93 | 88 | 86 | 95 | 97 | 93 | 95 | 81 | 85 | 90 | 95 | 103 |
| | 2분기 | 109 | 72 | 90 | 82 | 93 | 87 | 95 | 103 | 91 | 99 | 86 | 100 | 115 |
| | 3분기 | 86 | 91 | 97 | 75 | 97 | 90 | 89 | 97 | 85 | 79 | 82 | 96 | 95 |
| | 4분기 | 79 | 81 | 103 | 81 | 96 | 91 | 92 | 100 | 89 | 82 | 78 | 103 | 88 |
| 2023 | 1분기 | 64 | 57 | 95 | 84 | 96 | 103 | 87 | 93 | 82 | 84 | 68 | 92 | 100 |
| | 2분기 | 81 | 68 | 100 | 95 | 103 | 108 | 99 | 107 | 98 | 94 | 82 | 101 | 107 |
| | 3분기 | 77 | 94 | 99 | 88 | 97 | 101 | 84 | 91 | 89 | 86 | 84 | 91 | 94 |

**■ 전망BSI**

| 전망 | | 반도체 | 디스플레이 | 무선통신기기 | 가전 | 자동차 | 조선 | 일반기계 | 정유 | 화학 | 철강 | 섬유 | 바이오/헬스 | 이차전지 |
|---|---|---|---|---|---|---|---|---|---|---|---|---|---|---|
| 2021 | 4분기 | 121 | 105 | 106 | 86 | 103 | 88 | 101 | 107 | 94 | 92 | 88 | 105 | 117 |
| 2022 | 1분기 | 100 | 91 | 103 | 87 | 95 | 94 | 100 | 100 | 97 | 100 | 90 | 104 | 106 |
| | 2분기 | 116 | 109 | 111 | 91 | 97 | 91 | 109 | 92 | 100 | 92 | 103 | 101 | 100 |
| | 3분기 | 111 | 83 | 107 | 83 | 95 | 106 | 98 | 83 | 94 | 101 | 96 | 106 | 105 |
| | 4분기 | 100 | 80 | 119 | 82 | 100 | 112 | 96 | 111 | 94 | 91 | 89 | 99 | 79 |
| 2023 | 1분기 | 87 | 84 | 106 | 84 | 96 | 94 | 91 | 102 | 99 | 90 | 82 | 96 | 103 |
| | 2분기 | 90 | 102 | 111 | 91 | 100 | 114 | 104 | 106 | 102 | 94 | 93 | 104 | 117 |
| | 3분기 | 92 | 101 | 111 | 104 | 100 | 103 | 95 | 107 | 102 | 88 | 94 | 110 | 114 |
| | 4분기 | 88 | 93 | 115 | 98 | 103 | 107 | 96 | 96 | 101 | 103 | 100 | 106 | 101 |

출처: 산업연구원

을 현장의 중심에 있는 기업들이 직접 평가하는 수치입니다.

해당 통계를 한번 보겠습니다. 산업연구원(KIET)이 국내 제조업체들을 대상으로 수행하고 있는 BSI 조사 결과를 살펴보면, 2023년 3분기 반도체 수출 현황BSI는 77로, 기준점인 100을 크게 밑돕니다. 2022년 2분기에는 109로, 100을 넘어선 이후 3분기부터 5분기 내내 100을 넘지 못했습니다.

BSI는 100(전월 대비 변화 없음)이 기준입니다. 200에 가까울수록 전월 대비 개선될 것이라는 전망이고, 반대로 0에 근접할수록 전월 대비 악화될 것이라는 뜻입니다. 전망BSI를 살펴보니 2023년 1분기부터 4분기까지 모두 100을 넘기지 못했습니다.

2023년 4분기 전망BSI는 88입니다. 이는 연말까지 반도체 수출이 좋아지기보다는 나빠질 가능성이 높다는 의미이지요. 전 분기인 3분기보다도 4 떨어졌고, 전년 동기인 2022년 4분기에 비해서는 12나 낮았습니다. 심지어 반도체의 4분기 전망BSI는 모든 세부 분야를 통틀어 가장 낮았습니다. 디스플레이, 가전, 일반기계, 정유가 100을 넘기지 못했지만 모두 90대로 전망되었습니다.

> **메모리 반도체와 시스템 반도체**
>
> 정보(데이터)를 저장하는 메모리 반도체와 달리, 시스템 반도체는 중앙처리장치(CPU)처럼 데이터를 해석·계산·처리하는 비메모리 반도체를 의미합니다.

## 2023년 4분기 주요 항목별 전망BSI

| 구분 | 매출 | 내수 | 수출 | 경상이익 | 설비투자 | 고용 |
|---|---|---|---|---|---|---|
| 제조업 전체 | 97 | 95 | 97 | 94 | 98 | 100 |
| 반도체 | 92 | 89 | 88 | 92 | 97 | 99 |

출처: 산업연구원

특히 반도체는 수출뿐만 아니라 매출, 내수, 경상이익, 설비투자, 고용에서도 4분기 전망BSI가 모두 100을 넘지 못했습니다. 제조업 전체 전망BSI가 전반적으로 좋지 않은 상황이지만, 모든 항목에서 전체 전망BSI를 하회하는 수준입니다. 128쪽 도표를 전체적으로 다시 한번 살펴보겠습니다.

2023년 3분기에 우리 제조업 수출은 녹록지 않은 시기를 보냈습니다. 국내 제조업의 3분기 수출 현황은 87로, 전 분기 93보다 낮은 수준을 기록했습니다. 제조업 수출 현황은 2023년은 물론 2022년도 매 분기 100을 밑돌았습니다. 전 분기 100을 넘어섰던 기계부문, 신산업부문도 모두 92로 떨어졌습니다.

종사자 규모별로 살펴봐도 지난 2분기에 대형업체는 104로 100을 넘겼지만, 3분기에는 대형업체도 100 밑으로 내려갔습니다. 중소업체는 2021년부터 100 아래를 벗어나지 못하고 있습니다. 4분기에도 상황은 나아지지 않을 것이라는 전망이 우세했습니다. 4분기 전망은 97로 여전히 100을 하회합니다.

# 제조업 전체 BSI

■ 현황BSI

| 현황 | | 제조업 전체 | 업종 유형별 | | | | 종사자 규모별 | |
|---|---|---|---|---|---|---|---|---|
| | | | ICT부문 | 기계부문 | 소재부문 | 신산업부문 | 대형업체 | 중소업체 |
| 2021 | 3분기 | 93 | 100 | 89 | 88 | 97 | 100 | 88 |
| | 4분기 | 100 | 105 | 94 | 98 | 103 | 106 | 96 |
| 2022 | 1분기 | 88 | 83 | 94 | 86 | 97 | 96 | 89 |
| | 2분기 | 96 | 98 | 93 | 94 | 104 | 99 | 92 |
| | 3분기 | 89 | 86 | 93 | 86 | 96 | 97 | 88 |
| | 4분기 | 88 | 81 | 94 | 89 | 99 | 95 | 89 |
| 2023 | 1분기 | 81 | 66 | 93 | 83 | 94 | 91 | 83 |
| | 2분기 | 93 | 81 | 102 | 96 | 103 | 104 | 95 |
| | 3분기 | 87 | 81 | 92 | 88 | 92 | 94 | 88 |

■ 전망BSI

| 전망 | | 제조업 전체 | 업종 유형별 | | | | 종사자 규모별 | |
|---|---|---|---|---|---|---|---|---|
| | | | ICT부문 | 기계부문 | 소재부문 | 신산업부문 | 대형업체 | 중소업체 |
| 2021 | 4분기 | 104 | 114 | 101 | 96 | 108 | 106 | 98 |
| 2022 | 1분기 | 98 | 97 | 97 | 97 | 105 | 104 | 96 |
| | 2분기 | 104 | 112 | 101 | 97 | 101 | 105 | 102 |
| | 3분기 | 99 | 103 | 98 | 93 | 106 | 110 | 96 |
| | 4분기 | 97 | 95 | 100 | 97 | 94 | 105 | 95 |
| 2023 | 1분기 | 92 | 87 | 94 | 95 | 98 | 95 | 92 |
| | 2분기 | 99 | 94 | 103 | 100 | 108 | 102 | 100 |
| | 3분기 | 98 | 95 | 98 | 98 | 111 | 105 | 99 |
| | 4분기 | 97 | 91 | 100 | 101 | 105 | 102 | 100 |

출처: 산업연구원

다만 정보통신기술(ICT부문) 이외의 업종(기계·소재·신산업)은 100을 간신히 넘겼습니다. 100을 넘기지 못하던 중소업체도 100으로, 전 분기 대비 보합을 유지할 것이라는 전망이 나왔습니다.

## ◎ 통계 돋보기

기업경기실사지수(BSI) 조사는 국내 제조업의 주요 업종별 경기 동향 및 전망을 파악하기 위해 2002년부터 국내 제조업체들을 대상으로 수행되는 조사입니다. 조사는 온라인 및 오프라인 방식으로 수행하고, 결과 자료는 국내 제조업체로부터의 응답 결과(총 1,500개 업체 응답)를 토대로 작성합니다. 조사 결과는 1분기는 4월, 2분기는 7월, 3분기는 10월, 4분기는 다음 해 1월에 발표됩니다.

기업경기실사지수는 일선 기업가들의 체감경기를 지수로 삼았다는 점에서 신뢰도가 상당히 높은 경기예측 방법입니다. 또한 설비투자 판단, 고용수준 판단 등과 같은 주관적·심리적 요소까지 조사가 가능하다는 장점이 있습니다.

## 2024년에는 어떻게 달라질까?

2023년 11월 반도체 수출이 16개월 만에 증가세로 전환했습니다. 반도체 수출의 회복 기미가 보인다는 기대감이 샘솟는 이유입니다. 다만 앞에서 살펴본 BSI 조사를 보면 기업가들은 아직 반도체 회복까지는 갈 길이 멀다고 보고 있습니다. 아마도 이 긴 터널의

끝까지는 조금 더 가야 할 겁니다.

우리 경제를 이끌어온 반도체 회복은 우리 수출이 긴 부진의 터널을 빠져나오는 데 꼭 필요합니다. 대외적 환경 탓이 있지만 급변하는 글로벌 시장 속에서 과거와는 또 다른 경쟁력이 필요하다는 지적도 나옵니다. 옛날의 영광에만 젖어 있기에는 글로벌 반도체 시장 지형이 너무나도 빠르게 변화하고 있기 때문입니다. 반도체 회복 시점이 아직 멀었다는 전망을 '비관'으로 읽어서는 안 됩니다. 경쟁력 강화가 필요한 시점이라는 진단으로 봐야겠지요.

희망은 아직 있습니다. 최근 한국 수출의 보루인 자동차와 조선이 제 역할을 해주고 있으니까요. 그리고 최대 수출 품목인 반도체가 부진에서 벗어나 수출 역군으로 다시 설 시점이 다가오면, 우리 수출경제도 예전처럼 빛을 볼 것입니다.

# 첨단기술 인재가
# 국력을 좌우한다

코로나19와 연이은 전쟁으로 우리나라 경제는 직격탄을 맞았습니다. 성장이 둔화되고 청년들의 직장 구하기는 하늘의 별 따기가 되었지요. 청년들은 일자리가 없다는데 막상 좋은 직장이라 손꼽히는 반도체, 전기차 등 첨단산업에서는 사람을 구하지 못해 발을 동동 구르고 있습니다. 경제성장률이 하락하며 일자리 창출 여력이 바닥난 상황에서 빅데이터, 인공지능(AI)으로 대표되는 4차 산업혁명은 기회요인으로 작용할 수 있겠지요. 다만 신(新)산업이 우리 경제를 견인하는 주요 산업으로 성장하려면 전제조건이 필요합니다. 바로 우수한 인재입니다. 우리나라 첨단산업 현장에서는 2032년에 30만 명 이상의 인력이 더 필요할 것이라고 합니다. 미래를 책임질 첨단산업에 인재 공급이 얼마나 필요한지 살펴보겠습니다.

반도체, 자동차 등 현재 우리나라를 이끌고 있는 주요 첨단산업들이 인력난을 겪고 있습니다. 이 부분에서 고개가 갸웃거려집니다. 우리나라는 경제협력개발기구 회원국 중에서 대학교육 이수율이 1위에 달합니다. 만 25~34세 청년 중 대학을 졸업한 청년은 10명 중 7명이나 되지요. 그런데 인력난이라니 이상합니다. 이런 미스매치는 과거 제조업 중심으로 고등교육이 이루어지면서 신산업 전환에 우리 청년들이 뒤처지고 있다는 의미이기도 합니다.

현장에서 필요로 하는 수요 중심의 인력을 키우기 위해 첨단산업 인력이 얼마나 필요할까요? 차세대반도체, 미래형자동차, 사물인터넷(IoT)가전, 디지털헬스케어, 증강현실(AR)/가상현실(VR), 차세대디스플레이, 스마트친환경선박 등 13대 신산업군의 인재 수요 전망을 살펴보겠습니다.

한국산업기술진흥원(KIAT)이 발표한 '산업 기술인재 수요예측 연구 보고서'에 따르면 주요 13대 신산업에서 2032년 기술인재는 총 31만 729명이 필요하다고 추산합니다. 2021년에 해당 신산

---

**차세대반도체란?**

반도체는 많이 들어봤을 테지만 '차세대반도체'는 어떤 것을 말하는지 궁금하지 않나요? 차세대반도체는 보통 차세대 메모리 반도체를 의미합니다. 전원이 없어도 메모리를 보존하는 낸드플래시의 성격을 지니면서 속도는 크게 향상된 메모리 반도체를 가리킵니다.

## 산업 기술인재 수요예측

| 13대 신산업 | 2021 | 2032<br>S1 | 연평균증가율<br>(2022-2032)<br>S1 | 증가분<br>(2032-2021)<br>S1 |
|---|---|---|---|---|
| 신금속소재 | 7,352 | 8,935 | 1.8% | 1,584 |
| 차세대세라믹소재 | 3,260 | 4,936 | 3.8% | 1,676 |
| 하이테크섬유소재 | 6,040 | 10,171 | 4.9% | 4,131 |
| 첨단화학소재 | 11,477 | 18,565 | 4.5% | 7,088 |
| 스마트친환경선박 | 11,995 | 21,504 | 5.5% | 9,509 |
| 디지털헬스케어 | 23,284 | 38,772 | 4.7% | 15,488 |
| IoT가전 | 22,501 | 36,576 | 4.5% | 14,075 |
| 미래형자동차 | 30,062 | 47,239 | 4.2% | 17,177 |
| 항공드론 | 3,116 | 4,701 | 3.8% | 1,585 |
| 차세대반도체 | 24,707 | 44,421 | 5.5% | 19,714 |
| 차세대디스플레이 | 17,080 | 26,209 | 4.0% | 9,128 |
| AR/VR | 11,324 | 23,565 | 6.9% | 12,241 |
| 지능형로봇 | 16,362 | 25,134 | 4.0% | 8,772 |
| 합계 | 188,560 | 310,729 | 4.6% | 122,168 |

단위: 명

출처: 한국산업기술진흥원(KIAT)

업 분야 기술인재 수요가 18만 8,560명이었던 것을 고려하면, 수요가 64.79% 늘어나는 셈이지요. 현재에도 신산업 인력 수요가 적지 않은 상황이지만, 2032년에는 인재의 필요성이 더욱 커집니다. 2021년부터 2032년까지 11년 동안 연평균 4.6%씩 인력이 투입되어야 겨우 12만 2,168명의 추가적인 수요를 맞출 수 있습니다.

산업별로 보면 반도체, 디스플레이 등 현재 우리 산업을 이끌어가는 분야에 기술인재가 더 절실한 상황입니다. 상황이 촉박하기에 당장 10년 후에도 반도체와 같은 핵심 산업에서 우리나라가 선두를 유지할 수 있을지 장담할 수 없습니다.

차세대반도체는 2021년 2만 4,707명의 인력 수요가 있었는데, 11년 후인 2032년에는 4만 4,421명이 필요합니다. 연평균 5.5%씩은 인재가 늘어나야 필요분 1만 9,714명을 간신히 채울 수 있습니다. 차세대디스플레이는 2032년까지 2만 6,209명이 필요해 11년 전 1만 7,080명보다 9,128명이나 늘어야 합니다.

13대 신산업 중에서 인재가 가장 절실한 산업은 AR/VR 분야입니다. 2021년 1만 1,324명의 인재 수요가 있었는데 2032년까지 1만 2,241명, 즉 2배가 증가해야 하지요. 연평균으로만 따져도 매년 6.9%씩 인재가 불어나야 합니다.

한국산업기술진흥원은 해당 조사에 주요 기업의 설문 결과 등을 반영해 인재 수요를 분석했습니다. 기업의 현장 수요에 가까운 수치라고 볼 결과입니다. 현장에서는 우수 인력의 필요성이 더 절실한 것으로 나타났습니다. 135쪽 도표를 보면 13대 신산업에 투입되어야 할 인재는 2032년 총 32만 7,107명으로 추산됩니다. 2021년 18만 8,560명과 비교하면 13만 8,546명의 인재가 추가로 필요하지요.

특히 차세대반도체, 차세대디스플레이 등이 다른 분야보다 인력 수요가 비교적 크게 증가했습니다. 차세대반도체의 경우 현장

산업 기술인재 수요예측

| 13대 신산업 | 2021 | 2032 | 연평균증가율 (2022-2032) | 증가분 (2032-2021) |
|---|---|---|---|---|
| | | S2 | S2 | S2 |
| 신금속소재 | 7,352 | 9,329 | 2.2% | 1,977 |
| 차세대세라믹소재 | 3,260 | 5,075 | 4.1% | 1,815 |
| 하이테크섬유소재 | 6,040 | 10,612 | 5.3% | 4,572 |
| 첨단화학소재 | 11,477 | 19,241 | 4.8% | 7,763 |
| 스마트친환경선박 | 11,995 | 21,903 | 5.6% | 9,908 |
| 디지털헬스케어 | 23,284 | 40,832 | 5.2% | 17,548 |
| IoT가전 | 22,501 | 40,054 | 5.4% | 17,553 |
| 미래형자동차 | 30,062 | 49,513 | 4.6% | 19,450 |
| 항공드론 | 3,116 | 5,320 | 5.0% | 2,204 |
| 차세대반도체 | 24,707 | 46,160 | 5.8% | 21,453 |
| 차세대디스플레이 | 17,080 | 28,041 | 4.6% | 10,961 |
| AR/VR | 11,324 | 25,204 | 7.5% | 13,880 |
| 지능형로봇 | 16,362 | 25,824 | 4.2% | 9,461 |
| 합계 | 188,560 | 327,107 | 5.1% | 138,546 |

단위: 명

출처: 한국산업기술진흥원(KIAT)

## AR과 VR의 차이점은 무엇인가요?

AR은 현실세계에 가상세계를 입힌 기술입니다. 예컨대 길을 걷다가 스마트폰 속 '포켓몬GO' 앱을 켜고 스마트폰 카메라에 비친 포켓몬을 잡았다면, AR 기술을 이용해 게임을 즐기고 있는 것이지요. 반면 VR은 가상세계에서 마치 실제와 같은 체험을 할 수 있도록 구현하는 기술입니다. 애플이 2023년 하반기 공개한 '비전 프로' 고글을 쓰고 게임을 한다면 VR 세상 속을 누비고 있는 것입니다.

에서는 4만 6,160명이 더 필요하다고 답했습니다. 11년 만에 인력이 86.83% 더 투입돼야 한다는 의미입니다. 차세대디스플레이 역시 2032년 2만 8,041명이 추가되어야 한다고 봤습니다. 11년 동안 1만 961명의 디스플레이 인재를 육성해 공급해야 한다는 것이죠. AR/VR의 경우 2021년 1만 1,324명에서 11년 후 인력 수요가 2만 5,204명으로 늘어납니다. 인력 수요 필요분인 1만 3,880명을 충족시키기 위해서는 11년 동안 매년 7.5%씩 인재 규모가 불어나야 합니다.

인재 투입의 필요성이 커지는 만큼, 정부도 이에 발맞춰 첨단산업 인재 육성에 박차를 가하고 있습니다. 산업통상자원부는 최근 혁신인재를 집중적으로 양성하기 위해 민간과 협력하겠다고 발표했습니다. 정부도 국가첨단전략산업 육성을 위해 현장 수요형 인력 투입이 필요하다고 여긴 셈이지요. 특히 반도체, 디스플레이, 이차전지 등 주요 첨단산업 분야 인재를 육성하고자 정책으로 뒷받침하고 있습니다.

실전형 현장인력 양성 기관인 '아카데미'를 통해 기업이 주도적으로 혁신인재를 양성할 수 있게 지원합니다. 삼성전자, SK하이닉스 등 주요 반도체 기업이 참여하는 '반도체 아카데미'는 2023년 5월부터 교육생을 모집했습니다. 산업부(산업통상자원부)는 반도체 아카데미에 이어 디스플레이 아카데미도 조성할 계획입니다. 첨단산업별 특성화대학원을 지원해 석·박사급의 고학력 인재도 키웁니다.

산업부는 한국과학기술원(KAIST), 울산과학기술원(UNIST), 성균관대 등 3곳을 반도체 특성화대학원으로 선정했습니다. 해당 대학에 2027년까지 450억 원을 지원해 인력 1,500명을 키우겠다는 목표도 세웠습니다. 더욱이 2024년에는 배터리·디스플레이·바이오 등의 특성화대학원도 구축하고자 합니다.

정부는 반도체 특성화 대학도 신설합니다. 정부가 특정 산업 분야를 지정해 학과를 만들고 지원하는 것은 처음이지요. 2023년부터 2026년까지 연 540억 원씩 4년간 대학에 투자할 예정입니다. 구체적으로 서울대에는 반도체 회로·시스템, 소자·공정 분야, 성균관대에는 차세대반도체 분야, 명지대·호서대에는 소재·부품·장비 패키징 분야에 대한 전문학과가 만들어집니다.

### 통계 돋보기

산업통상자원부는 2021년 9월 '2030 혁신인재 수요 전망'을 발표했습니다. 산업연구원 주관으로 한국공학한림원, 한국공과대학장협의회의 전문가 논의를 통해 2030년 미래산업을 주도할 첨단기술을 선정했습니다. 이후 잡코리아 회원사 1,209곳을 대상으로 조선, 로봇, 디스플레이, 반도체 등 각 산업계에서 미래에 가장 필요로 하는 기술인력을 조사했습니다. 한국산업기술진흥원은 한발 더 나아가 해당 데이터를 활용해 13대 신산업으로 산업을 구분했습니다. 또 직무별·학력별로 산업기술인력을 나눠 산업별 인력 수요를 조사했습니다.

## 2024년에는 어떻게 달라질까?

2024년에는 반도체 분야 이외의 다른 산업들에 대한 전문 교육시설이 선정되거나 마련됩니다. 지원이 많아질수록 더 유능한 인재들이 모여들 것이라 기대하고 있습니다. 훌륭한 인재는 무척 중요합니다. 특히 우리 같은 자원빈국에서는 '인력이 국력을 좌우한다'고 해도 과언이 아니지요. 인재 육성은 단순히 기업 경쟁력 제고 차원을 넘어, 우리나라의 미래 경쟁력을 책임질 중요한 방향입니다.

2032년까지 구체적인 인력 수요를 제시하긴 했으나, 사실 첨단산업의 인재 수요는 예측보다 더 커질 게 분명합니다. 우리나라의 주요 기업들이 글로벌 시장을 주도하려는 목표를 세우고 있기 때문입니다. 앞으로 반도체 분야를 넘어 유망 신산업군 인재 육성에 대한 지원이 더 많아지길 바랍니다.

# 산업화의 요람,
# 산업단지

과거 '구로공단'을 기억하는 분들은 최근 서울 구로·가산디지털단지를 지나며 세련된 모습에 놀란 적 있지 않나요? 1964년에 국가산업단지로 지정된 서울디지털국가산업단지는 우리나라 산업화의 주 무대였습니다.

의류, 가발 등을 만들던 구로공단이 IT 벤처기업이 모이는 서울디지털국가산업단지로 변모했듯, 시대 변화에 발맞춰 산업단지도 변곡점을 맞이했습니다. 20여 년 만에 산업단지 수는 2배 이상 늘었고, 생산은 4배 늘었습니다. 성장, 수출, 고용 등을 이끌어온 경제 동력 '산업단지'가 지나온 길을 되짚어보려고 합니다.

우리나라에 산업단지가 어느 정도 있는지를 먼저 알아보겠습니다. 한국산업단지공단 '국가산업단지산업동향'에 따르면 2001년 499개에 불과했던 산업단지가 2022년 1,274개로 집계되었습니다. 21년 만에 산업단지가 2배 이상 불어난 것이지요.

산업단지 1,274개 중에서 일반산업단지가 710개로 가장 많았고, 농공단지가 476개로 그 뒤를 이었습니다. 서울디지털국가산업단지와 같이 국가가 조성하는 국가산업단지는 전국에 47개에 불과합니다. 첨단산업 육성을 위해 최근에 지정이 시작된 도시첨단산업단지는 41개에 달합니다.

원래도 산업단지가 많았던 모든 지역에 균형 있게 산업단지가 들어선 것은 아닙니다. 넓은 부지가 필요한 산업단지를 서울 같은 금싸라기 땅에 짓는 일은 쉽지 않습니다. 그렇기에 2001년 2개였던 서울 내 산업단지는 2022년 4개로 늘어나는 데 그쳤습니다.

경남은 같은 기간 62개에서 207개, 울산은 7개에서 29개로 크게 늘었습니다. 그런데 산업단지가 2배 이상 커졌지만 지정면적이

**산업단지란?**

산업단지는 산업 활동을 위해 공장들이 집적한 곳을 말합니다. 우리나라는 1961년 경제사회발전 5개년 계획의 일환으로 정부 주도하에 추진되었습니다. 당시에는 '공업단지'라는 이름이었고, 첫 공업단지는 1962년 울산공업단지입니다.

비례해서 확대된 것은 아니었습니다. 땅값이 비싸지고 집적화가 중요해졌기 때문입니다. 2001년 총 1,148km²였던 산업단지 면적은 2022년 1,425km²로 늘었을 뿐입니다. 심지어 2020년부터는 매년 지정면적이 줄어들고 있습니다. 그래도 우리나라 국토 면적의 14.2%는 산업단지가 차지한다고 합니다.

20여 년 동안 산업단지의 물리적 규모만 방대해진 것은 아닙니다. 생산성도 늘었지요. 산업단지 생산액은 287조 원에서 21년 만에 1,271조원으로, 4배 이상 커졌습니다. 연간으로 따져보면 매년 약 7.8%씩 증가한 셈입니다.

하지만 산업단지에도 불경기의 고비는 찾아왔습니다. 지난 2015년 중국 경기 부진으로 국내 제조업이 영향을 받자, 3년 만에

### 국가산업단지와 일반산업단지는 어떻게 다른가요?

산업단지는 유형별로 국가산업단지, 일반산업단지, 도시첨단산업단지, 농공단지로 구분됩니다. 국가산업단지는 국가산업 등을 육성하기 위해 국토교통부 장관이 지정합니다. 특정 산업의 지원이 목표이기에 해당 업종만 입지합니다. 일반산업단지는 지역경제 활성화를 목적으로 시·도지사가 지정하는데, 국가산업단지와 달리 여러 업종이 들어올 수 있습니다. 농공단지는 지역경제에 활기를 불어넣기 위해 마련된 산업단지로, 농업과 관련된 제조업종이 자리합니다. 시장·군수·구청장이 지정권자입니다. 마지막으로 도시첨단산업단지는 2011년 새로 법을 바꾸며 지정이 시작되었는데, 국가기간산업과 첨단과학기술산업만 들어설 수 있습니다.

## 국가산업단지 산업동향

| 시도 | 2001년 | | 2022년 | |
|---|---|---|---|---|
| | 단지 수 | 지정면적(m²) | 단지 수 | 지정면적(m²) |
| 전국 | 499 | 1,147,830,585 | 1,274 | 1,425,202,648 |
| 서울 | 2 | 2,136,541 | 4 | 3,284,813 |
| 부산 | 7 | 19,447,012 | 37 | 45,529,551 |
| 울산 | 7 | 72,054,890 | 29 | 90,617,276 |
| 경남 | 62 | 93,139,639 | 207 | 138,888,974 |

출처: 한국산업단지공단

생산액이 1천조 원대 아래로 급락한 바 있습니다. 경기 침체와 더불어 코로나19까지 위세를 떨치면서 2019년과 2020년에도 상황은 어려웠습니다.

산업단지의 강점은 집적화 아닐까요? 비슷한 업종끼리 뭉쳐서 시너지를 낸다는 의미에서요. 이에 산업단지로 모여든 기업의 숫자가 21년 동안 4배 이상 늘어났습니다. 2001년 산업단지에 입주한 업체는 2만 7,178개였습니다. 그러다가 2022년에는 11만 9,281개로 무려 12만 개에 육박합니다.

지역별로 생산 증가율에 차이를 보인 점도 눈에 띕니다. 21년 만에 부산은 5조 원에서 57조 원, 충남은 11조 원에서 130조 원으로 크게 늘었습니다. 반면에 전북은 16조 원에서 42조 원, 강원은 3조 원에서 10조 원으로 증가율이 적었습니다.

## 국가산업단지 산업동향

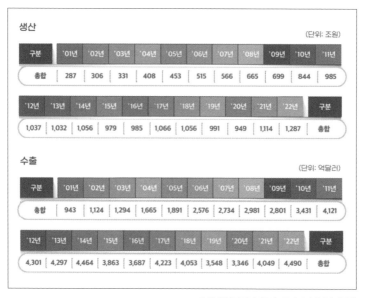

출처: 한국산업단지공단, 국가산업단지산업동향

산업단지의 시발점이 수출단지였던 것을 감안하면, 수출 실적에도 관심이 쏠립니다. 2001년 943억 달러였던 산업단지 수출은 2022년 4,490억 달러로 늘어났습니다. 원화로 따져보면 578조 4,620억 원에 달하지요. 2022년 연간 수출액이 6,839억 달러이니 단순 계산으로 65%는 산업단지에서 수출한 셈입니다.

현재 산업단지 공장들은 부지런히 돌아가는 중입니다. 2023년 2분기까지 생산은 621조 1,270억 원을 달성했습니다. 수출 역시 2,054억 7,900만 달러를 기록했고요. 다만 생산과 수출은 아직 경기 침체의 여파가 가시지 않았습니다. 2022년 2분기까지의 생산인 632조 4,040억 원과 비교하면 1.8% 줄었습니다. 수출도 2,246억 8,300만 달러에서 8.5%나 크게 떨어졌습니다.

명암이 함께하듯 산업단지의 눈부신 발전 뒤에는 지역 쏠림의 문제도 있습니다. 산업단지는 중앙정부 주도의 대규모 개발 정책과 밀접한 관련이 있습니다. 최근의 지방자치 기조와는 다소 맞지 않는 부분이 있는 것이죠. 예컨대 산업단지 생산액이 200조 원대인 지역은 경기와 울산 단 2곳입니다. 하지만 2천여 개 업체가 223조 원을 버는 울산과 3만 5천여 개 업체가 240조 원을 버는 경기는 상황이 같지 않습니다. 산업단지 제도가 과도기를 맞이한 겁니다.

이에 정부도 균형 있게 산업단지를 구축하기 위해 고심이 깊습니다. 정부는 2023년 7월 첨단전략산업 특화단지를 선정해 발표한 바 있습니다. 경기 용인·평택, 충남 천안·아산, 충북 청주, 전북 새만금, 경북 구미, 울산 등 7곳입니다. 특화단지를 전국 모든 지역에 지을 수는 없으니 '선택과 집중'을 택한 것이지요. 다만 선정되지 못한 지역의 아쉬움도 큰 상황입니다.

아울러 정부는 조성된 지 오래된 산업단지의 노후화를 막기 위해서도 노력하고 있습니다. 산업통상자원부에 따르면 착공한 지 20년이 지난 노후 산업단지는 2022년 기준으로 471개입니다. 노후화의 속도는 점점 빨라지고 있어 2025년에는 노후 산업단지가 526개나 될 것으로 예상됩니다.

현실과 동떨어진 전통 제조업 중심의 산업단지도 문제로 지적됩니다. 산업단지가 만들어질 당시에는 기계·금속·석유화학 같은 제조업이 필요했습니다. 그런데 최근에는 반도체·디스플레이 같은 첨단산업으로 중심축이 옮겨가고 있습니다.

과거에 만들어진 산업단지에는 젊은 근로자들이 필요로 하는 것이 없다고 합니다. 쉽게 말해 카페, 편의점, 주차장 등 당연히 있어야 하는 것들이 없으니 청년 근로자들은 산업단지의 근무 여건이 열악하다고 지적합니다. 이에 정부는 산업단지 관련 '3대 킬러 규제'를 혁파하겠다며, 근로자 편의시설용 토지(지원시설용지)를 늘리는 정책을 발표한 바 있습니다.

### ⏣ 통계 돋보기

한국산업단지공단(kicox.or.kr)은 매 분기마다 '전국산업단지 현황통계'를 발표합니다. 해당 통계 자료는 한국산업단지공단뿐만 아니라 공공데이터포털(data.go.kr)에서도 동시에 확인할 수 있습니다. 단지 수, 지정면적, 관리면적, 분양, 입주업체, 생산, 수출 등이 자세히 나와 있습니다.
첫 공업단지가 조성된 시기가 1962년이나 공식적으로 전국산업단지 현황통계가 작성된 시기는 2001년입니다. 따라서 2001년부터 2022년까지의 데이터를 분석하고 있습니다. 해당 통계가 최초로 조사된 시기가 1999년인 점인 것을 감안하면, 이전의 데이터가 없다는 점이 아쉬움으로 남습니다.

## 2024년에는 어떻게 달라질까?

정부가 노후화한 산업단지를 현대의 경제 구조에 맞게 개편하는 만큼, 산업단지가 어떻게 변모할지 관심이 모아집니다. 정책 효과가 발휘되면 산업단지로 일자리를 찾아 모여드는 젊은 근로자들이 늘겠네요.

젊은 청년들이 늘어나 생산성이 오르고 수출에 기여할 수 있는 혁신적인 공장들이 들어섰으면 합니다. 구로공단이 서울디지털국가산업단지가 되었듯, 과거 산업화의 무대였던 산업단지가 시대 흐름에 발맞춰 미래 경제 성장의 주요 무대가 되길 기대해봅니다.

# 전기차,
# 자동차 수출의 주역으로!

수출로 먹고사는 우리나라에서 최고 효자 품목이라고 하면 단연 반도체가 생각날 겁니다. 그런데 최근에는 자동차 수출이 날개를 단 듯합니다. 반도체 수출이 급락하는 것과 반대로 자동차 수출이 연일 최고치를 기록하며, 자동차 수출액이 반도체를 추월할 수 있다는 기대감도 나오는 중입니다.

자동차 수출액이 늘어났다는 건 해외에서 불티나게 팔리고 있다는 의미일 텐데요. 그동안 자동차 산업을 리드해왔던 미국과 유럽에서 우리나라 전기차를 찾고 있다고 합니다. 특히 2018~2022년 미국이 사들인 우리나라 전기차 규모는 60배나 늘어났습니다. 왜 미국과 유럽에서 우리나라 자동차, 그중 전기차가 인기를 끌고 있는지 살펴보겠습니다.

실제로 자동차 수출액은 얼마나 늘었을까요? 자동차 수출액이 본격적으로 상승세를 탄 시점은 2022년 7월부터입니다. 2022년 7월 자동차 수출액이 25.2% 증가한 이후, 2023년 11월까지 17개월째 증가세를 이어가고 있습니다. 상승세가 가파르니 수출 실적도 주목됩니다.

수출입 무역 통계에 따르면 2023년 11월의 자동차 수출액은 65억 3천만 달러로, 역대 11월 중 최고치를 찍었습니다. 바로 직전 달인 10월에도 역대 10월 중 최고치를 갈아치운 바 있습니다. 같은 해 8월과 9월에도 역대 최고치 경신 성적표가 나왔습니다.

2022년 자동차 수출액은 총 540억 6,700만 달러로 관련 통계 작성 이후 최대치를 기록했습니다. 2023년에 들어서면서 11월까지 644억 8,900만 달러를 수출했으니 연 단위로 봐도 최고치를 갈아치울 듯합니다.

최근 연이은 '최고치' 성적표 덕분에 자동차는 어려운 수출 상황 속에서 유일한 버팀목으로 떠오르고 있습니다. 사실 자동차 수출 상황이 항상 좋았던 것은 아닙니다. 무역협회의 무역통계에 따르면 2021년 수출액이 약 464억 6,500만 달러, 2020년 약 373억 9,900만 달러에 불과했기 때문입니다. 같은 기간 반도체 수출액과 비교하면 절반에도 미치지 못합니다.

그동안 우리나라의 수출을 이끌던 반도체의 상황은 어떨까요? 놀랍게도 상황은 정반대입니다. 2023년 3분기까지의 수출액

## 전체 수출액 및 부문 수출액 현황

| 년 | 전체수출액 | 1위 831 : 반도체 금액 | 2위 741 : 자동차 금액 |
|---|---|---|---|
| 총계 | 2,792,333,510 | 509,524,861 | 227,813,147 |
| 2023년 | 409,617,734 | 59,209,489 | 46,846,425 |
| 2022년 | 683,584,760 | 129,229,122 | 54,067,258 |
| 2021년 | 644,400,368 | 127,979,648 | 46,464,537 |
| 2020년 | 512,498,038 | 99,176,904 | 37,399,065 |
| 2019년 | 542,232,610 | 93,929,698 | 43,035,862 |

단위: 천 달러, %
출처: 무역협회

은 691억 4,600만 달러에 불과합니다. 같은 기간 자동차 수출액이 520억 7,600만 달러이니 턱 밑까지 따라잡았지요. 2022년에 반도체가 역대 최고치인 약 1,292억 2,900만 달러라는 수출 실적을 올린 것을 감안하면, 상황이 좋지 않아 보입니다.

반도체 수출이 고꾸라진 배경에는 수출 비중이 큰 D램·낸드플래시 등 메모리 반도체 가격 하락의 장기화에 있습니다. 현재와 같은 업황 부진이 이어진다면 2023년 '1천억 달러 돌파'도 도전적인 목표일 겁니다.

자동차 수출 호조가 17개월째 지속되는 이유도 살펴보겠습니다. 자동차 수출이 잘된다는 것은 국산차가 해외에서 인기를 끌고 있다는 뜻이겠지요. 우리나라 자동차를 많이 구입하는 곳은 미

## 국가별 수출입 통계

| 국가명 | 2022년 | | | 2023년 (10월) | | |
|---|---|---|---|---|---|---|
| | 수출금액 | 수입금액 | 수지 | 수출금액 | 수입금액 | 수지 |
| 총계 | 8,175,751 | 1,941,350 | 6,234,401 | 11,482,341 | 1,944,582 | 9,537,759 |
| 미국 | 2,743,568 | 980,655 | 1,762,913 | 3,630,738 | 459,150 | 3,171,588 |
| 독일 | 939,626 | 650,424 | 289,202 | 1,615,962 | 788,172 | 827,790 |
| 영국 | 1,046,415 | 19,227 | 1,027,187 | 1,137,234 | 13,611 | 1,123,623 |
| 캐나다 | 409,505 | 0 | 409,504 | 784,016 | 0 | 784,016 |
| 프랑스 | 297,651 | 13,738 | 283,913 | 440,873 | 17,269 | 423,604 |
| 네덜란드 | 304,497 | 0 | 304,496 | 427,184 | 0 | 427,184 |
| 스웨덴 | 367,224 | 0 | 367,223 | 362,385 | 0 | 362,385 |
| 호주 | 128,252 | 0 | 128,252 | 298,529 | 0 | 298,529 |
| 인도네시아 | 94,699 | 111 | 94,588 | 271,915 | 0 | 271,915 |
| 이스라엘 | 206,869 | 0 | 206,869 | 268,251 | 0 | 268,251 |

단위: 천 달러, %
출처: 무역협회

국과 유럽입니다. 미국은 2022년에 국산차를 222억 3,191만 달러 수입했습니다. 2022년 전체 자동차 수출액(540억 6,700만 달러)의 41.1%를 미국이 차지한 것입니다. 그다음으로 우리나라 자동차를 많이 수입한 나라는 캐나다(32억 9,533만 달러), 호주(31억 3,518만 달러), 영국(22억 547만 달러), 독일(17억 1,085만 달러), 프랑스(13억 6,069만 달러) 순이었습니다.

미국과 유럽에서 잘 팔리는 차는 따로 있습니다. 바로 전기차입니다. 한국무역협회에 따르면 2023년 들어 8월까지 미국으로 수출된 우리나라 전기차 규모는 29억 1,503만 달러입니다. 최고치를 기록했던 2022년 대(對)미국 전기차 수출액이 27억 4,356만 달러였던 것을 고려하면, 8개월 만에 기록이 깨진 겁니다. 이에 2023년 10월까지 누적 36억 3,073만 달러의 수출액을 기록했습니다.

지금은 잘 팔리는 전기차이지만, 2018년에만 해도 대(對)미국 전기차 수출액은 4,606만 달러에 불과했습니다. 이렇듯 수출액 규모가 작았던 전기차가 2021년 7억 3,690만 달러에서 1년 만에 272.3%(2022년 27억 4,356만 달러)가 늘어났습니다. 불과 5년 만에 미국에 전기차를 수출하는 규모가 60배나 급증했습니다.

미국과 유럽은 세계 유명 자동차 회사들이 소재한 나라입니다. 벤츠, 테슬라, BMW, 아우디, 폭스바겐, 포드, 포르쉐 등 유명 외제차 기업들이 포진해 있지요. 그런데 왜 우리나라의 현대나 기아 차를 찾는 것일까요? 미국과 유럽 등 선진국이 탈(脫)탄소 정책 추진에 속도를 내고 있기 때문입니다. 탄소중립에 대한 뜨거운 관심으로 전기차 수요가 커진 것이죠. 여기에 각국의 전기차 보조금 정책도 한몫을 하고 있습니다. 사실 이러한 정책 지원이 놀랍지는 않습니다. 우리나라 역시 전기차 보조금 지원을 통해 환경친화적

### 미국 인플레이션감축법(IRA)

2022년 8월 미국 정부는 급등한 물가를 잡기 위해 IRA라는 법을 만들었습니다. IRA는 온실가스 감축을 목표로 친환경 에너지 생산과 기후변화 대응 정책에 지원하겠다는 내용이 골자입니다. 특히 전기차 구매 시 보조금을 받거나 세금 혜택을 받기 위한 조건을 내걸었지요. 중국 등에서 만들어진 배터리 부품과 핵심 광물을 일정 비율 이하로 사용한 전기차만 혜택을 받을 수 있다는 내용이 담겨 있습니다. 일각에서는 전기차 등 주요 산업 공급 망에서 중국을 배제하려는 의도가 숨겨져 있다고 보기도 합니다.

인 자동차의 판매를 유도하고 있으니까요.

다만 미국이 인플레이션감축법(IRA) 등을 시행하며 전기차 보조금에 제한을 두고 있는 점은 변수로 남습니다. 물론 정부와 국내 자동차 기업들은 IRA를 통해 지원받고자 발 빠르게 대응했습니다. 현대 차의 경우 '북미 생산' 등 까다로운 조건 때문에 전기차 보조금 대상에서 제외되었지만, 리스용 전기차 판매가 가능하다는 점을 활용해 돌파구를 찾았습니다.

### 🔍 통계 돋보기

품목별·수출국별로 세세하게 수출 통계를 찾아보고 싶다면, 무역협회의 k-stat(stat.kita.net)에서 맞춤 통계를 활용해보세요. 수출액이나 증감률, 수지까지 하나하나 찾아볼 수 있습니다. 다만 어떤 품목을 상세하게 알고 싶다면, HSK코드를 먼저 확인한 다음에 통계를 찾아보는 게 좋습니다. 예컨대 '전기차' 수출을 따로 찾아보고 싶다면 'HSK870380'을 검색해보세요. '그 밖의 차량(추진용 전동기만을 갖춘 것)'으로 검색되었다고 놀라지 않길 바랍니다. 그게 바로 전기차이니까요.

## 2024년에는 어떻게 달라질까?

미국과 유럽이 탈탄소에 대한 관심이 사라지지 않으면 2024년에도 자동차 수출 호조세가 이어질 듯합니다. 다만 친환경 차가 많이 확산되었다는 판단하에 주요국이 보조금 지원을 줄여가고 있는 점은 변수입니다. 그동안 전기차 수요를 늘리기 위해 정책적 지원을 늘렸고, 실제로 전기차 수요가 충분히 증가했다고 보고 지원을 줄이고 있는 겁니다.

미국과 유럽 정부의 보조금이 줄어도 우리나라 전기차가 잘 팔릴지는 좀 더 지켜봐야 합니다. 또 각국의 자동차 보조금 정책이 수출 규제로 작용하지 않도록, 우리 정부가 정책 대응을 잘하고 있는지도 지켜봐야 합니다.

# 바이오산업,
# 반도체를 이을 신첨단산업

반도체, 이차전지, 디스플레이는 우리나라를 '먹여 살리는' 주요 첨단산업입니다. 정부는 2023년 5월 국가가 전폭적으로 지원해야 할 첨단산업에 '바이오'를 추가했습니다. 전 세계를 강타한 코로나19 팬데믹 이후, 바이오산업은 눈부시게 성장하며 그 중요성이 날로 커지고 있습니다.

빠르게 성장하는 우리나라의 바이오산업은 13년 만에 생산 규모가 4.6배 늘었습니다. 바이오산업의 핵심은 연구·개발(R&D) 투자입니다. 투자비도 지속적으로 증가하면서 미래 바이오산업의 성장이 기대됩니다. 그렇다면 실제로 우리나라의 바이오산업이 어느 정도로 성장하고 있는지, 수출 성과는 어떤지 좀 더 알아보겠습니다.

반도체 등 첨단산업에 대한 글로벌 경쟁이 치열해지면서 미국, 중국 등 주요국은 이를 육성하기 위해 파격적인 지원에 나서고 있습니다. 이에 우리도 밀릴 수 없겠지요. 우리 역시 2022년 11월 반도체, 디스플레이, 이차전지에 전폭적으로 지원할 것을 약속했습니다. 2023년 5월 정부는 여기에 한 가지 산업을 더 추가했습니다. 바로 바이오산업입니다.

　　정부가 바이오산업을 국가첨단전략산업에 포함한 이유는 무엇일까요? 바이오산업의 중요성이 크다고 보고, 지원을 대폭 확대해야 한다는 공감대가 있었기 때문이겠죠. 정부가 바이오산업을 '전폭적인 국가 지원'이 필요한 국가첨단전략산업으로 지정한 이유는 앞으로 글로벌 바이오산업을 선점하는 게 국가 산업 경쟁력에 필수라고 여겨서입니다. 더욱이 바이오산업은 연구·개발 비용이 크게 드는 만큼, 정부의 정책적 지원 없이 민간 투자만으로는 폭발적인 성장이 어렵다고 판단한 것입니다.

　　산업통상자원부의 '국내 바이오산업 실태조사'에 따르면, 2021년 바이오산업의 생산은 21조 원에 달합니다. 2008년만 해도 생산 규모가 4조 5,100억 원에 불과했는데 13년 만에 4.6배나 증가했습니다. 최근 바이오산업의 생산 속도도 굉장히 가파릅니다. 이는 13년 동안 연평균 12%씩 생산이 늘어났기 때문이지요.

　　특히 최근의 바이오산업은 폭발적으로 성장하고 있습니다. 생산 규모가 10조 원을 넘어선 게 2017년(10조 1,500억 원)인데 4년 만에 20조 원을 넘겼으니까요. 4년 동안의 증가율을 연평균으로 좁혀보면 16%씩 증가한 것입니다.

바이오산업의 생산이 많아진 배경에는 코로나19 팬데믹이 한몫했습니다. 팬데믹 직전인 2019년의 생산 규모는 12조 6,600억 원이었는데 코로나19 영향이 가시화된 첫해(2020년)에 17조 2천억 원으로 크게 뛰었습니다. 이후 1년 만에 21조 원으로 뛰면서 무려 22.1%나 성장했습니다.

우리나라의 바이오산업이 수출에서도 성과를 나타내고 있는지 살펴보겠습니다. 다행인 점은 바이오산업이 국내뿐만 아니라 수출에서도 큰 성장세를 보이고 있다는 점입니다. 2008년 1조 9천억 원이던 수출 규모가 2021년에는 11조 8,600억 원으로 6.2배나 커졌습니다. 특히 코로나19 팬데믹 시기에 수출 규모가 확 뛰었습니다. 코로나19 진단키트 등이 불티나게 팔린 것을 떠올려보면 놀

---

**바이오산업이란 무엇인가요?**

바이오산업은 바이오 기술을 바탕으로 생물체의 기능과 정보를 활용해 인류가 필요로 하는 유용한 물질과 서비스를 생산하는 산업입니다. 전 세계적으로 의약, 화학·에너지, 식품, 환경, 의료기기, 장비·기기, 자원, 서비스 등 바이오를 8개 분야로 정하고 있습니다. 쉽게 떠올릴 수 있는 백신, 의약품을 시작으로 바이오연료, 환경오염, 의료기기, 종자, 임상서비스까지 폭넓게 포함됩니다.

| 구분 | 2008 | 2009 | 2010 | 2011 | 2012 | 2013 | 2014 | 2015 | 2016 | 2017 | 2018 | 2019 | 2020 | 2021 |
|---|---|---|---|---|---|---|---|---|---|---|---|---|---|---|
| 수출 | 1.90 | 2.45 | 2.44 | 2.75 | 3.05 | 3.16 | 3.40 | 4.29 | 4.63 | 5.27 | 5.24 | 6.54 | 10.05 | 11.86 |
| 수입 | 1.15 | 1.33 | 1.41 | 1.56 | 1.43 | 1.39 | 1.40 | 1.41 | 1.46 | 1.57 | 1.73 | 2.07 | 2.43 | 4.77 |

단위: 조 원
출처: 산업통상자원부

라운 일은 아닙니다. 2019년 6조 5,400억 원에 불과했던 수출액은 2020년 10조 500억 원으로, 단숨에 10조 원을 넘어섰습니다. 여기에 2021년에는 18%나 뛰어 11조 8,600억 원을 기록했습니다.

바이오산업이 꽃피우려면 앞서 씨를 뿌려야 하듯, 연구·개발 투자가 선행되어야 합니다. 다른 산업에 비해 연구·개발 투자가 더 크게 성과를 좌우한다는 게 바이오산업의 특징입니다.

2021년 한 해 바이오 기업들의 총 투자비는 6조 9,611억 원이었습니다. 그중 바이오산업 투자비만 따로 떼어내면 3조 679억 원으로, 총 투자비의 44.1%를 차지했습니다. 바이오산업 투자비는 연구·개발 비용과 시설투자 비용으로 나눌 수 있습니다. 연구·개발 비용이 2조 2,705억 원인데 시설투자 비용이 7,974억 원인 것을 감안하면, 연구·개발이 차지하는 비중이 크다는 사실을 알 수 있습니다.

바이오산업 연구·개발 비용의 추이는 어떨까요? 2018년 바이오산업 연구·개발 비용은 1조 6,974억 원이었으나 2019년에는 1조

국내 바이오산업 실태조사

| 연도 | 바이오 기업 전체 투자비 | 바이오 연구·개발비 | 바이오 시설투자비 | 바이오 전체 투자비 (연구·개발비+ 시설투자비) |
|---|---|---|---|---|
| 2021년 | 6,961,058 | 2,270,466 | 797,402 | 3,067,868 |
| 2020년 | 6,206,051 | 2,080,205 | 708,100 | 2,788,305 |
| 2019년 | 7,994,462 | 1,839,677 | 753,277 | 2,592,954 |
| 2018년 | 6,635,001 | 1,697,419 | 702,427 | 2,399,846 |

단위: 백만 원
출처: 산업통상자원부

8,396억 원으로 성장했습니다. 이후 2020년에는 2조 802억 원을 기록하며 바이오 연구·개발 금액이 2조 원인 시대를 열었습니다.

방대한 바이오산업 내에서 가장 많은 투자가 이루어지는 분야가 바이오의약산업입니다. 2021년 기준 바이오의약산업 투자액은 1조 5,337억 원을 기록했습니다. 같은 기간 바이오서비스산업이 2,070억 원, 바이오의료기기산업 1,878억 원, 바이오화학·에너지산업이 1,715억 원이었는데, 비교가 안 될 정도입니다.

정부도 바이오산업을 육성하기 위해 발 벗고 나섰습니다. 앞서 정부가 바이오산업을 국가첨단전략산업으로 포함했다는 것을 언급했었습니다. 정부는 바이오산업을 비롯한 국가첨단전략산업에 대해 2042년까지 614조 원의 민간투자를 이끌어낼 수 있도록 전폭적인 지원에 나설 예정입니다.

국내 바이오산업 동향은 1월부터 12월까지, 1년간의 조사를 거쳐 한국 바이오협회와 산업통상자원부가 발표하고 있습니다. 다만 바이오산업 동향은 조사와 발표까지의 시차가 1년이 넘어갑니다. 1년 동안의 실태조사를 거쳐 이듬해 12월에 발표하기 때문입니다. 따라서 현재로서는 최근의 공식 데이터가 2022년 12월에 발표된 '2021년 실태조사 보고서'입니다.

2021년 바이오산업 실태조사는 기업 1,055개를 대상으로 진행되었습니다. 2022년 실태조사 보고서는 2023년이 넘어가기 전인 연말에 발표될 예정입니다. 국내 바이오산업 실태조사 속의 데이터를 분석하고 싶다면, 한국바이오협회에서 운영하는 한국바이오산업정보서비스(kbiois. or.kr)를 이용해보세요. 업체 수, 인력, 투자, 내수 판매, 수출, 수입액 등을 상세하게 살펴볼 수 있습니다.

## 2024년에는 어떻게 달라질까?

코로나19 이후에도 바이오산업은 높은 성장을 이어가고 있습니다. 특히 바이오산업의 연구·개발 투자가 얼마나 늘어날지, 투자가 성과로 이어질지가 주목됩니다.

또 2023년 5월 국가첨단전략산업으로 추가 지정된 바이오산업은 아직 특화단지가 지정되지 않았습니다. 정부가 2024년 상반기 중에는 특화단지를 지정해 발표할 예정이라고 하니, 바이오산업의 거점이 어디에 들어설지도 중요한 포인트입니다.

바이오 말고 다른 신(新)산업도 궁금하지 않나요? 정부는 바이오에 이어 미래 차, 로봇, 방산, 원전 등을 국가첨단전략산업으로 확대하는 방안을 살펴보고 있습니다. 성장 가능성이 크고 기술 경쟁에서 중요도가 높아지는데, 우리 기업들이 지원을 절실히 바라고 있다면 추가될 가능성이 높아지겠죠.

# 4장

# 고물가
# '텅'장 시대

# 서민 음식의 배신,
# 런치플레이션

라면, 김밥, 햄버거 등은 바쁜 현대인의 단골 점심 메뉴입니다. 주문과 동시에 음식이 빠르게 준비되고, 비교적 저렴한 가격으로 한 끼를 배불리 해결할 수 있기 때문이지요. 하지만 2022년부터 상황이 달라졌습니다. 고물가에 자장면, 떡볶이, 갈비탕 등 대부분의 음식 가격이 상승하면서 직장인들의 점심 걱정 또한 깊어지고 있습니다.

동료들과 우스갯소리로 주고받던 "월급은 그대로인데 물가만 오른다"라는 말이 더는 농담처럼 들리지 않습니다. 정부는 식품업체 관련자들을 만나 가격 인상을 단속하고 있지만, 콧대 높은 외식 물가가 언제쯤 잡힐지는 의문입니다.

직장인 오 모 씨(39세)는 재택근무를 하던 중 점심을 주문하기 위해 배달 앱을 켰습니다. 그런데 비싼 밥값에 점심을 굶기로 했습니다. 갈비탕 한 그릇에 1만 4천 원인 데다가 배달료 3,500원이 붙으면서 점심 한 끼에 1만 7천 원 이상을 지불해야 했거든요. 이 모 씨(25세) 또한 급격히 오른 물가에 밖에서 밥을 사 먹는 게 부담스러워졌습니다. 간단히 끼니를 때우러 들어간 김밥집의 기본김밥 1줄은 5천 원이었고, 묵은지 참치김밥, 직화 제육김밥처럼 토핑이 추가된 김밥은 8천 원이었습니다.

좀처럼 떨어지지 않는 외식 물가 때문에 직장인들의 걱정이 커지고 있습니다. 주변을 둘러봐도 1만 원 미만의 음식을 찾기가 힘듭니다. 게다가 커피까지 마시면 하루 지출만 2만 원이 훌쩍 넘기도 합니다. 이러한 이유로 '런치플레이션(lunchflation)'이라는 신조어가 유행하고 있습니다. 점심 물가가 올라서 먹을 게 없다는

**소비자물가**

생활하기 위해 구입하는 상품과 서비스의 평균적인 가격 변동을 측정한 지수

**소비자물가 비교는 어떻게 해야 할까요?**

소비자물가는 계절의 영향을 많이 받습니다. 예를 들어 여름과 겨울의 아이스크림 가격 상승률은 다르므로, 통상 전년의 동일한 달과 비교합니다. 또 쌀 가격이 10% 상승했을 때와 전기료가 10% 상승했을 때 미치는 영향이 다르기 때문에 품목별로 가중치를 달리해서 물가지수를 산출합니다.

외식 소비자물가 동향

| 시도별 | 시점 | 총지수 | | 외식 | |
|---|---|---|---|---|---|
| | | 원데이터 | 전년동월 대비 증감률 | 원데이터 | 전년동월 대비 증감률 |
| 전국 | 2022.10 | 109.21 | 5.7 | 113.16 | 8.9 |
| 전국 | 2022.09 | 108.93 | 5.6 | 112.80 | 9.0 |
| 전국 | 2022.08 | 108.62 | 5.7 | 112.20 | 8.8 |
| 전국 | 2022.07 | 108.74 | 6.3 | 111.39 | 8.4 |
| 전국 | 2022.06 | 108.22 | 6.0 | 110.67 | 8.0 |
| 전국 | 2022.05 | 107.56 | 5.4 | 109.81 | 7.4 |
| 전국 | 2022.04 | 106.85 | 4.8 | 108.85 | 6.6 |
| 전국 | 2022.03 | 106.06 | 4.1 | 108.34 | 6.6 |
| 전국 | 2022.02 | 105.30 | 3.7 | 107.39 | 6.2 |
| 전국 | 2022.01 | 104.69 | 3.6 | 106.40 | 5.5 |
| 전국 | 2021.12 | 104.04 | 3.7 | 105.38 | 4.8 |
| 전국 | 2021.11 | 103.87 | 3.8 | 104.48 | 4.1 |
| 전국 | 2021.10 | 103.35 | 3.2 | 103.91 | 3.4 |
| 전국 | 2021.09 | 103.17 | 2.4 | 103.51 | 3.2 |
| 전국 | 2021.08 | 102.75 | 2.6 | 103.09 | 3.1 |
| 전국 | 2021.07 | 102.26 | 2.6 | 102.78 | 2.8 |
| 전국 | 2021.06 | 102.05 | 2.3 | 102.50 | 2.6 |
| 전국 | 2021.05 | 102.05 | 2.6 | 102.26 | 2.4 |

단위: 2020=100
출처: 통계청 국가통계포털

하소연입니다.

통계청의 '소비자물가 동향'을 보면, 2022년 연간 외식 물가는 7.7% 올랐습니다. 이는 1992년 이후 30년 만에 최대 상승률입니다. 특히 2022년 9월 9.0%나 오르며 정점을 찍기도 했습니다. 이후 등락을 반복하다가 조금씩 하락하더니, 2023년 9월에는 4.9% 상승률을 보였습니다. 하지만 여전히 전체 물가상승률 3.7%를 훌쩍 웃도는 모습입니다. 외식 물가 상승률이 전체 소비자물가 상승률을 웃돈 것은 2021년 5월 이후부터입니다.

2023년 3분기(7~9월) 외식 물가를 보더라도 39개의 세부 품목의 물가가 모두 올랐습니다. 피자 물가가 2022년 3분기보다 11.8%

올랐고, 햄버거도 9.1% 상승했습니다. 햄버거 가격은 2023년 2분기 때도 1년 전보다 12.3% 오른 것으로 나타났습니다. 김밥(7.4%), 떡볶이(7.1%), 라면(7.0%) 등 이른바 '분식 3총사'의 가격도 7%대 상승률을 보였습니다. 냉면과 자장면 물가는 전년보다 각각 6.3%, 6.2% 올랐습니다. 밖에서 마시는 소주(5.9%)와 맥주(5.2%)의 가격도 5%대이고, 김치찌개 백반(5.1%)이나 된장찌개 백반(4.7%)의 가격 역시 부담스러워졌습니다. 대개 포장해서 먹는 돈가스나 도시락 물가도 6.8%씩 오르며 높은 몸값을 보였습니다.

한국소비자원 가격정보종합 포털 '참가격'을 보면 높아진 외식 물가를 실감할 수 있습니다. 2023년 9월 서울 지역의 자장면 한 그릇 가격은 7,069원입니다. 처음으로 7천 원을 돌파했지요. 서울의 평균 냉면 가격은 1만 1,308원이었습니다. 메밀 가격 상승으로 을밀대 등 유명 냉면 전문점들은 1만 5천~1만 6천 원대 가격이었습니다. 비빔밥은 1만 500원, 김치찌개 백반은 7,846원으로 조사됐습니다. 삼겹살은 200g에 평균 1만 9,253원을 지불해야 하며 삼계탕 한 그릇은 1만 6,846원에 팔렸습니다. 특히 유명 삼계탕 전문점이나 전복 및 한방 재료가 들어간 삼계탕이라면 가격이 2만 5천 원에서 3만 원까지 훌쩍 뛰었습니다.

문제는 높은 외식 물가가 당분간 지속될 것이라는 점입니다. 외식 물가는 음식 재료비뿐 아니라 인건비, 임대료, 물류비 등에도 영향을 받습니다. 그러므로 가격이 한 번 오르면 좀처럼 떨어지지

| 지역 | 냉면 | 비빔밥 | 김치찌개 백반 | 삼겹살 | | 자장면 | 삼계탕 | 칼국수 | 김밥 |
|---|---|---|---|---|---|---|---|---|---|
| | | | | 환산전 | 환산후 | | | | |
| 서울 | ▲11,308 | 10,500 | 7,846 | 16,308 | ▲19,253 | ▲7,069 | ▲16,846 | 8,962 | 3,215 |
| 광주 | 9,400 | 9,700 | 7,800 | 14,200 | 14,844 | 6,800 | 16,400 | 8,400 | 3,160 |
| 대구 | 10,417 | 9,033 | ▼7,150 | 11,167 | 16,667 | 6,250 | 16,000 | ▼6,750 | 2,750 |
| 대전 | 10,400 | 9,800 | ▲9,300 | 14,400 | 18,333 | 6,700 | 15,400 | 7,800 | 3,000 |
| 부산 | 10,857 | 8,743 | 7,786 | 10,357 | 15,391 | 6,143 | 16,143 | 6,986 | 2,786 |
| 울산 | 9,900 | 9,700 | 8,000 | ▼10,000 | 17,010 | 6,500 | 15,000 | 8,400 | 3,300 |
| 인천 | 10,667 | 8,667 | 7,333 | 14,650 | 17,052 | 6,500 | 15,833 | 8,000 | 3,050 |
| 강원 | 9,667 | 9,611 | 8,167 | 15,000 | 15,210 | 6,722 | 15,667 | 8,222 | 2,978 |
| 경기 | 9,914 | 8,855 | 7,914 | 15,931 | 17,384 | 6,724 | 16,414 | 8,759 | 3,231 |
| 경남 | 10,269 | ▼8,192 | 8,000 | 11,523 | 17,723 | 6,000 | 16,077 | 7,192 | ▲3,423 |
| 경북 | 9,538 | 9,077 | 8,038 | 10,038 | 15,796 | ▼5,923 | 15,000 | 7,769 | 3,085 |
| 전남 | ▼8,778 | 8,444 | 7,444 | 14,667 | 17,806 | 6,889 | 16,111 | 8,556 | ▼2,556 |
| 전북 | 9,200 | ▲10,690 | 8,600 | 13,880 | 15,703 | 6,300 | 16,400 | 8,300 | 2,960 |
| 충남 | 9,300 | 9,200 | 8,500 | 15,200 | 16,364 | 6,200 | 15,500 | 8,200 | 2,920 |
| 충북 | 8,929 | 8,814 | 8,357 | 14,143 | ▼14,556 | 6,143 | ▼14,286 | 7,429 | 2,943 |
| 제주 | 9,000 | 9,750 | 9,125 | ▲16,750 | 17,194 | 6,750 | 15,250 | ▲9,750 | 2,950 |

* ▲ : 항목 내 최고가   ▼ : 항목 내 최저가

출처: 한국소비자원 가격정보포털 참가격

않는 특성이 있습니다.

햄버거 업체들의 가격 인상 움직임도 포착됩니다. 맥도날드는 2023년 2월 이후 11월에도 가격 인상에 나섰습니다. 빅맥, 불고기버거, 상하이버거 등 가격 인상 품목이 모두 13개로, 평균 인상률이 3.7%입니다. 맘스터치 역시 휠렛버거 등 닭가슴살을 재료로 쓰는 버거 4종의 가격을 인상하기로 결정했습니다.

국제 설탕 가격이 오르는 것도 외식 물가에 영향을 줄 수 있습니다. 농림축산식품부에 따르면 국제 설탕 가격은 2023년 10월 13일 기준, 1톤당 727달러로 1년 전보다 35.0% 높았습니다. 평년보다 76.4%나 껑충 뛴 것입니다.

제당 업체에서는 재고 물량을 확보하고 있다고 밝혔습니다. 하지만 국제 설탕 가격 급등이 지속될 경우 음식 재료에 영향을 미쳐서 외식 가격 상승을 부추길 수 있습니다. 여기에 이스라엘과 하마스의 무력 충돌이 장기화하면 물류비 급등으로 이어져 물가 상승에 부정적 요인으로 작용할 가능성이 큽니다.

소비자들이 체감하는 물가가 잡히지 않자 정부는 발 벗고 물가 통제에 나서는 모습입니다. 정부는 잇따라 소비자단체 및 외식업계와 간담회를 열고 외식 물가 인상을 자제해달라고 당부하고 있습니다. 물가는 서민들이 가장 직접적으로 느끼는 체감 지표입니다. 정부가 물가 억제에 나선 만큼, 국민이 체감할 수 있는 물가 또한 낮아지기를 바랍니다.

### 🔍 통계 돋보기

통계청은 매달 소비자물가 동향을 발표하고 있습니다. 홈페이지 국가통계포털(kosis.kr)에서 '물가' 부분을 보면 이달의 양파, 고추, 마늘 등 농산물 가격은 물론이고 택시비, 외식 품목, 가구 등 소비자와 밀접한 품목의 가격이 얼마나 올랐는지도 볼 수 있습니다.

## 2024년에는 어떻게 달라질까?

2024년 외식 물가는 2023년보다 안정될 것으로 예상됩니다. 외식 가격이 하락하기보다는 2023년에 높았던 물가의 기저효과가 작용하기 때문입니다.

외식 물가는 2022년 30년 만에 최대 상승한 이후, 2023년까지도 높은 물가 수준을 이어왔습니다. 이런 이유로 2024년에는 물가가 오르더라도 상승률이 다소 둔화해 보이는 것입니다. 다만 착시 효과에 기댄 물가 안정이 아닌, 정부의 민생 정책으로 국민들이 체감할 수 있는 물가 수준 또한 낮아졌으면 하는 기대를 해봅니다.

# 임차료·인건비 인상,
# 치맥도 4만 원인 시대

삼겹살, 치킨, 자장면, 떡볶이, 피자. 이 중에서도 국민 먹거리인 치맥(치킨+맥주)은 서민들이 부담 없이 한 끼를 즐길 수 있는 메뉴로 꼽힙니다. 월드컵, 올림픽 등 각종 스포츠 경기가 있는 날이면 치킨 프랜차이즈와 맥주 업체의 주가가 치솟을 정도이니까요.

그런데 최근 치맥 가격이 위협을 받고 있습니다. 2022년에 이어 2023년에도 물가가 빠른 속도로 오르면서 서민들의 애환을 달래주던 치맥 가격이 껑충 뛴 겁니다. 재료비, 인건비 등 물가 인상 압박을 피하지 못한 것이지요. 치맥 가격이 왜, 그리고 얼마나 올랐는지 살펴보겠습니다.

"저렴하고 편해서 종종 치맥을 시켜 먹었어요. 그런데 이제는 배달하는 빈도가 확 줄었어요. 평소 즐겨 먹던 저렴한 메뉴가 한 마리에 2만 원으로 올랐거든요. 편의점 맥주도 4캔에 1만 2천 원으로 올라서 합치면 3만 원 넘게 내야 하네요. 배달료 아끼려고 포장해도 이 가격이니, 가격이 더 오르면 친구랑 치맥하자고 말하기도 힘들겠네요."

최 모 씨(29세)는 식당에서 삼겹살과 소주를 먹기보다는 집에서 즐길 수 있는 치맥을 선호했었습니다. 삼겹살 가격이 1인분에 2만 원, 소주가 6천 원을 넘으면서 먹을 엄두도 못 냈지요. 그런데 비교적 저렴한 가격으로 즐길 수 있었던 치킨마저 마리당 2만 원을 넘어서자 고민에 빠졌습니다.

통계청 국가통계포털(KOSIS)을 보면, 외식 물가 중 치킨 가격 상승률이 2022년 7월과 8월 각각 11.4%를 기록하면서 정점을 찍었습니다. 이후 2023년 1월 6.9%, 2월 6.1%, 3월 5.2%로 둔화되는 모습을 보였습니다. 그러다가 4월에 6.8%로 오름폭이 확대된 후, 4%대 물가상승률이 이어지고 있습니다.

업계 1~2위를 앞다투던 교촌치킨이 2023년 4월 초 메뉴당 최대 3천 원까지 인상하면서 관련 업계가 도미노처럼 가격을 올린 탓입니다. 실제로 가격 인상이 반영된 교촌치킨 '리얼후라이드' 한 마리 가격은 2만 원입니다. '교촌오리지날'은 1만 6천 원에서 1만 9천 원, '허니콤보'는 2만 원에서 2만 3천 원까지 올랐지요. 치킨

## 소비자물가 동향

| 품목별 | 2022년 | | | | | | | | | | | | 2023년 | | | | | | | | | |
|---|---|---|---|---|---|---|---|---|---|---|---|---|---|---|---|---|---|---|---|---|---|---|
| | 1 | 2 | 3 | 4 | 5 | 6 | 7 | 8 | 9 | 10 | 11 | 12 | 1 | 2 | 3 | 4 | 5 | 6 | 7 | 8 | 9 | 10 |
| 닭고기 | 7.1 | 4.9 | 10.6 | 16.6 | 16.1 | 20.1 | 19.0 | 15.9 | 13.0 | 8.8 | 10.2 | 24.2 | 18.5 | 16.4 | 13.2 | 12.3 | 14.8 | 13.7 | 10.1 | 10.5 | 12.9 | 13.2 |
| 치킨 | 6.3 | 7.1 | 8.3 | 9.0 | 10.9 | 11.0 | 11.4 | 11.4 | 10.7 | 10.3 | 9.2 | 7.8 | 6.9 | 6.1 | 5.2 | 6.8 | 4.9 | 4.8 | 4.5 | 4.4 | 4.4 | 4.5 |
| 맥주 | 0.0 | 0.8 | 3.4 | 6.3 | 6.8 | 6.9 | 6.6 | 6.9 | 6.7 | 7.1 | 7.0 | 7.0 | 7.0 | 5.9 | 3.6 | 0.7 | -0.1 | 0.0 | 0.5 | 0.4 | 0.8 | 1.0 |

출처: 통계청 국가통계포털

한 마리에 2만 원인 시대가 열린 것입니다. 치킨의 원재료인 닭고기 가격 상승이 치킨 가격을 끌어올렸습니다. 2022년 12월 닭고기 가격은 전년 동월 대비 24.2% 치솟았습니다.

정부는 2023년 초부터 수입 닭고기에 붙는 세금인 할당관세를 면세해, 저렴한 닭고기를 국내에 많이 공급하겠다고 밝혔습니다. 할당관세는 수입 닭고기 3만 톤에 적용되어 2023년 8월까지 전량 국내에 반입됐습니다. 하지만 닭고기 가격은 10월까지 10%대 상승률을 보이며 고공행진이었습니다.

임차료, 인건비 등 여타 운영비용이 상승한 것도 가격 인상의 배경으로 지목됩니다. 한국부동산원이 7월 발표한 전국 상업용부동산 2분기 동향에 따르면, 2023년 2분기(4~6월) 상가 임대료는 공실률이 올랐음에도 상승했습니다.

상가 공실률은 고금리 및 영업비용 상승으로 인한 소상공인 체감 경기가 위축되면서 중대형 및 소규모 상가에서 2023년 1분기 대비 소폭 상승했습니다. 구체적으로 중대형 상가 13.5%, 소규모 상가 6.9%, 집합 상가 9.3%로 나타났습니다. 다만 서울 상가 임대표는 외국인 관광객 입국 증가와 상권 활성화 기대감으로 모든 유형에서 상승했습니다. 중대형 임대가격지수는 0.27%, 소규모 0.26%, 집합 0.13% 순으로 오름세를 보였습니다.

청년 유동인구가 증가하면서 충무로 상권에 특색 있는 음식점 등이 늘어났고, 그 결과 직전 분기 대비 1.40% 상승했습니다. 팝업스토어, 스타트업의 입주로 활성화되고 있는 뚝섬 상권도 1.70% 오르며 중대형 상가 임대료가 0.27% 증가했습니다. 고금리 기조에 높아진 임대보증금 이자와 공과금, 그리고 최저임금이 오

**할당관세**

수입물품의 일정한 양을 기준으로 부과하는 관세. 물가나 수급상황에 따라 정부가 유연하게 대처할 수 있는 탄력관세(flexible tariff)의 일종

**탄력세**

세율을 법령으로 고정하지 않고 물가나 경기 상황 등에 따라 시행령으로 조절할 수 있는 세금

**종량세**

출고량에 비례해 물리는 세금. 출고가격에 비례해 세금을 부과하는 종가세와 차이가 있음

**임대가격지수**

시장임대료 가격을 나타내는 지수. 표본건물 기준층의 시장임대료를 이용해 산정함

른 것도 소상공인들에게는 부담이 되고 있습니다.

2023년 최저임금은 전년 대비 5.0% 오른 9,620원, 2024년은 2023년보다 2.5% 상승한 9,860원입니다. 2024년도 최저임금을 월 노동시간 209시간으로 환산하면 206만 740원입니다. 업계에서는 비용 상승의 부담이 큰 만큼, 판매 상품의 가격인상이 불가피하다는 목소리입니다.

치킨과 곁들이는 맥주도 오름세입니다. 가게에서 먹는 외식 맥주 물가도 2022년부터 오름세를 보이기 시작해, 같은 해 12월 10.1% 상승하며 두 자릿수 증가율에 돌입했습니다. 2023년 1월 10.2%, 2월 10.5%를 기록하며 석 달 연속 10%대 상승률을 보인 뒤 10월까지 4%대로 내려왔습니다.

편의점이나 마트에서 사 먹는 맥주는 2022년 10월 7.1%로 정점을 찍은 뒤, 11월, 12월, 이듬해 2023년 1월까지 7.0% 상승 흐름이 꺾였습니다. 2023년 4월 0.7%로 0%대에 돌입한 뒤 5월에는 0.1% 하락했지만, 이는 국민 체감 물가와 괴리가 있습니다. 주류 업체에서 수입맥주 가격을 인상하면서 편의점 맥주 가격이 올랐기 때문입니다.

주세가 물가 상승의 공범으로 지목되었습니다. 매년 물가상승률에 따라 오르는 주세를 빌미로 업체에서 물가를 올린다는 것이지요. 정부가 2020년부터 '종량세 물가연동제'를 도입하면서 맥주에 붙는 주세(2023년 기준 리터당 885.7원)를 매년 물가상승률에 따라 기계적으로 올려왔습니다. 2020년 종량세 물가연동제 시행 후, 맥주 500ml당 세금은 3~15원가량 오르면서 실제 맥주 가격은 500~1천 원 올랐습니다.

편의점 맥주 가격의 상승세가 두드러졌습니다. 그 시작은 업계 1위를 달리는 오비맥주가 끊었습니다. 스텔라, 호가든, 산토리, 버드와이저, 덕덕구스 등 수입맥주(500ml 기준) 편의점 판매가격을 4천 원에서 4,500원으로 인상했습니다. 4캔 1만 원이던 맥주가 1만 1천 원으로 오른 지 1년 4개월 만에 1만 2천 원인 시대가 열린 것입니다. 이후 1캔당 4천 원에 판매된 인기 수입맥주 코젤, 필스너 우르켈, 페로니, 아사히의 판매가격이 6월부터 4,500원으로 12.5% 올랐습니다. 삿포로, 에비스 역시 기존 4천 원에서 4,500원으로 판매가를 조정했습니다.

7월에는 하이네켄, 하이네켄 실버, 하이네켄 넌알콜릭, 에델바이스, 데스페라도스, 애플폭스 등 500ml 제품 8종 4캔 묶음과 하이네켄, 타이거, 에델바이스 등 330ml 5종 5캔 묶음 가격을 인상했습니다. 또 하이네켄 슈퍼 710ml 제품 3캔 묶음 가격을 기존 1만 1,100원에서 1만 2천 원으로, 8.1% 올렸습니다.

오비맥주는 여기서 멈추지 않고 2023년 10월 카스와 한맥 등 주요 제품의 출고가를 6.9% 인상했습니다. 현재 낮은 수준을 보이는 맥주 물가는 향후 시차를 두고 상승할 것으로 전망됩니다. 2만 원짜리 치킨 한 마리에 편의점 맥주를 곁들이면 3만 2천 원입니다.

여기에 4천~6천 원에 달하는 배달료까지 고려하면 치맥 한 번 먹는 비용이 4만 원에 육박하는 셈입니다. 서민 단골 음식들의 가격 인상 흐름이 지속되면서 지갑은 더욱 얇아질 것으로 보입니다.

---

**⚲ 통계 돋보기**

상업용부동산 임대동향조사는 전국의 상업용부동산(오피스, 매장용)의 자산가치 평가 및 임대정보 조사를 통해 상업용부동산 투자성과 측정 및 시장동향을 파악해 시장정보를 제공합니다. 그리고 표준지 공시지가 조사 및 평가 시 수익방식 평가 방법에 활용됩니다. 건전한 부동산 거래질서 확립에 기여할 수 있도록 부동산 정책 수립의 참고자료로 활용되고 있습니다. 한국부동산원이 2002년부터 집계해서 발표하고 있고, R-ONE 부동산통계뷰어(reb.or.kr/r-one)에서 확인할 수 있습니다.

---

## 2024년에는 어떻게 달라질까?

물가상승률은 전년 동기와 비교하는 만큼 '기저효과'를 무시할 수 없습니다. 2023년 치킨 가격이 1만 9천 원에서 2만 원으로 5% 상승한 뒤, 2024년 가격이 2만 원으로 유지된다면 치킨 가격 상승률은 0%가 됩니다. 바로 기저효과 영향이지요. 물가상승률이 낮아졌다고 하지만 체감 물가가 여전히 높은 이유입니다.

정부는 2024년부터 맥주에 붙는 주세에 대한 종량세 체계는 유지하되 물가 연동 방식을 폐지하고, 정부가 필요할 경우 기본 세율을 30% 내에서 조정하는 '탄력세율' 방식을 적용하기로 했습니다. 업계의 가격 인상 요인을 최소화하기 위한 조치입니다. 그러나 맥주에 붙는 세금 외에도 가격 인상 요인이 산재하는 만큼, 당분간 체감 물가가 떨어지기란 쉽지 않아 보입니다.

# 가공식품,
# 14년 만에 최대 상승

원윳값이 오르면 우윳값이 오르고, 우윳값이 오르면 우유를 재료로 쓰는 과자, 빵, 아이스크림 등 가공식품 가격이 오릅니다. 이렇게 연쇄적인 가격 상승 흐름을 '밀크플레이션'이라고 합니다. 최근 들어 작은 빵 하나가 5천 원이 넘는 걸 자주 봤을 겁니다. 이스라엘-하마스 전쟁과 중동의 정세 불안 등 불확실한 대외적 상황 때문에 원유와 곡물 등 원자재 가격이 상승세를 보이고 있습니다. 2023년 2월과 6월, 우유를 중심으로 한 가공식품의 가격은 얼마나 올랐을까요? 소비자물가 상승률 통계로 알아보겠습니다.

안 모 씨(29세)는 친구들 사이에서 일명 '빵순이'로 불립니다. 주말마다 '빵지순례'를 다니는 것이 그녀의 취미이지요. 그런데 최근 소문난 빵집을 찾아다니는 즐거움을 포기했습니다. 요즘은 힘들게 빵집을 찾아가도 비싼 가격에 몇 개 못 사고 집으로 돌아오기를 반복했기 때문입니다.

소비자물가가 둔화하고 있지만 가공식품 물가는 여전히 높은 수준입니다. 일상생활과 밀접한 밀가루, 빵, 식용유 등의 가격은 여전히 높은 상승률을 보이는 등 서민들의 체감 물가는 좀처럼 낮아지지 않는 모습입니다.

통계청의 소비자물가 동향에 따르면, 2023년 2월 소비자물가는 4.8% 올라 2022년 4월(4.8%) 이후 10개월 만에 4%대로 내려앉았습니다. 고공행진하던 소비자물가 상승률은 한풀 꺾인 모양새지만, 가공식품 물가는 1년 전보다 10.4% 상승하며 여전히 높은 수준을 유지하고 있습니다. 상승폭 역시 2009년 4월(11.1%) 이후 가장 컸습니다.

가공식품을 구성하는 73개 품목을 보면, 무려 70개 품목의 가격이 1년 전보다 올랐습니다. 1년 전과 비슷한 가격을 보인 이유식(0.0%·보합)을 제외하면 가격이 내려간 품목은 과실주(-8.6%)와 유산균(-1.8%)뿐입니다.

소비자들이 주로 찾는 일상 품목들은 전년보다 10% 넘게 가격이 뛰었습니다. 국수(19.6%)와 어묵(18.0%)의 상승률이 거의 20% 가까이 치솟았고, 빵(17.7%), 커피(15.6%), 참기름(15.0%), 김치(14.5%) 등의 가격도 14~17%를 오갔습니다. 스낵과자(14.2%)와 아

품목별 소비자물가지수(2023년 2월)

| 시도별 | 품목별 | 2023.02 | |
|---|---|---|---|
| | | 원데이터 | 전년동월 대비 증감률 |
| 전국 | 기타육류가공품 | 122.32 | 18.6 |
| 전국 | 어묵 | 126.23 | 18.0 |
| 전국 | 빵 | 128.12 | 17.7 |
| 전국 | 카레 | 120.91 | 15.9 |
| 전국 | 커피 | 123.22 | 15.6 |
| 전국 | 참기름 | 129.97 | 15.0 |
| 전국 | 김치 | 122.87 | 14.5 |
| 전국 | 발효유 | 117.22 | 14.3 |
| 전국 | 스낵과자 | 117.43 | 14.2 |
| 전국 | 양념소스 | 112.98 | 13.7 |
| 전국 | 아이스크림 | 111.91 | 13.6 |

출처: 국가통계포털

이스크림(13.6%)도 10%를 훌쩍 뛰어넘었습니다. 밀가루(22.3%), 부침가루(26.3%), 맛살(28.4%), 치즈(34.9%), 식용유(28.9%), 드레싱(26.0%), 물엿(25.1%) 등의 물가 상승폭은 20%를 웃돌았고요.

쌀 대신 주식으로 먹는 빵은 2009년 1월(18.2%) 이후, 14년 1개월 만에 가장 큰 폭으로 올랐습니다. 더위를 달래주는 아이스크림은 2009년 5월(14.3%) 이후 가격이 최대 상승했고, 스낵과자 역시 2009년 2월(15.8%) 이후 14년 만에 최대 오름폭입니다. 식품업계가 2023년 초 가격인상을 단행한 것이 물가에 반영된 것으로 분석됩니다. 러시아와 우크라이나 전쟁 장기화에 따른 원자재 가격 급등, 물가 상승에 따른 인건비 등의 부담으로 가격을 올릴 수밖에 없었다는 입장입니다.

특히 우유의 원료인 원윳값도 2023년 10월부터 리터당 88원이 올라 1리터짜리 흰 우유 제품 가격이 3천 원을 넘었습니다. 우윳값은 2023년 상반기 동안 전년 대비 8~9% 상승률을 유지해왔는데, 이번에 가격이 오르면서 빵, 아이스크림, 치즈와 같은 유가공식품 가격도 인상이 예상됩니다.

통계청 국가통계포털에 따르면 2023년 6월 우유 소비자물가 상승률은 116.57(2020=100)로 전년보다 9% 상승했습니다. 우유는 2022년 12월부터 8~9%대의 상승률을 유지하고 있습니다.

2022년 우유 업계는 원윳값이 2023년부터 49원 오르자 잇따라 커피, 치즈, 아이스크림 가격을 10~20%대로 인상하고, 흰 우유는 10% 안팎으로 인상했습니다. 대표적인 우유 가공식품인 치즈는 당시 밀크플레이션 영향으로 2022년 11월 전년보다 35.9% 올랐습니다. 그 후 30%대 상승률을 유지하다가 2023년 4월(24.9%),

**밀크플레이션**

우유(밀크)와 물가상승(인플레이션)을 합성한 단어. 우유 가격이 과도하게 올라서 소비자에게 부담을 주는 상황을 뜻합니다. 원윳값이 오르면 우윳값 상승과 함께 우유를 재료로 하는 빵·과자류의 물가도 연쇄 상승합니다.

품목별 소비자물가지수(2023년 6월)

| 1) 품목별 소비자물가지수(품목성질별: 2020=100) | | | 「소비자물가조사」 통계청 (자 |
|---|---|---|---|

◎ 수록기간: 월, 분기, 년 1975.01 ~ 2023.10 / 자료갱신일: 2023-11-02 / 📖주석정보

⏱ 시점　📊 분석해제　🔀 행렬전환　🔳 열고정해제　▶ 분석 : 전년동월 대　🔗 새 탭열기　🖥 화면

(단위: 2020=100)

| 시도별 | 품목별 | 2023.06 | |
|---|---|---|---|
| | | 원데이터 | 전년동월 대비 증감률 |
| 전국 | 치즈 | 134.18 | 22.3 |
| 전국 | 빵 | 129.54 | 11.5 |
| 전국 | 파이 | 112.77 | 11.1 |
| 전국 | 아이스크림 | 119.98 | 9.4 |
| 전국 | 우유 | 116.57 | 9.0 |
| 전국 | 케이크 | 122.20 | 8.5 |

출처: 국가통계포털

5월(21.9%), 6월(22.3%)까지 20%대 상승률을 기록했습니다.

아이스크림은 2022년 10월부터 2023년 1월까지, 4개월간 7~8%대 상승률을 유지했습니다. 그러다가 같은 해 2월 아이스크림 가격이 인상되면서 13.6% 오른 후, 3월(13.7%), 4월(10.5%), 5월 (5.9%), 6월(9.4%)까지 높은 상승률을 이어갔습니다.

빵은 2022년 5월(9.1%)부터 꾸준히 상승해 11월에 전년보다 15.8%까지 올랐습니다. 이후 다시 감소세를 보이다가 2023년 2월 17.7% 상승률을 기록했고, 같은 해 6월에는 11.5% 상승했습니다. 우유와 밀가루를 원료로 하는 파이도 2022년 2~3%대 상승률에 머물다가 같은 해 10월(11.2%)부터 급격히 상승했습니다. 이후

11월(11.8%), 12월(10.9%), 2023년 1월(12.7%) 고공행진을 이어갔습니다. 2023년 2월(9.4%), 3월(11.0%), 4월(9.5%), 5월(12.4%), 6월(11.1%)까지도 두 자릿수 상승률이 지속되었습니다.

우유가 들어가는 케이크도 2023년 2월 전년보다 12.3%까지 오른 후 서서히 둔화해, 같은 해 6월 8.5% 상승률을 기록했습니다. 2023년 10월 원윳값 인상은 10년 만에 최대 인상폭입니다. 흰 우유 등 신선 유제품의 원료인 음용유용 원유는 1리터당 88원 올라 1,084원이고, 치즈 등 가공 유제품 재료인 가공유용 원유는 1리터당 87원이 인상된 887원입니다.

2023년 원유가 인상폭은 음용유 전년 인상폭인 49원 대비 79.6% 커졌습니다. 원윳값 상승으로 유가공품 물가가 올라 소비자의 부담이 커질 것으로 관측됩니다. 납품 우윳값이 오르면 카페 점주 등 자영업자 부담도 커지고 원재료 상승 부담도 커져서 외식 물가도 오를 전망입니다.

한편 정부는 큰 돌발변수가 없다면 2023년 하반기 소비자물가 상승률을 2% 중후반대일 거라 예측했습니다. 그러나 예상은 빗나갔고, 2023년 8~10월 물가가 석 달 연속 3%대를 기록했습니다. 2023년 원유가 인상폭은 음용유 기준, 리터당 88원으로 전년 인상폭인 49원 대비 79.6% 커졌습니다. 정부 관계자는 원유가격 인상으로 밀크플레이션이 초래된다는 것은 과장된 측면이 있다고 말하지만, 소비자들이 느끼는 부담은 커지고 있습니다.

## 2024년에는 어떻게 달라질까?

2023년 하반기 물가는 8~10월 석 달 연속 3%대를 기록하면서 생각보다 둔화세가 더뎠습니다. 이스라엘과 팔레스타인 간 전쟁 등으로 물가의 불확실성이 커졌습니다. 따라서 2024년도 라면, 빵, 우유 등 주요 가공식품의 가격 상승이 불가피할 것으로 관측됩니다.

정부가 물가 안정을 위해 업계에 가격 인상 자제를 요구하고 나섰습니다. 그러나 가격은 그대로인데 양이 줄어드는 '슈링크플레이션'이 등장하는 등 꼼수도 나타났습니다. 원유와 곡물 등 국제 원자재 가격이 2024년에도 상승세를 보인다면 서민들의 체감 물가는 더 높아질 전망입니다.

# 목욕탕·헬스장…
# 콧대 높은 서비스 물가

우리는 2020년 1월부터 3년 4개월간, 전대미문의 상상할 수 없었던 코로나19 팬데믹을 겪었습니다. 함께 모여서 식사하고 야외 활동을 즐기던 평범한 일상은 자취를 감췄고, 파편화된 개개인이 홀로 삶을 감당해야 하는 시간을 보냈지요. 윤석열 대통령은 2023년 5월 11일, 코로나19 종식을 선언했습니다. 코로나19 위기 단계를 '심각'에서 '경계'로 낮추고 완전한 일상 회복으로 들어선 겁니다. 코로나19를 거치면서 자영업자와 소상공인의 타격이 컸던 만큼 물가는 어김없이 올랐습니다. 특히 서비스 물가의 일부 품목은 근 30~40년 만에 최대폭으로 상승했지요. 여러분은 외부 활동을 하면서 어떤 서비스 물가가 가장 크게 올랐다고 느꼈나요? 소비자물가동향 통계로 확인해보겠습니다.

2023년 3월 20일, 대중교통 마스크 착용 의무가 해제되었습니다. 코로나19가 확산하면서 의무적으로 꼈던 마스크에서 2년 5개월 만에 벗어난 겁니다. 같은 해 1월부터 이미 학교와 마트, 극장, 헬스장 등에서는 실내 마스크 착용 의무가 해제되었습니다. 그 후 2개월이 지나 버스, 기차, 택시, 비행기 등 대중교통 수단에서도 마스크 착용이 자율화되었지요.

본격적으로 일상생활이 회복 국면에 들어서면서 사람들의 바깥 활동도 늘었습니다. 배달이 줄고 사람들은 외식을 했습니다. 그리고 해외여행이나 국내 나들이 등 코로나19 이전으로 돌아가기 시작했지요. 그동안 멈췄던 여행·오락과 관련된 서비스 물가도 상승세를 보였습니다.

2023년 4월 소비자물가지수는 110.80(2020=100)으로 1년 전보다 3.7% 상승했습니다. 1년 2개월 만에 3%대로 둔화된 겁니다. 휘

---

**소비자물가지수**

우리의 살림살이에 가장 큰 영향을 미치는 지표. 물가는 가계에서 소비하는 품목들을 대상으로 가격을 조사해, 그 중요도에 따라 평균을 낸 종합적인 가격 수준을 나타냅니다. 물가지수는 물가의 오르내리는 흐름을 지수로 만든 지표로, 기준이 되는 연도를 100으로 놓고 비교시점의 물가가 어느 정도 되는지를 표시합니다. 소비자물가 상승률은 1년 전 같은 달과 비교해 나타내는 물가지수의 증감률을 의미합니다. 정부의 통상적인 안정된 소비자물가 상승률 목표는 2.0%입니다.

## 품목별 소비자물가지수

출처: 국가통계포털

발유(-17.0%), 경유(-19.2%) 등 석유류 가격이 35개월 만에 최대 하락폭인 16.4%를 기록하면서 전체 물가를 끌어내렸습니다. 그러나 코로나19가 한풀 꺾이면서 야외 활동이 급증했고, 서비스 물가의 기세가 좀처럼 꺾이지 않는 모습입니다.

서비스 물가는 여전히 물가상승률을 크게 웃돌았습니다. 개인 서비스는 1년 전보다 6.1% 오르며 2022년 11월(6.2%) 이후 5개월 만에 최대 상승폭을 보였습니다. 특히 외식을 제외한 서비스 물가가 5.0% 상승했습니다. 2003년 11월(5.0%) 이후 19년 5개월 만에 가장 많이 오른 것입니다.

특히 운동경기 관람료의 증가폭이 컸습니다. 야구, 농구, 축구, 배구 등은 국내에서 인기 있는 직관 운동경기입니다. 2023년 4월 운동경기 관람료의 소비자물가지수는 116.25(2020=100)로 1년 전보다 11.7% 올랐습니다. 1997년 8월 12.9% 상승 후, 25년 8개월 만에 가장 크게 올랐습니다. 코로나19의 기세가 꺾이면서 야외 활동이 늘어난 영향으로 해석됩니다.

이러한 이유로 여행·오락 관련 물가도 일제히 상승세를 나타냈습니다. 호텔 숙박료는 13.5% 올랐고 놀이시설 이용료 8.4%, 휴양시설 이용료 8.3%, 해외 단체여행비 7.1% 상승했습니다. 국내와 해외 곳곳으로 인파가 몰리면서 가격이 오른 겁니다.

오락·문화생활과 연관된 놀이시설 이용료(8.4%), 노래방 이용료(7.6%), 공연예술 관람료(6.3%), PC방 이용료(5.9%) 등도 가격이 훌쩍 뛰었습니다. 서비스 물가는 한 번 오르면 쉽게 떨어지지 않는 특징이 있습니다. 그래서 4월의 총 물가는 안정세를 찾아갔지만 외식 물가는 1년 전보다 7.6% 올랐습니다. 외식 물가는 2022년 9월(9.0%)을 정점으로 6개월 연속 오름세가 둔화되었다가 2023년 4월 다시 확대됐습니다. 기획재정부는 누적된 원가 부담과 여행 수요 회복으로 외식과 외식 제외 서비스가 모두 증가하면서 개인 서비스 물가가 올랐다고 진단했습니다.

2023년 6월에는 공중목욕탕의 목욕료가 37년 만에 최대로 올랐습니다. 6월 목욕료의 소비자물가지수는 123.93(2020=100)으로 2022년 같은 달보다 14.2% 올랐습니다. 6월 기준 1986년에 15.7% 오른 이후 가장 높은 상승률입니다. 금융위기를 겪었던 2008년 (9.0%)보다 높은 상승폭이었습니다. 목욕료는 약간의 등락이 있었

품목별 소비자물가지수

1) 품목별 소비자물가지수(품목성질별: 2020=100)　　「소비자물가조사」 통계청 (자

◉ 수록기간: 월, 분기, 년 1975.01 ~ 2023.09 / 자료갱신일: 2023-10-05 / 📖주석정보

◐ 시점　📊 분석해제　🔲 행렬전환　⟷ 열고정해제　＞ 분석 : 전년동월 대　🔲 새 탭 열기　🖥 화면복사　🔗 주소/출처　🔖 스크

(단위: 2020=100)

| 시도별 | 품목별 | 시점 | 원데이터 | 전년동월 대비 증감률 |
|---|---|---|---|---|
| 전국 | PC방이용료 | 2023.06 | 109.68 | 5.8 |
| | 콘도이용료 | 2023.06 | 105.76 | 13.4 |
| | 목욕료 | 2023.06 | 123.93 | 14.2 |
| | 찜질방이용료 | 2023.06 | 119.74 | 12.2 |

출처: 국가통계포털

지만 전달과 비교했을 때 2023년 2월부터 5개월 연속 상승했습니다. 한국소비자원 가격정보시스템인 참가격에 따르면 5월 목욕료는 서울 9,692원, 경기 9,431원, 강원 9천 원, 인천 8,833원, 충북 8,429원으로 집계됐습니다.

목욕료는 6월 외식을 제외하고 개인 서비스 품목 중에서 가장 인상률이 높았습니다. 그리고 콘도 이용료(13.4%), 보험서비스료(13.0%) 등이 그 뒤를 이었습니다. 온도를 유지하는 데 연료비가 많이 들어가는 찜질방 이용료도 그다음으로 증가율이 높았습니다. 2022년보다 12.2% 상승했는데, 이는 통계가 작성된 2005년 이래 2022년 같은 달 기준 역대 최고 상승률입니다.

전기료 상승에 영향을 크게 받는 PC방 이용료도 1년 전보다 5.8% 증가했습니다. 통계가 작성된 2000년 이후 기준으로, 2022년

같은 달 대비 2018년(8.4%) 이후 역대 2번째로 높은 수치입니다.

목욕탕과 찜질방은 온도를 유지하는 데 난방비가 많이 들고, PC방은 전기요금이 많이 들기 때문에 가격이 상승했습니다. 특히 2023년 5월 16일에 확정된 공공요금 인상이 6월 전기·가스·수도 요금에 반영되면서 1년 전보다 25.9% 상승한 것으로 나타났습니다. 전기료(28.8%), 도시가스(29.0%), 지역난방비(36.6%)도 모두 올랐습니다. 특히 지역난방비는 2005년 관련 통계 작성 이래, 역대 가장 많이 상승한 것으로 집계됐습니다.

## 2024년에는 어떻게 달라질까?

서비스 물가는 꾸준히 상승하는 추세입니다. 정부는 2024년에도 물가와 민생 안정을 최우선으로 삼는다고 하는데, 서비스 물가도 2023년보다 오름폭이 안정될지는 의문입니다. 정부에서 인상 자제를 요청할 수 있는 대기업의 가공식품 등과 달리, 서비스 물가는 소상공인과 자영업자에게 직결되기 때문입니다.

코로나19가 종식되고 대면활동이 활발해진 만큼 서비스에 대한 수요는 꾸준히 증가하는 반면, 고금리와 원자재 가격 상승 등 대외 불확실성이 지속되고 있어 외식을 제외한 개인서비스 가격은 2024년에도 증가세일 것으로 관측됩니다.

# 쌀통 넘치는데
# 소비량은 매년 '뚝뚝'

민족 최대의 비극인 6·25 한국전쟁 이후 우리나라는 식량난에 허덕였습니다. 배고픔을 달래기 위해 옥수수죽을 끓여 먹거나 감자, 꽁보리밥 등으로 굶주림을 해결해야만 했습니다. 그로부터 70여 년이 지난 2023년, 귀했던 쌀밥은 쉽게 접할 수 있지만 1인당 쌀 소비량은 매해 줄어 역대 최저치를 갈아치우고 있습니다. '밥이 보약'이라는 말처럼 '밥만 잘 먹어도 건강해진다'라는 말이 무색할 정도입니다. 다이어트 목적으로 쌀밥을 기피하는 현상도 그렇고요.

소비되는 쌀보다 공급이 많은 상황이 지속되자 정치권에서는 쌀 시장 격리를 의무화해야 한다는 목소리도 나옵니다. 농가의 소득도 보장하면서 낭비되는 쌀을 줄일 수 있는 방법은 없을까요?

"제가 학교 다니던 시절만 해도 매일 아침밥을 먹고 등교했어요. 그런데 요새 제 딸을 보면 밥 대신 빵이나 시리얼을 찾아요. 공부하려고 해도 밥을 먹어야 힘이 날 것 같은데, 요새 애들을 보면 꼭 그렇지도 않은가 봅니다."

최근 한 점심 자리에서 지인이 건넨 말입니다. 그는 "저는 지금까지도 매일 아침 따뜻한 밥을 먹고 나가야 하루가 든든한데, 초등학교에 다니는 딸은 며칠을 밥 한 톨 씹지 않는 날도 있어서 걱정입니다"라고 했습니다. 그러니 농민들의 '쌀이 남아돈다'는 하소연이 이해가 간다는 것입니다.

2022년 1인당 쌀 소비량이 또 줄었습니다. 해마다 역대 최저치를 갈아치우며 30년 전의 반토막 수준으로 떨어졌지요. "한국인은 밥심으로 산다"는 말도 옛말인 듯합니다.

통계청의 '양곡 소비량 조사 결과'에 따르면 2021년 11월 1일부터 2022년 10월 31일까지의 가구 내 1인당 연간 쌀 소비량은 56.7kg으로, 1년 전 같은 기간보다 0.4%(0.2kg) 감소했습니다. 이는 1963년 통계 작성 이래 가장 적은 수준입니다. 30년 전인 1992년(112.9kg)과 비교하면 2022년 1인당 쌀 소비량은 절반에 머물렀습니다.

쌀 소비량은 매년 줄어드는 추세입니다. 1997년까지 100kg을 웃돌다가 1998년(99.2kg) 90kg대로 감소했습니다. 이후 3년 만인 2001년(88.9kg)에는 80kg대로 떨어져 2006년(78.8kg)에는 70kg대,

## 1인당 연간 양곡 소비량

| (단위: kg) | | 쌀 |
|---|---|---|
| 용도별 | 시점 | 전가구 (kg) |
| 계 | 2022 | 56.7 |
| 계 | 2021 | 56.9 |
| 계 | 2020 | 57.7 |
| 계 | 2019 | 59.2 |
| 계 | 2018 | 61.0 |
| 계 | 2017 | 61.8 |
| 계 | 2016 | 61.9 |
| 계 | 2015 | 62.9 |
| 계 | 2014 | 65.1 |
| 계 | 2013 | 67.2 |
| 계 | 2012 | 69.8 |
| 계 | 2011 | 71.2 |
| 계 | 2010 | 72.8 |
| 계 | 2009 | 74.0 |
| 계 | 2008 | 75.8 |
| 계 | 2007 | 76.9 |
| 계 | 2006 | 78.8 |
| 계 | 2005 | 80.7 |

출처: 국가통계포털

2012년(69.8kg)에는 60kg대로 내려갔지요. 2019년(59.2kg)에는 쌀 소비량이 50kg대로 주저앉았습니다.

쌀 소비가 감소한 원인은 1인 가구가 늘어나면서 가공식품과 외식 중심의 식습관 때문입니다. 육류 소비가 증가하고 빵, 밀가루 등 서구식 식단에 익숙한 세대가 많아진 데다, 이를 충족할 수 있는 다양한 먹거리 산업이 발전한 영향도 있습니다.

'탄수화물을 먹으면 살이 찐다'라는 속설 때문에 의도적으로 쌀을 피하는 세대가 늘어난 것도 소비량에 한몫했습니다. 탄수화물을 비만의 원인으로 꼽으며 '저탄고지(저탄수화물 고지방)' 식단을 선호했기 때문입니다. TV 프로그램에 연예인이 출연해서 '6개월 이상 쌀을 끊고 닭가슴살과 채소만 먹었다'라며 경험담을 들려주는 등 매스컴의 영향도 더해졌습니다.

이러한 추세는 하루 평균 쌀 소비량을 보더라도 알 수 있습니다. 2022년 1인당 하루 평균 쌀 소비량은 155.5g으로 전년보다 0.2%(0.3g) 감소하며 역대 최저를 기록했습니다. 밥 한 공기가 150g인 점을 고려하면, 하루에 밥 한 공기만 먹고 사는 셈입니다.

1970년대에는 300g대였다가 1997년 280.6g, 2010년 199.6g으로 내림세를 보였습니다. 2013년에는 180.4g이었다가 2015년 172.4g 2016년 169.6g, 2020년 158g으로, 처음으로 160g 아래로 내

---

**양곡**

양식으로 쓰이는 곡식. 쌀을 일컫는 미곡, 밀과 보리인 맥류, 조, 좁쌀, 옥수수, 메밀, 귀리 등

**양곡관리법이란 무엇인가요?**

쌀 생산 과잉이 지속되면서 농가 소득이 감소하자 더불어민주당은 2022년 양곡관리법을 추진했습니다. 쌀이 수요량의 3% 이상 초과 생산되거나 수확기 가격이 전년보다 5% 이상 하락할 경우, 정부가 의무적으로 매입하는 내용이 핵심입니다. 해당 법안은 2023년 3월 국회 본회의에서 통과되었으나 대통령의 거부권 행사로 무산됐습니다.

쌀 예상 생산량 및 벼 재배면적 추이

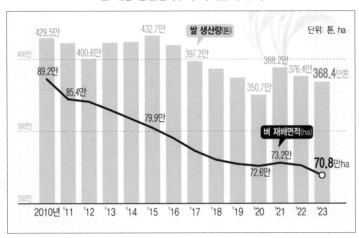

출처: 통계청 국가통계포털, 뉴시스

려왔습니다.

쌀 소비량이 감소하면서 쌀 가격도 매년 하락세를 보이고 있습니다. 생산되는 쌀보다 소비되는 쌀의 양이 적다 보니, 가격이 내려갈 수밖에 없는 것이지요. 이에 정치권에서는 농민들의 소득 보장을 위해 쌀 가격 하락을 방지하는 '양곡관리법'을 추진했으나 대통령의 반대로 무산되었습니다.

대신 정부는 쌀 수급 관리를 위해 벼의 재배면적을 줄이겠다는 입장입니다. 2023년 쌀 재배면적은 70만 8,041ha로 2022년 72만 7,054ha보다 2.6% 줄었습니다. 이는 관련 통계 작성이 시작된 1975년 이후 역대 가장 작은 면적입니다. 이에 따라 2023년 쌀 예상 생산량을 2022년(376만 4천 톤)보다 2.1%(8만 톤) 줄어든 368만 4천 톤으로 전망했습니다.

단기적인 수급 불안이 발생할 때는 시장격리를 추진하되, 구조적인 공급과잉 해소를 위해 적정 생산을 통한 쌀 수급 균형도 추진한다는 방침입니다. 특히 일반 벼처럼 재배할 수 있는 가루쌀을 2024년 1만ha 이상으로 대폭 확대해 과잉 생산 우려가 있는 밥쌀 생산을 줄일 계획입니다. 농가 소득·경영 안정을 위해 농업 직불금 예산을 2024년도에는 3조 원 이상으로 늘리고, 2027년까지 5조 원 수준으로 확대하겠다는 구상입니다.

### ⌕ 통계 돋보기

통계청 국가통계포털(kosis.kr)에서 1인당 연간 양곡소비량 및 하루 양곡소비량을 확인할 수 있습니다. 농림 분야의 양곡소비량조사 결과를 보면 되는데, 이 통계는 매년 1월 말에 확인할 수 있습니다.

## 2024년에는 어떻게 달라질까?

쌀이 주식이던 시대는 저물어가고 빵, 떡, 가공식품 등 대체 식품이 늘어나고 있습니다. 시대의 흐름에 따라 1인당 쌀 소비량은 점점 줄어들 것으로 예상됩니다. 다만 정부는 쌀 공급 과잉 해소를 위해 재배면적을 줄이고, 밀·콩 등 전략작물을 생산할 경우 지원금을 주는 정책을 시행 중입니다. 빵과 국수 재료인 밀가루 대신 가루쌀로 대체하기 위한 기술력도 기르고 있습니다. 여기에 대학생들에게 든든한 아침밥을 제공하는 '1천 원의 아침밥' 홍보 등을 통해 쌀 소비를 촉진하고 있습니다.

단시간에 쌀 공급 과잉을 해소하기는 힘들겠지만, 정부의 소비와 공급 균형 대책으로 해마다 버려지는 쌀은 조금씩 줄어들지 않을까 예상됩니다.

# 저소득층에게 더 가혹한 물가,
# 필요한 데만 써도 적자 살림

서민들에게 중요한 날이 있습니다. 바로 월급날이죠. 달력에 월급날을 빨간 색으로 표시할 만큼 중요합니다. 그런데 식비, 교통비, 아파트 관리비 등 왜 이리 지출할 곳이 많은지요. 월급은 통장에 들어오기가 무섭게 스치듯 사라져버립니다. 이른바 통장이 '텅장'이 된 현실입니다. 통계청이 매 분기마다 발표하는 가계동향조사를 살펴보면 내 주변 가정들은 어떻게 살고 있는지, 얼마나 살림에 적자를 내고 있는지를 볼 수 있습니다. 여러분의 가계는 이달에 적자였나요, 아니면 흑자였나요?

자장면 한 그릇이 9천 원을 넘는 고물가 시대. 그런데 월급은 제자리걸음입니다. 매달 빠져나가는 보험료, 이자, 생활비 때문에 자유롭게 쓸 수 있는 돈은 많지 않습니다. 소득이 느는 속도보다 지출이 느는 속도가 빠르면 가계 살림은 적자가 납니다.

가정에서 세금과 연금 등 매달 의무적으로 납부해야 하는 돈을 제외하고 자유롭게 쓸 수 있는 돈을 '처분가능소득' 혹은 '가처분소득'이라고 일컫습니다. 세금과 연금처럼 소비하지 않아도 지출되는 돈은 '비소비지출'이라 하고요. 그래서 소득에서 비소비지출을 뺀 값이 가처분소득이 되지요.

이 가처분소득에서 월평균 소비지출을 빼면, '가계가 매달 얼마나 적자를 내고 있는지'가 보입니다. 2022년 4분기와 2023년 1분기 가계동향조사를 통해 우리나라 가구의 소득분위별 적자는 얼마인지, 어느 항목에 지출을 많이 하는지를 살펴봅시다.

소득이 적은 취약계층일수록 경기 상황과 물가에 큰 타격을 받습니다. 통계청은 가계의 소득을 1분위부터 5분위까지 나누었

---

**처분가능소득**

소득−비소비지출로, 가처분소득이라고도 합니다. 세금, 연금, 보험료, 이자 등 의무적으로 납부해야 하는 돈을 제외하고 가계가 자유롭게 소비할 수 있는 소득을 말합니다.

**적자가구비율**

비소비지출을 뺀 처분가능소득보다 소비지출이 많은 가구가 차지하는 비율을 뜻합니다. 즉 버는 돈에 비해 쓴 돈이 더 많은 가구를 나타냅니다.

느데, 숫자가 작을수록 소득이 적은 가구입니다. 소득 1분위, 즉 소득 하위 20% 가구의 2022년 4분기(10~12월) 월평균 소득은 112만 7천 원으로 집계됐습니다. 여기서 세금과 이자, 연금 등 비소비지출을 뺀 처분가능소득은 95만 3천 원이었습니다.

그렇다면 지출은 얼마였을까요? 1분위 가구의 월평균 가계지출은 130만 3천 원으로 집계됐습니다. 지출에서 가처분소득을 빼면 1분위 가구는 매달 평균 35만 원의 적자 살림을 꾸리고 있는 것으로 분석됩니다. 1년이면 생활비만으로 420만 원의 빚이 생기는 것이지요.

지출에서 가장 큰 비중을 차지한 것은 '식비'로, 저소득층은 식료품, 술을 제외한 음료를 구매하는 데 전체 소득의 21.1%를 사용했습니다. 특히 2022년 하반기는 5%대의 높은 물가상승률로 식비 부담이 더 커졌을 때입니다.

두 번째로 비중이 높았던 부문은 '연료비'와 '주거비'입니다. 실제로 주거비와 주택유지비, 상하수도비, 연료비 등을 포함한 카테고리를 주거·수도·광열로 분류하고 있습니다. 즉 의식주 가운데 '주(住)'에 해당되는 항목들입니다.

주거·수도·광열의 지출 비중은 20%를 차지했습니다. 전기·도시가스를 나타내는 연료비가 크게 증가했기 때문입니다. 특히 전체 동향에서 주거·수도·광열의 지출은 1년 전보다 6% 올랐는데, 이 증가폭은 2012년 7.9% 상승 이후 10년 만에 최고 폭입니다. 그

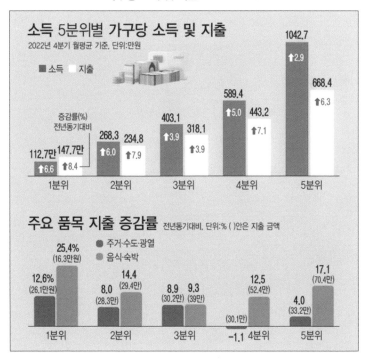

가구당 소득 및 지출(2022년 4분기)

## 소득 5분위별 가구당 소득 및 지출
2022년 4분기 월평균 기준, 단위:만원

■ 소득　□ 지출

증감률(%)
전년동기대비

| 분위 | 소득 | 증감률 | 지출 | 증감률 |
|---|---|---|---|---|
| 1분위 | 112.7만 | ↑6.6 | 147.7만 | ↑8.4 |
| 2분위 | 268.3 | ↑6.0 | 234.8 | ↑7.9 |
| 3분위 | 403.1 | ↑3.9 | 318.1 | ↑3.9 |
| 4분위 | 589.4 | ↑5.0 | 443.2 | ↑7.1 |
| 5분위 | 1042.7 | ↑2.9 | 668.4 | ↑6.3 |

## 주요 품목 지출 증감률 전년동기대비, 단위:% ( )안은 지출 금액

● 주거·수도·광열　● 음식·숙박

| 분위 | 주거·수도·광열 | 음식·숙박 |
|---|---|---|
| 1분위 | 12.6% (26.1만원) | 25.4% (16.3만원) |
| 2분위 | 8.0 (28.3만) | 14.4 (29.4만) |
| 3분위 | 8.9 (30.2만) | 9.3 (39만) |
| 4분위 | -1.1 (30.1만) | 12.5 (52.4만) |
| 5분위 | 4.0 (33.2만) | 17.1 (70.4만) |

출처: 통계청, 뉴시스

다음 외식비와 숙박비 등을 포함하는 음식·숙박이 12.5%로, 1분위 가계의 지출 비중에서 세 번째를 차지했습니다.

그렇다면 반대로 소득 상위 20% 가구인 5분위의 가정 살림은 어땠을까요? 5분위 가구의 가처분소득은 829만 5천 원인데, 월평균 소비지출이 455만 2천 원으로 평균 374만 3천 원 흑자를 냈습니다. 정기적인 지출을 제외하고 자유롭게 쓸 수 있는 돈이 300만 원을 훌쩍 넘었지요. 특히 소득이 높은 가구의 지출은 레저·여가, 외식과 연관이 깊은 음식·숙박의 비중이 15.5%로 가장 컸습니다. 그다음 교통비가 15%, 식료품·비주류음료가 12.4% 순으로 나타났습니다.

한 분기가 지나 2023년 1분기(1~3월)에는 빈곤층의 살림살이가 좀 나아졌을까요? 안타깝게도 1분위 가구의 적자 폭은 전분기보다 16만 원 넘게 더 커졌습니다. 장기화한 고물가는 저소득층에게 더 가혹했습니다. 또 고용시장의 호조세 이면에 저소득층이 포진한 임시·일용직 취업자 수가 감소하면서 소득이 줄어든 탓도 있습니다.

1분위 가구의 처분가능소득은 85만 8천 원으로 집계됐습니다. 하지만 소비지출이 전년보다 13.3%나 늘면서 153만 6천 원에 달했습니다. 월평균 46만 1천 원의 적자 살림을 꾸린 겁니다. 이는 2006년 통계가 작성된 이래 가장 큰 금액입니다. 지출은 주거·수도·광열(23.1%), 식료품·비주류음료(19.0%), 보건(13.9%) 등 필수 지출 위주로 비중이 컸습니다.

반면 5분위 가구의 처분가능소득은 886만 9천 원, 소비지출은 773만 9천 원으로 113만 원 흑자였습니다. 1분위 중에서 버는 돈보다 쓰는 돈이 더 많은 가구인 '적자 가구'의 비중도 2019년 이후 4년 만에 가장 많이 늘어났습니다.

2023년 1분기 전국 가구 중 적자 가구 비율은 26.7%로, 4가

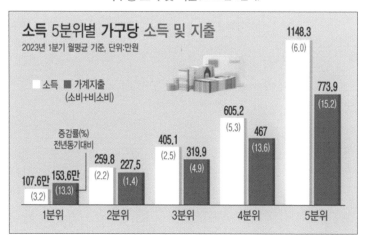

가구당 소득 및 지출(2023년 1분기)

**소득 5분위별 가구당 소득 및 지출**
2023년 1분기 월평균 기준, 단위:만원

☐ 소득　■ 가계지출
　　　　　(소비+비소비)

증감률(%)
전년동기대비

| 구분 | 소득 | 가계지출 |
|------|------|----------|
| 1분위 | 107.6만 (3.2) | 153.6만 (13.3) |
| 2분위 | 259.8 (2.2) | 227.5 (1.4) |
| 3분위 | 405.1 (2.5) | 319.9 (4.9) |
| 4분위 | 605.2 (5.3) | 467 (13.6) |
| 5분위 | 1148.3 (6.0) | 773.9 (15.2) |

출처: 통계청, 뉴시스

구 중 1가구 이상이 적자 살림을 꾸리는 실정입니다. 이 가운데 1분위의 적자 가구 비율은 62.3%나 됩니다. 이는 1년 전 비율인 57.2%보다 5.1%p 상승한 수치입니다. 매해 1~4분기를 모두 통틀어 2019년(65.3%) 이후 4년 만에 가장 높은 수준을 보였습니다. 고물가가 지속되자 소득은 그대로인데 소비지출이 크게 증가한 영향으로 풀이됩니다.

2023년 1분기는 사회적 거리두기와 실내 마스크 착용 의무가 해제되고 예년보다 날씨가 따뜻해지면서 바깥 활동이 증가했습니다. 또 물가상승률이 4~5%로 높게 유지된 배경도 작용했습니다. 실제 1분기 가구당 월평균 소득은 505만 4천 원으로, 전년 동일 분기 대비 4.7% 증가하는 동안 소비는 11.5%나 늘었습니다. 특히 고물가는 저소득층에게 타격이 더 컸습니다. 1분위의 월평균 소득은 107만 6천 원으로 1년 전보다 3.2% 증가했지만, 실질소득 기준으로는 월 소득이 오히려 1.5% 감소한 겁니다.

 **통계 돋보기**

통계청의 분기별 가계동향조사를 살펴보고 싶다면 국가통계포털(kosis.kr)를 활용하면 됩니다. 통계청의 인공지능 챗봇인 '코봇'을 클릭하고 '가계동향조사'를 검색하거나 홈페이지 첫 화면에 있는 '소득·소비·자산' 카테고리를 클릭한 후 가계소득지출, 가계동향조사로 들어가면 볼 수 있습니다.

## 2024년에는 어떻게 달라질까?

2023년 하반기 물가상승률은 2%대 둔화 이후 3%대로 올랐다가 다시 둔화했습니다. 2024년에는 다소 안정세를 찾은 물가상승률과 코로나19 이후 늘었던 소비가 둔화하면서 적자 살림과 적자가구비율도 개선될 것이라 전망됩니다. 다만 이스라엘과 하마스 간 전쟁이 국제 유가에 영향을 미칠 가능성이 있는 만큼, 물가 상승 압력의 정도에 따라 2024년 가계의 적자 살림 규모도 달라질 것으로 예상됩니다.

# 고물가에 텅 빈 지갑,
# 믿을 것은 복권뿐?

누구나 일확천금을 꿈꿉니다. 복권 한 장으로 인생 역전에 성공한 사람들을

TV 뉴스에서 접하고는 합니다. 이런 이유로 돼지꿈이나 조상이 나오는 꿈이

라도 꾸면, '혹시나' 하는 마음에 복권 판매점을 기웃거리지요.

복권 한 장이 서민들의 희망이 된 지 오래된 만큼 '경기가 어려울수록 복권이

잘 팔린다'라는 속설도 있습니다. 경제는 매년 어렵고 복권 판매액은 해마다

역대 최대 판매액을 찍고 있으니 이러한 속설이 사실로 여겨지기도 합니다.

하지만 실제로 복권이 잘 팔리는 데는 다른 이유가 있다고 합니다. 복권 판매

액에 숨겨진 비밀은 무엇일까요?

60대 가장 이 모 씨는 매주 월요일 퇴근길이면 어김없이 복권 판매점에 들릅니다. 5천 원어치 복권을 사서 지갑에 넣어두고, 일주일간 1등 당첨의 희망을 품고 사는 것이지요. 그는 "혹시나 하는 기대감에 매주 복권을 구매하게 된다"며 "일도 힘들고 나라 경기도 안 좋은 시기에 '인생 역전'의 기회가 혹시 나에게도 찾아오지 않을까 하는 바람이 있다"고 말했습니다.

복권 판매액이 해마다 늘어, 매년 역대 최대치를 기록하고 있습니다. 경기는 둔화하고 세수마저 감소하는 등 국내 경제는 어려운 시기이지만, 복권 판매는 불황을 모르는 분위기입니다. 이에 따라 2024년 복권 판매량도 역대 최대 규모를 달성할 전망입니다.

기획재정부는 2024년 복권 판매액이 7조 2,918억 원에 달할 것이라 내다봤습니다. 2023년보다 5,489억 원(8.1%) 증가해 역대 최대 규모가 될 거라는 관측입니다. 상품별로는 온라인복권(로또) 5조 9,720억 원, 인쇄복권 8,393억 원, 결합복권(연금복권 720+) 3,189억 원, 전자복권 1,617억 원 순입니다.

복권 판매액은 지난 40년간 상승 추세였습니다. 1983년 508억 원이던 매출액은 1990년 1,070억 원으로 1천억 원대를 넘어섰습니다. 이어 2002년 9,796억 원에서 2003년 4조 2,342억 원으로 판매액이 훅 뛰었습니다. 2004년 3조 4,595억 원, 2005년 2조 8,438억 원, 2007년 2조 3,809억 원으로 하락했지만, 2011년(3조 805억 원)에 다시 3조 원대 판매액을 보였습니다. 이어 코로나19가 발생한 2020년

## 연도별 복권 매출 및 수익금

| 구분 | '15년 | '16년 | '17년 | '18년 | '19년 | '20년 | '21년 | '22년 | '23년 계획 |
|---|---|---|---|---|---|---|---|---|---|
| 매출 | 35,551 | 38,855 | 41,538 | 43,848 | 47,933 | 54,152 | 59,753 | 64,292 | 67,429 |
| (증가율) | (8.3%) | (9.3%) | (6.9%) | (5.6%) | (9.3%) | (13.0%) | (10.3%) | (7.6%) | (4.9%) |
| 수익금 | 14,407 | 15,958 | 17,099 | 18,003 | 19,927 | 22,109 | 24,416 | 26,430 | 27,398 |

* '( )'는 전년 대비 증가율
단위: 억 원
출처: 기획재정부

(5조 4,152억 원)에는 5조 원을 넘겼으며 2021년에는 5조 9,753억 원으로 늘더니 2022년에는 6조 4,292억 원까지 증가했습니다.

월평균 복권 지출 금액도 증가 추세였습니다. 국가통계포털에 따르면 2022년 가계의 월평균 복권 지출 금액은 703원으로, 전년보다 1.4% 증가했습니다. 2021년에는 693원으로, 2020년보다 17.6% 늘었습니다. 이 금액은 복권을 사지 않는 가구를 포함한 전체 표본 가구의 복권 구매 금액의 평균을 구한 값입니다. 즉 복권을 사지 않는 대부분의 가구를 제외하면, 복권을 사는 가구는 큰 금액을 지출한다는 뜻이지요.

복권에 지출하는 금액 증가율은 저소득층일수록 가팔랐습니다. 소득 하위 20%인 1분위가 2022년 복권에 지출한 금액은 471원으로 전년보다 27.4% 증가했지만, 소득 상위 20%인 5분위(636원)의 지출은 7.0% 증가하는 데 그쳤습니다.

## 복권 지출 통계

| 가계수지항목별 | 시점 | 전체가구 | | | | | |
| --- | --- | --- | --- | --- | --- | --- | --- |
| | | 1분위 | | | 5분위 | | |
| | | 원데이터 | 전년 대비 증감 | 증감률 | 원데이터 | 전년 대비 증감 | 증감률 |
| 복권 등 | 2021 | 370 | 16 | 4.6 | 594 | -38 | -6.0 |
| | 2022 | 471 | 101 | 27.4 | 636 | 42 | 7.0 |

단위: 원

출처: 국가통계포털

　누구에게는 일확천금의 기회가 될 수 있는 만큼 복권이 '불황에 더 잘 팔린다'라는 속설도 나옵니다. 하지만 실제 30년간 복권 매출 추이를 분석해보면 이 속설은 근거가 없습니다. 복권 매출이 30% 이상 급등한 시기를 보면 예외 없이 '신상품'이 출시되었을 때이기 때문입니다. 복권 매출이 감소한 경우에도 발행규제 또는 '복권피로(lottery fatigue)' 현상 등 복권 자체 특성이 주요 원인으로 꼽힙니다.

　실제로 국내 복권 매출액은 1983년 올림픽복권 출시 이후 154.0% 급증했고, 1990년 9월 엑스포복권과 체육복권 출시로 1991년 복권 매출액이 71.5% 증가했습니다. 1993년과 1994년 기

---

### 복권피로 현상

복권 발행 초기 새로운 게임 방식으로 매출이 증가하지만, 일정 기간이 지나면 흥미를 잃어 판매가 부진해지는 현상

술복권과 복지복권 출시로 매출액은 각각 35.3%, 44.0% 늘었습니다. 매출액이 30.6% 증가한 1999년에는 밀레니엄복권이 탄생했고 2001년에는 전자복권, 플러스복권, 엔젤복권 등이 잇따라 나오면서 매출이 41.9% 증가했습니다. 특히 2002년 12월 로또복권 출시로 2003년에는 332.0%라는 기록적인 복권 매출 성장세를 보였습니다. 연금복권과 연금복권 720+가 새로 출시된 2011년과 2020년에도 복권 매출이 각각 22.0%, 13.0% 늘었습니다.

그런데 새로운 복권이 출시된 다음 해에는 판매량 증가가 둔화했습니다. 예를 들어 로또복권 열풍이 지나간 2004년에는 매출액이 전년보다 18.3% 줄었습니다. 연금복권이 출시된 다음 해인 2012년에는 매출 증가율이 3.4%에 머물렀습니다.

경기 불황일 때 복권이 더 잘 팔린다는 상관관계도 찾기 힘듭니다. 1998년 국제통화기금 외환위기 때 복권 매출은 12.4% 감소했고 2008년 글로벌 금융위기 때도 복권 매출은 0.6% 증가하는 데 그쳤습니다. 당첨금 이월 효과를 제거하면 오히려 2.36% 줄은 셈입니다.

그럼에도 복권은 꾸준한 인기를 끌고 있습니다. 기획재정부 복권위원회가 2022년 성인 남녀 1,020명을 대상으로 물었더니 절반 이상(56.5%)은 1년 이내 복권을 구입한 경험이 있는 것으로 확인됐습니다. 로또복권의 경우 '한 달에 한 번' 구입하는 사람이 26.2%로 가장 많았고, 다음으로 '매주(24.4%)' '2주에 한 번(15.7%)'

복권 1회 구입시 평균 금액

| 구분 | 로또복권 | |
| --- | --- | --- |
| | 평균 (원) | |
| 전체 | 9,204원 | |
| 성별 | 남자 | 9,628원 |
| | 여자 | 8,678원 |
| 연령별 | 19~29세 | 8,030원 |
| | 30대 | 8,846원 |
| | 40대 | 9,116원 |
| | 50대 | 9,676원 |
| | 60세 이상 | 9,630원 |

| 구분 | 연금복권 | |
| --- | --- | --- |
| | 평균 (원) | |
| 전체 | 8,374원 | |
| 성별 | 남자 | 8,604원 |
| | 여자 | 8,000원 |
| 연령별 | 19~29세 | 6,750원 |
| | 30대 | 11,206원 |
| | 40대 | 8,939원 |
| | 50대 | 7,720원 |
| | 60세 이상 | 7,548원 |

출처: 기획재정위원회 복권위원회

순이었습니다. 로또복권과 연금복권 구입자 대부분이 1만 원 이하
로 소비하는 것으로 확인되었습니다.

　누구나 당첨을 꿈꾸는 복권인 만큼, 당첨 번호 조작 논란도 끊
이지 않았습니다. 다만 정부는 복권 추첨이 생방송으로 전국에 중
계되며, 방송 전에 경찰관 및 일반인 참관하에 추첨 기계의 정상
작동 여부, 추첨 볼의 무게 및 크기 등을 사전 점검하고 있어 조작

가능성이 없다고 강조합니다.

인기만큼이나 잡음 또한 끊이지 않는 복권. 그래도 매주 희망으로 서민들을 찾아가곤 합니다. 수익금은 불우이웃이나 취약계층 지원에 쓰이면서 착한 사업으로도 자리 잡고 있습니다. 물론 큰 금액의 복권 구매는 지양해야 하지만, 추첨을 기다리면서 설렘을 느낄 수 있다면 일주일짜리 행복을 구매해보는 건 어떨까요?

### 🔍 통계 돋보기

복권위원회 홈페이지(bokgwon.go.kr)를 보면 복권과 관련된 재미있는 통계를 확인할 수 있습니다. 성인 남녀를 대상으로 한 복권 관련 인식 설문조사뿐 아니라 국내 복권 판매 현황, 세계 복권 판매 현황 등이 있습니다.

## 2024년에는 어떻게 달라질까?

복권 판매액은 2024년에도 역대 최대일 것으로 예상됩니다. 정부가 사행성을 높이지 않더라도 국내총생산(GDP) 증가 등에 따라 판매도 자연스럽게 증가하는 구조인 셈이죠. 새로운 복권을 출시하거나 사행성을 높인다면 판매량은 더욱 급증할 것입니다. 다만 정부가 복권을 사행사업으로 보지 않고 그 수익금으로 취약계층을 지원하고 있는 만큼, 새로운 복권 발행은 당분간 없을 것입니다.

5장

일자리
세대 전쟁

# 현실은
# 커피숍·편의점 아르바이트부터!

300만 명 이상의 회원을 보유한 취업 정보 커뮤니티를 보면, 2023년 취업 목표 기업에 삼성디스플레이, 현대자동차, SK하이닉스, 대한항공 등의 이름이 나옵니다. 간간히 기업명이 아닌 연봉 5천만 원 이상의 조건이나 한국가스안전공사와 같은 공공기관 이름도 보입니다. 청년들이 열심히 스펙을 쌓은 뒤 가고자 하는 기업들은 우리나라 상위권의 대기업들 또는 공공기관들입니다. 그런데 현실은 녹록지 않은 모양입니다. 통계청 고용동향을 통해 청년들의 취업 현실을 알아보겠습니다.

최근 20~30대 고용률·실업률은 과거에 비해 양호한 흐름입니다. 그러나 청년들의 체감은 다른 것 같습니다. 청년인구는 감소했

| | 2022. 9 | | | 2023. 9 | | | 증감 (단위: 천명, %, %p, 전년동월대비) | | |
|---|---|---|---|---|---|---|---|---|---|
| | 인구 | 취업자 | 고용률 | 인구 | 취업자 | 고용률 | 인구 | 취업자 | 고용률 |
| < 전　체 > | 45,284 | 28,389 | 62.7 | 45,431 | 28,698 | 63.2 | 147 | 309 | 0.5 |
| 15~64세 | 36,166 | 24,922 | 68.9 | 35,885 | 24,977 | 69.6 | -281 | 55 | 0.7 |
| 15~29세 | 8,515 | 3,967 | 46.6 | 8,341 | 3,878 | 46.5 | -174 | -89 | -0.1 |
| ·15~19세 | 2,238 | 163 | 7.3 | 2,256 | 160 | 7.1 | 18 | -3 | -0.2 |
| ·20~29세 | 6,277 | 3,805 | 60.6 | 6,085 | 3,718 | 61.1 | -192 | -86 | 0.5 |
| ··20~24세 | 2,697 | 1,254 | 46.5 | 2,597 | 1,189 | 45.8 | -100 | -65 | -0.7 |
| ··25~29세 | 3,580 | 2,551 | 71.3 | 3,488 | 2,529 | 72.5 | -92 | -22 | 1.2 |
| 30~39세 | 6,839 | 5,339 | 78.1 | 6,781 | 5,395 | 79.6 | -58 | 56 | 1.5 |
| 40~49세 | 8,065 | 6,310 | 78.2 | 7,934 | 6,253 | 78.8 | -132 | -58 | 0.6 |
| 50~59세 | 8,586 | 6,650 | 77.5 | 8,600 | 6,696 | 77.9 | 15 | 45 | 0.4 |
| 60세이상 | 13,278 | 6,123 | 46.1 | 13,775 | 6,477 | 47.0 | 496 | 354 | 0.9 |
| ·60~64세 | 4,161 | 2,656 | 63.8 | 4,229 | 2,756 | 65.2 | 68 | 101 | 1.4 |
| ·65~69세 | 3,110 | 1,611 | 51.8 | 3,325 | 1,739 | 52.3 | 215 | 129 | 0.5 |
| ··65세이상 | 9,117 | 3,467 | 38.0 | 9,546 | 3,721 | 39.0 | 429 | 253 | 1.0 |
| ··70세이상 | 6,007 | 1,857 | 30.9 | 6,221 | 1,982 | 31.9 | 214 | 125 | 1.0 |

출처: 통계청

지만 양질의 일자리까지 줄어들면서 정규 일자리에 취직하기 전
에 아르바이트 등 임시 일자리에 우선 취업하거나 일자리를 구하
려는 의지 자체를 잃어버린 모습입니다.

　통계청 고용동향을 보면, 2023년 9월 청년 고용률(15~19세)은
46.5%로 전년보다 0.1%p 떨어졌고, 이는 역대 두 번째로 높은 수
준입니다. 실업률은 2022년 9월 대비 0.9%p 떨어져 최저 수준이

---

**비경제활동인구**

만 15세가 넘은 인구 중에서 일을 할 능력이 있지만 취업자도 실업자도 아
닌 상태에 있는 인구를 뜻합니다. '쉬었음'은 주부, 학생, 취업 준비생과 같
이 비경제활동인구 중에서 아프거나 구직 의사가 없는 것을 의미합니다.

고요. 20대 후반(25~29세) 고용률은 1.2%p 올라 72.5%를 기록하며 역대 최고 수준을 지속했습니다. 청년 취업자의 인원은 8만 9천 명 줄었는데, 이는 청년인구가 17만 4천 명 감소한 영향입니다.

취업 사이트에는 이런 고민이 올라오곤 합니다. '숙박업소나 음식점에서 아르바이트를 하면서 취업을 병행하려는데 어떻게 생각하느냐' '계약직으로 일단 들어가서 스펙을 쌓은 뒤 다시 대기업이나 공공기관을 노리려는데 어떻게 보느냐' 등입니다.

청년층의 상황을 담은 통계를 살펴보겠습니다. '5월 경제활동인구조사 청년층 부가조사'에 따르면 2023년 5월 졸업 후 첫 일자리가 임금근로자인 경우, 첫 취업까지의 평균 소요기간은 10.4개월로 전년 동월 대비 0.4개월 감소했습니다. 첫 취업까지 걸리는 기간은 3개월 미만이 48.9%로 전년 동월과 동일하고, 3년 이상은 8.4%로 0.5%p 하락했습니다.

첫 직장의 평균 근속기간은 감소하는 추세입니다. 첫 직장에서의 평균 근속기간은 1년 6.6개월로 전년보다 0.2개월 감소했습니다. 첫 일자리를 그만둔 임금근로자는 66.8%로 전년 같은 달 대

---

**정보통신업·금융보험업에는 어떤 일자리가 포함될까요?**

정보통신업에는 컴퓨터 프로그래밍, 시스템 통합 및 관리업, 정보서비스업, 방송업 등이 포함됩니다. 금융보험업에는 금융업, 보험 및 연금업 등이 포함됩니다.

## 첫 일자리 산업별 분포

(단위: 천명, %, %p)

| | 2022. 5 | | | 2023. 5 | | | 증감 | | |
|---|---|---|---|---|---|---|---|---|---|
| | 취업<br>경험자 | 남자 | 여자 | 취업<br>경험자 | 남자 | 여자 | 취업<br>경험자 | 남자 | 여자 |
| < 전 체 > | 4,117 | 1,940 | 2,177 | 3,947 | 1,840 | 2,107 | -170 | -100 | -70 |
| 광제조업 | 14.8 | 21.8 | 8.5 | 15.2 | 23.6 | 8.0 | 0.4 | 1.8 | -0.5 |
| 건설업 | 4.0 | 6.9 | 1.4 | 3.8 | 6.4 | 1.5 | -0.2 | -0.5 | 0.1 |
| 도매 및 소매업 | 13.4 | 12.9 | 13.9 | 11.2 | 11.1 | 11.2 | -2.2 | -1.8 | -2.7 |
| 숙박 및 음식점업 | 15.1 | 17.7 | 12.8 | 15.5 | 16.8 | 14.3 | 0.4 | -0.9 | 1.5 |
| 운수 및 창고업·정보통신업 | 6.4 | 7.5 | 5.4 | 6.6 | 9.2 | 4.3 | 0.2 | 1.7 | -1.1 |
| 전문·과학 및 기술 서비스업 | 7.5 | 6.5 | 8.3 | 7.3 | 7.0 | 7.5 | -0.2 | 0.5 | -0.8 |
| 공공행정·국방 및 사회보장 행정 | 3.7 | 3.7 | 3.6 | 4.0 | 3.9 | 4.0 | 0.3 | 0.2 | 0.4 |
| 교육 서비스업 | 8.8 | 3.9 | 13.1 | 8.7 | 4.5 | 12.3 | -0.1 | 0.6 | -0.8 |
| 보건업 및 사회복지 서비스업 | 12.0 | 5.2 | 18.1 | 13.2 | 5.0 | 20.3 | 1.2 | -0.2 | 2.2 |
| 기타[1] | 14.4 | 13.8 | 14.9 | 14.7 | 12.5 | 16.5 | 0.3 | -1.3 | 1.6 |

1) 산업분류 A, D, E, K, L, N, R, S, T, U가 포함됨(부록2 한국표준산업분류 참조)

출처: 통계청 '5월 경제활동인구조사 청년층 부가조사'

비 1.2%p 상승했고, 평균 근속기간은 1년 2.4개월로 0.1개월 증가했습니다. 첫 일자리가 현재 직장인 경우는 33.2%로 전년 같은 달보다 1.2%p 하락, 평균 근속기간은 2년 3.0개월로 0.2개월 감소했습니다.

첫 일자리 산업별 분포는 2023년 기준으로 숙박 및 음식점업(15.5%), 광제조업(15.2%), 보건업 및 사회복지서비스업(13.2%) 순으로 높았습니다. 청년층이 원하는 일자리와 달리, 첫 일자리는 비교적 임금이 낮고 질이 떨어지는 숙박 및 음식점업을 택하는 셈입니다. 첫 일자리에 취업할 당시 임금(수입)은 150만~200만 원 미만(35.7%), 200만~300만 원 미만(31.3%), 100만~150만 원 미만(15.7%)

순으로 나타났습니다. 2022년 5월 대비 200만~300만 원 미만 (2.9%p), 300만 원 이상(0.6%p)은 비중이 상승했지만, 이는 최저임금 인상 등의 영향일 가능성이 높습니다.

이처럼 일자리 미스매치 상황이 심화되면서 청년들은 일자리 구하기를 포기하는 모습입니다. 2023년부터 1~9월까지 청년 비경제활동인구 중 '쉬었음'이라고 응답한 인구가 월 평균 41만 4천 명으로, 전체 청년인구의 4.9% 수준이었습니다. 2010년대 초반까지만 해도 청년 '쉬었음' 인구는 전체 청년 대비 2%대 수준이었습니다. 이후 꾸준히 증가하면서 코로나19로 구직난이 심각했던 2020년을 정점으로 감소하다가 2023년 다시 증가세로 전환한 것입니다.

'쉬었음' 청년 중에서 25~29세 인구가 20만 2천 명, 20~24세 18만 1천 명, 15~19세 3만 1천 명 순이었습니다. 2023년 5월 '쉬었음' 청년 중 쉰 기간이 1년을 넘어가는 비중은 44.2%였습니다. 5월 기준으로 2018년 35.5%, 2020년 38.9%, 2022년 42.0%로 증가하는 추세입니다. '쉬었음'의 사유로는 '원하는 일자리를 찾기 어려웠다'는 응답 비중이 2022년 8월 27.8%에서 2023년 8월 32.5%로 증가했습니다.

'쉬었음' 기간이 장기화할 경우, 이력이 단절되면서 추후 고용 가능성과 질이 낮아지고 청년들이 사회적으로 고립될 가능성이 높아집니다. 인구가 줄어드는 상황에서 구직의사가 없다는 이유 등으로 노동시장에 참여하지 않는 '비노동력' 청년 인구가 늘고 노동 공급이 줄게 되면, 잠재성장률이 저하될 수 있다는 우려도 나옵니다.

## 2024년에는 어떻게 달라질까?

2024년에도 청년 고용문제는 뾰족한 해법이 보이지 않습니다. 정부는 청년 일자리 상황이 노동시장 이중구조와 기업의 수시·경력 채용 확대로 인한 '괜찮은 일자리'가 축소된 영향이라고 분석합니다.

정부는 2023년 11월 '청년층 노동시장 유입 촉진방안'을 발표하고 청년 '쉬었음' 인구에 대한 대책 마련에 나섰습니다. 청년들이 선호하는 일자리 경험 7만 4천 개를 제공하고, 사회적으로 고립된 '니트청년'에게 특화된 일자리를 신규 도입하기로 했습니다.

청년층에게 중소기업 취업을 위한 '빈 일자리 청년취업지원금'과 50억 원 규모의 '상생연대형성 지원'도 신설합니다. 다만 청년 고용 미스매치 문제는 중장기적인 문제이므로 단기간에 효과를 보기는 어려울 것입니다.

# 청년들이 원하는
# 꿈의 직종은?

비경제활동인구 중에서 어떤 사유 없이 '그냥 쉰' 인구를 '쉬었음' 인구라고

합니다. 청년층에서 '쉬었음' 인구는 2021년, 2022년 고용 호조로 감소했다

가 2023년에 전반적으로 증가했습니다.

쉬었음 청년이 많은 이유는 무엇일까요? 바로 청년이 원하는 눈높이의 직장

이 부족하기 때문입니다. 청년 취업률은 높고 실업률은 역대 최저라고 하는

데, 정작 청년들이 일하고 싶은 직장은 없는 상황입니다. 청년들이 직업을 선

택할 때의 기준 1순위는 '소득'입니다. 월평균 임금을 500만 원 이상 받는

20대 청년은 어떤 일에 종사하고 있을까요? 그 직업군의 구성비를 통계로

살펴보겠습니다.

월급은 직업 선택을 할 때 가장 중요한 사항입니다. 특히 청년 시절에는 경력을 쌓고 연봉을 올리기 위해 이직이 잦기도 합니다. 통계청 '2023년 사회조사 결과'에 따르면, 사람들이 직업을 선택할 때 가장 중요하게 생각하는 요인이 수입(40.9%), 안정성(22.1%), 적성·흥미(13.9%) 등의 순이었습니다.

직업 선택 시에 수입을 가장 중요하게 생각하는 것은 모든 연령대에서 동일하게 나타났습니다. 20대 이하에게 수입 다음으로 가장 중요한 건 적성·흥미였고, 30대 이상은 안정성이었습니다. 20대는 자신이 좋아하는 것이 무엇인지를 찾는 단계이고, 30대는 결혼하고 가정을 꾸리면서 삶의 기반을 다지는 시기이기 때문입니다.

사회가 다변화하면서 유튜버, 인플루언서, 연예인 등 사람들이 선호하는 직업군도 굉장히 다양해졌습니다. 그러나 정형화된 직업에 대한 선호도는 여전히 높게 나타났습니다. 통계조사 결과를 보면 13~34세 청소년 및 청년이 선호하는 직장은 1위가 대기업(27.4%)으로 가장 많았고, 공기업(18.2%), 국가기관(16.2%) 등의 순이었습니다. 재학 중인 청소년 및 청년 모두가 가장 선호하는 직장은 대기업이었고, 고등학생 이하는 국가기관, 대학생 이상은 공기업이 높게 나타났습니다.

사회 초년생으로 사회생활을 시작하는 20대 이하는 어느 정도의 임금을 받으며 일하고 있을까요? 통계청 '2022년 하반기(10월)

## 2022년 하반기(10월) 지역별고용조사 취업자 연령별 임금수준 비율

| 구분 | 100만 원 미만 | 100만~ 200만 원 미만 | 200만~ 300만 원 미만 | 300만~ 400만 원 미만 | 400만~ 500만 원 미만 | 400만~ 500만 원 이상 |
|---|---|---|---|---|---|---|
| 20대 이하 | 13.03% | 16.04% | 48.91% | 17.01% | 3.28% | 1.72% |
| 30대 | 2.04% | 7.59% | 35.25% | 31.34% | 12.73% | 11.06% |

출처: 마이크로데이터

'지역별고용조사'에 따르면 15~29세 직장인(394만 8천 명)의 48.9%는 200만 원대 월급을 받는 것으로 나타났습니다. 20대 이하 직장인 2명 중 1명은 200만 원 이상~300만 원 미만의 월급을 받고 있다는 것이지요. 300만~400만 원 미만이 17.01%, 100만~200만 원이 16.04%, 100만 원 미만이 13.03%로 뒤를 이었습니다.

고소득을 받는 20대 이하 직장인은 얼마나 됐을까요? 400만 원이상을 받는 20대 이하 직장인은 5%에 그쳤습니다. 400만~500만원 미만이 3.28%, 500만 원 이상이 1.72%를 차지했습니다. 상위 1.72%를 차지한 월급 500만 원 이상인 청년은 어떤 일에 종사하고 있는지 보겠습니다.

2022년 하반기 지역별고용조사 통계의 마이크로데이터를 분석한 결과, 20대 이하 청년 직장인 10명 중 3.5명은 정보기술(IT), 경영, 전자공학 등 계열에서 근무하는 것으로 나타났습니다. 이들의 종사 업종은 꽤 다양합니다. 그 가운데 34.84%가 컴퓨터시스템 및 소프트웨어, 경영, 전자공학 등에 종사하는 것으로 집계됐습니다. 흔히 개발자로 불리는 컴퓨터시스템 및 소프트웨어 전문가가 7,705명(12.13%)으로 가장 많은 수를 차지했습니다. 컴퓨터시스템 및 소프트웨어 관련 시장이 커지면서 이 분야에서 일하는 청년 직장인이 가장 많은 비중을 차지한 것으로 풀이됩니다.

그다음으로는 경영 관련 사무원이 7,578명(11.93%), 전기·전자공학 기술자 및 시험원이 6,844명(10.78%)으로 나타났습니다. 3교대로 업무 강도가 높기로 악명 높은 간호사가 3,538명(5.57%)으로 그 뒤를 이었고, 금융 사무 종사자가 2,145명(3.38%), 의료 진료 전문가가 1,945명(3.06%)으로 집계되었습니다.

인문계에서는 회계, 자연계에서는 생명·자연과학, 건축 등의 직업군이 그 뒤를 이었습니다. 회계 및 경리 사무원이 1,741명(2.74%), 생명 및 자연과학 관련 전문가가 1,668명(2.63%), 건축·토목 공학 기술자 및 시험원이 1,637명(2.58%)이었습니다.

---

**지역별고용조사란?**

통계청에서 실시한 지역별고용조사는 지역고용정책 수립에 필요한 시군구 단위의 고용 현황을 파악하는 통계를 생산해 제공하는 조사입니다. 등록센서스에 기반한 인구추계 결과를 바탕으로 집계하고 있습니다. 임금의 경우, 응답자들에게 지난 3개월간 성과급 등을 포함한 세전 평균 임금을 조사해 공표합니다.

감정·기술 영업 및 중개 관련 종사자가 1,426명(2.25%), 전기공이 1,400명(2.2%), 인사 및 경영 전문가가 1,289명(2.03%)으로 나타났습니다. 이외에도 전기·전자 부품 및 제품 제조 장치 조작원 1,194명(1.88%), 금융 및 보험 전문가 1,125명(1.77%), 스포츠 및 레크리에이션 관련 전문가 1,123명(1.77%) 순이었습니다. 기계·로봇 공학 기술자 및 시험원 1,117명(1.76%), 법률 전문가 1,097명(1.73%), 치료·재활사 및 의료기사 1,066명(1.68%), 약사 및 한약사 976명(1.54%) 등도 뒤따랐습니다.

### 🔍 통계 돋보기

지역별고용조사는 1년에 2번 상반기(4월), 하반기(10월)에 공표합니다. 국가통계포털(kosis.kr) 홈페이지에서 인공지능 챗봇인 '코봇'을 클릭 후 '지역별고용조사'를 검색하거나 홈페이지 첫 화면에서 '노동' 카테고리 두 번째에서 확인할 수 있습니다.

## 2024년에는 어떻게 달라질까?

정부는 청년 일자리의 미스매치를 해결하기 위해 '재학-재직-구직' 단계에 맞춰 대응을 강화해나가고 있습니다. 대기업과 중소기업의 근로조건 격차를 완화하기 위한 지원도 확대해나갈 방침입니다. 취업 시장은 2024년에도 양호한 흐름을 유지할 것으로 관측됩니다. 다만 2023년에 비해서는 증가세가 덜할 것으로 전망됩니다. 이에 따라 경기회복이 더뎌지면서 청년 눈높이에 맞는 양질의 일자리가 확보되지 않으면 '쉬었음' 청년의 비중은 2023년보다 늘어날 수 있습니다.

# 노동 허리층이 무너진다, 40대 우울증 적신호

노동시장의 허리층인 40대에서 '백수'가 늘고 있습니다. 세계 경기 둔화로 우리 경제를 지탱했던 주력 산업인 제조업이 휘청이면서 가계 살림을 책임지는 가장들이 고용시장 밖으로 밀려나는 모양새입니다. 취업에 성공하지 못한 40대 남성들이 '가족 부양에 대한 스트레스와 우울감을 크게 느끼고 있다'는 조사 결과까지 등장했습니다.

노동시장 고령화에 따라 60세 이상의 취업자가 늘어나면서 40대인 아버지는 집을 돌보고 70대인 할아버지가 일터로 나가는 현상도 목격됩니다. 고령층과 청년층에 집중된 정부의 일자리 지원 정책에 다변화가 필요하다는 목소리가 커지는 때입니다.

## 40대 남성 취업자 수

| 시점 | 40 - 49세 | | | | 남자 | | |
|---|---|---|---|---|---|---|---|
| | 계 | | | | | | |
| | 원데이터 | 전년동월 대비 증감 | 증감률 | | 원데이터 | 전년동월 대비 증감 | 증감률 |
| 2023.09 | 6,253 | -58 | -0.9 | | 3,661 | -82 | -2.2 |
| 2023.08 | 6,256 | -69 | -1.1 | | 3,665 | -86 | -2.3 |
| 2023.07 | 6,277 | -61 | -1.0 | | 3,666 | -78 | -2.1 |
| 2023.06 | 6,313 | -34 | -0.5 | | 3,701 | -42 | -1.1 |
| 2023.05 | 6,314 | -48 | -0.8 | | 3,712 | -50 | -1.3 |
| 2023.04 | 6,293 | -22 | -0.4 | | 3,711 | -45 | -1.2 |
| 2023.03 | 6,249 | -63 | -1.0 | | 3,699 | -58 | -1.6 |
| 2023.02 | 6,220 | -77 | -1.2 | | 3,682 | -69 | -1.8 |
| 2023.01 | 6,206 | -63 | -1.0 | | 3,673 | -63 | -1.7 |
| 2022.12 | 6,256 | -57 | -0.9 | | 3,699 | -51 | -1.4 |
| 2022.11 | 6,316 | -6 | -0.1 | | 3,737 | -2 | -0.1 |
| 2022.10 | 6,316 | -11 | -0.2 | | 3,738 | -13 | -0.3 |
| 2022.09 | 6,310 | -17 | -0.3 | | 3,743 | -12 | -0.3 |
| 2022.08 | 6,325 | -8 | -0.1 | | 3,751 | -14 | -0.4 |
| 2022.07 | 6,337 | -1 | 0.0 | | 3,744 | -8 | -0.2 |
| 2022.06 | 6,347 | 2 | 0.0 | | 3,743 | -7 | -0.2 |

단위: 천 명
출처: 국가통계포털

　곳곳에서 울리는 경제 둔화 신호음에도 불구하고 2023년 20만~30만 명대 취업자 증가가 지속되는 등 고용시장은 호조세를 보이고 있습니다. 일자리를 만들어서 고령층 취업을 돕는 정부 정책 등의 결과물입니다. 그러나 취업 증가의 이면에는 고용 양극화가 두드러지고 있습니다. 인구 고령화에 따라 정부가 60세 이상의 일자리에 집중하는 사이, 40대는 일자리 시장에서 점점 밀려나는 모양새입니다.

　통계청이 발표한 고용동향을 살펴보면, 2023년 9월 취업자 수는 1년 전보다 30만 9천 명 늘었지만, 40대 취업자는 5만 8천 명이나 줄었습니다. 2022년 6월 이후 15개월 연속 40대 취업자가 감소한 것입니다. 성별로 보면 40대 여성 2만 4천 명은 일자리를 찾았지만, 40대 남성 8만 2천 명은 직장을 잃었습니다.

40대는 한 가구를 책임지는 가장이 많이 분포돼 있습니다. 그런데 이들의 일자리 찾기는 혹독하기만 합니다. 40대 취업자는 2018년 6월 12만 8천 명 감소한 이후, 2021년 5월까지 3년 동안 내림세를 보였습니다. 이후 반짝 불어온 고용 훈풍은 짧게 끝났고, 2022년 7월부터 다시 추운 겨울을 견디고 있지요.

고용시장이 40대에만 인색한 배경은 무엇일까요? 제조업과 도매 및 소매업 산업 부진이 그 원인으로 꼽힙니다. 40대의 주요 무대인 산업이 위축되면서 취업 시장의 문이 좁아진 것으로 해석됩니다. 실제 2023년 9월 제조업 취업자는 7만 2천 명이 줄었고, 2023년 1월부터 9개월 연속 쪼그라들었습니다. 도매 및 소매업 취업자는 2019년 5월(1천 명)을 제외하면 2017년 12월부터 5년 넘게 감소세가 이어지고 있습니다.

평균 퇴직연령이 40대 후반에 머무르는 것도 영향을 미쳤다는 분석이 있습니다. 통계청의 '2023년 경제활동인구조사 고령층

**취업자 수 집계는 어떻게 할까요?**

통계청은 매월 15일이 포함된 일주일(일~토요일)을 조사대상 주간으로 정합니다. 이때 '수입을 목적으로 1시간 이상 일한 자'를 취업자로 봅니다. 직업이 있지만 일시적인 질병 또는 사고, 연가, 교육 등의 사유로 일하지 못한 일시휴직자도 취업자에 포함됩니다.

부가조사'를 보면, 55~64세 취업 경험자 중 가장 오래 근무한 일 자리를 그만둘 당시의 평균 연령은 49.4세로 집계됐습니다. 정년 60세보다 10년 이상 빠른 것입니다.

직장을 그만둔 사유를 보면, 여성은 '가족을 돌보기 위해서'라 는 답변이 26.6%로 가장 높았습니다. 반면 남성은 사업 부진, 휴업 및 폐업이 35.2%로 가장 많았습니다. 이어 권고사직, 명예퇴직, 정 리해고가 16.6%로 그 뒤를 따랐습니다. 경제 활동이 가장 활발한 시기에 직장에서 퇴직 압박을 받고 있었다는 이야기입니다.

일자리에서 소외된 40대 남성의 우울감은 위험 수준으로 나 타났습니다. 을지대 의료경영학과 남진영 교수팀이 '2023년 국민 건강영양조사'에 참여한 20~60세 남녀 1만 4,087명의 취업 상태별 우울 위험을 분석했습니다. 해당 보고서를 보면, 미취업자의 우울 경험 비율이 취업자보다 2배 높았습니다. 특히 40대 미취업 남성 의 경우, 우울감이 50대 취업자의 8.3배에 달했습니다. 가장일 가 능성이 큰 40대 남성이 가족을 부양하려면 안정적인 수입이 필요

---

**제조업과 도매 및 소매업 분류 기준은?**

제조업은 우리나라 주요 산업으로 꼽힙니다. 자동차뿐 아니라 식료품, 음료, 가방, 의료, 인쇄 등 모든 제품을 만드는 산업을 의미합니다. 도매 및 소매업은 자동차 및 부품을 판매하거나 상품을 중개하는 직업, 자동차를 제외한 편의점, 마트 소매업 등을 뜻합니다.

## 가장 오래 근무한 일자리를 그만둔 이유

(단위: 천명, %)

| | 2022. 5 | | | | 2023. 5 | | | |
|---|---|---|---|---|---|---|---|---|
| | 계[1] | 이직연령 | 남자 | 여자 | 계[1] | 이직연령 | 남자 | 여자 |
| < 전 체 > | 5,212 (100.0) | 49.3세 | 2,389 (100.0) | 2,822 (100.0) | 5,184 (100.0) | 49.3세 | 2,435 (100.0) | 2,749 (100.0) |
| 정년퇴직 | 8.0 | 59.2세 | 13.1 | 3.7 | 8.5 | 59.2세 | 13.6 | 4.1 |
| 권고사직, 명예퇴직, 정리해고 | 10.9 | 51.6세 | 16.2 | 6.5 | 11.3 | 51.7세 | 16.6 | 6.7 |
| 사업부진, 조업중단, 휴·폐업 | 30.9 | 51.0세 | 35.4 | 27.1 | 30.2 | 50.8세 | 35.2 | 25.8 |
| 가족을 돌보기 위해 | 15.1 | 38.3세 | 1.8 | 26.4 | 14.8 | 38.3세 | 1.5 | 26.6 |
| 건강이 좋지 않아서 | 19.1 | 51.0세 | 16.0 | 21.8 | 19.2 | 51.1세 | 15.8 | 22.3 |
| 그만둘 나이가 됐다고 생각해서 | 2.8 | 52.2세 | 2.2 | 3.3 | 2.7 | 52.9세 | 1.9 | 3.4 |
| 그 외 | 13.1 | 46.5세 | 15.3 | 11.3 | 13.2 | 46.8세 | 15.5 | 11.2 |

1) 55-64세 인구 중 가장 오래 근무한 일자리를 그만두고 현재 미취업자이거나 다른 일을 하고 있는 사람

출처: 통계청 '2023년 경제활동인구조사 고령층 부가조사'

한데, 미취업에 대한 압박감과 스트레스가 우울로 이어졌다는 연구 결과입니다.

40대 취업난의 심각성은 정부도 인지하고 있습니다. 하지만 이를 해결할 적당한 묘수는 마땅치 않은 듯합니다. 정부는 고령화에 따라 60세 이상의 고령자들을 대상으로 집중 일자리 정책을 펼치고 있습니다. 그리고 청년층(만 15~34세) 일자리 지원 대책도 확대하고 있습니다.

다만 40대를 대상으로 한 중장년층 일자리 지원 정책은 좀처럼 찾기 힘듭니다. '취업자 00명 증가' '실업률 최저' 등 매달 고용 지표를 두고 정부는 "취업시장 호조세가 지속되고 있다"는 긍정적인 발언을 내놓고 있습니다. 그러나 취업자 수 늘리기에 급급한

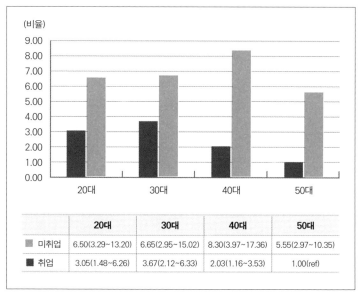

취업 상태별 우울 경험 비율(남성)

| | 20대 | 30대 | 40대 | 50대 |
|---|---|---|---|---|
| 미취업 | 6.50(3.29~13.20) | 6.65(2.95~15.02) | 8.30(3.97~17.36) | 5.55(2.97~10.35) |
| 취업 | 3.05(1.48~6.26) | 3.67(2.12~6.33) | 2.03(1.16~3.53) | 1.00(ref) |

출처: 을지대 의료경영학과 남진영 교수팀 '2023년 국민건강영양조사'

양적 일자리보다는 경제 허리층을 뒷받침하는 질적 일자리 정책이 필요한 때입니다.

### 🔍 통계 돋보기

통계청은 경제활동인구조사를 토대로 매년 한 차례 고령층, 청년층, 비임금근로 및 비경제활동인구 부가조사 등을 내놓고 있습니다. 국가통계포털(kosis.kr) 고령층 부가조사를 보면 55~64세 취업자의 근속 기간, 그만둔 연령 및 이유, 구직활동 경험 여부 등을 볼 수 있습니다.

# 2024년에는 어떻게 달라질까?

2024년에는 정부의 '상저하고' 전망에 따라 반도체산업이 반등하면서 제조업 경기가 2023년보다 나아질 거라는 전망입니다. 제조업 취업 비중이 높은 40대 또한 일자리 해소에 대한 기대감이 커질 것으로 예상됩니다. 다만 40대 인구가 감소하고 있어 절대 규모의 차이는 크지 않을 것으로 보입니다.

게다가 정부가 2020년부터 내놓겠다고 밝힌 40대 취업자 지원 정책이 2024년에는 모습을 드러낼지도 의문입니다. 40대 취업자 감소가 지속되자 2020년 정부는 40대 고용 대책을 발표할 계획이었지만 코로나19 발병으로 무산된 바 있습니다.

# 은퇴 후에도 돈벌이를
# 놓지 못하는 노인들

은퇴연령이 지나고도 계속 일하는 노인들이 늘고 있습니다. 몇 년 전만 하더라도 은퇴 후에 일터에 나가는 사람은 '젊어서 모아둔 재산이 없고 국민연금 등 각종 준비가 부족한 것'이라는 인식이 강했습니다. 하지만 최근 은퇴하는 노인들은 기존의 노인 세대와는 다소 달라 보입니다. 건강, 학력, 재산 등이 기존의 노인들과는 달라졌기 때문입니다. 은퇴연령 뒤에도 왜 계속 일을 하려고 할까요? 그 이유를 살펴보겠습니다.

"정년퇴직 전까지는 건설 분야의 특급기술자로 일했습니다. 정년 이후에는 건축감리 일자리를 구해서 계속 일하고 있고요. 퇴직 전까지 일했던 회사보다는 처우가 좋지 않지만, 손주들 용돈도

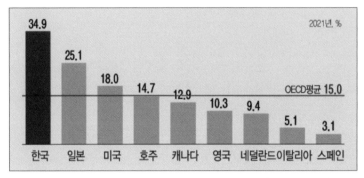

OECD 65세 이상 평균 고용률

34.9 25.1 18.0 14.7 12.9 10.3 9.4 5.1 3.1

2021년, %

OECD평균 15.0

한국 일본 미국 호주 캐나다 영국 네덜란드 이탈리아 스페인

출처: 통계청 '2023 고령자 통계', 뉴시스

쥐어주려면 건강이 허락하는 한 일을 계속해야 할 것 같습니다."

'신(新)노년 세대'라고 불리는 1960년생 신 모 씨 이야기입니다. 2022년 취업자 수가 급증하면서 2023년에는 각종 취업지표가 고꾸라질 것이라는 예상이 많았습니다. 국책연구기관인 한국개발연구원(KDI)은 취업자 수 증가폭이 2022년 79만 1천 명에서 8만 명으로 뚝 떨어질 것이라고 예측한 바 있습니다. 2022년도 기저효과로 2023년 취업시장 악화가 불 보듯 뻔했기 때문입니다. 하지만 당초 예상과 달리, 2023년 취업자 수는 30만~40만 명대 증가로 호조세를 보였습니다.

그런데 증가한 취업자를 연령별로 뜯어보면 이야기는 달라집니다. 통계청이 발표한 고용동향에 따르면 2023년 7월 60세 이상 취업자는 34만 3천 명에 달했습니다. 반면 30대 취업자는 7만 명 증가에 그쳤지요. 20대와 40대는 각각 10만 3천 명, 3만 4천 명 줄었습니다. 40대 취업자는 2022년 7월(-1천 명)부터 12개월 연속 하락세를 보였습니다. 전체 취업시장을 이끄는 연령층이 다름 아닌 노인이라는 의미입니다.

베이비붐 세대가 은퇴연령에 다다르면서 이 같은 현상을 부추기는 모습입니다. 최근 유행하는 MZ세대(밀레니얼세대+Z세대) 등 세대 구분에 앞서 베이비붐 세대가 있었죠. 신노년 세대는 은퇴한 베이비붐 세대를 일컫는 말입니다. 신노년 세대는 이전 세대의 노인들보다 학력이나 개인 역량이 크다는 평가를 받고 있습니다.

**한국 베이비붐 세대**

6·25 전쟁 이후 한 해 출생아 수가 90만 명이 넘던 1955~1963년 사이에 태어난 세대

**한국과 세계의 베이비붐 세대가 다를까요?**

세계적으로는 제2차 세계대전 이후의 시기인 1946~1964년 사이 출생률이 급증한 시기에 태어난 세대를 일컫지만, 우리나라에서는 6·25 전쟁이 종료된 1953년 이후에 태어난 세대(1955~1974년)를 지칭합니다. 전체 인구집단에서 차지하는 비중이 큰 만큼, 이들의 은퇴가 본격화할 경우 국민연금·건강보험 등 각종 사회보장제도 붕괴, 부양인구 급증 등 각종 사회현상을 야기할 수 있다는 우려를 낳고 있습니다. 한국의 베이비붐 세대는 1차(1955~1964년)와 2차(1965~1974년)로 나뉘는데, 최근 1차 베이비붐 세대의 은퇴가 시작됐습니다.

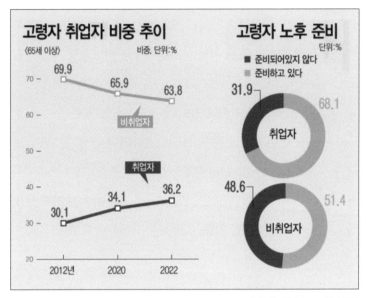

출처: 통계청 '2023 고령자 통계'

2020년부터 신노년 세대가 65세 이상 고령인구에 포함되기 시작하면서 전체 노인들의 특성도 변화하는 모습입니다. 최근 통계청에서 발표한 '2023 고령자통계-일하는 고령자의 생활과 의식'을 보면 이러한 내용들이 잘 드러납니다.

2022년 65세 이상 취업자 수는 326만 5천 명으로 집계되었고 고용률은 36.2%였습니다. 2012년 고용률(30.1%)과 비교하면 6.1%p가 증가한 셈입니다. 전체 취업자 중 65세 이상 고령층이 차지하는 비중은 2017년까지 등락을 거듭했지만 2018년부터 꾸준히 증가하기 시작합니다. 2018년 31.3%, 2019년 32.9%, 2020년 34.1%, 2021년 34.9%, 2022년 36.2%를 기록했습니다. 이는 경제협력개발기구 국가들 중에는 가장 높은 수준입니다.

고령 취업자가 증가한 원인으로는 건강수명이 늘어난 영향도 있습니다. 통계청 생명표에 따르면 2021년 기준 65세 기대여명은 21.6년, 75세는 13.4년으로 확인되었습니다.

2023년 고령자통계에 특별기획으로 담긴 '일하는 고령자의 생활과 의식'을 보겠습니다. 2022년 기준, 65세 일하는 고령자 중에서 '건강 상태가 좋다'고 생각하는 비중은 37.5%로 비취업 고령자(21.9%)보다 15.6%p 높았습니다. '건강 상태가 나쁘다'고 생각하는 비중도 19.2%로 비취업 고령자(40.0%)보다 20.8%p 낮았습니다. '일상생활에서 스트레스를 느낀다'는 비중은 34.4%로, 비취업 고령자(36.4%)보다 2.0%p 낮았습니다. 65세 이상 일하는 고령자가 배우자, 자녀, 전반적인 가족관계에서 비취업 고령자보다 만족하는 모습을 보였습니다.

2022년 65세 고령자 중 현재 삶에 만족하고 있는 사람은 34.3%로 2021년 대비 9.3%p 증가했습니다. 자신의 사회·경제적 성취에 만족하고 있는 사람은 31.2%로 전년보다 7.6%p 증가했습니다.

특히 일자리에서 즐거움을 찾는 노인들이 늘어나는 모습입니다. 2023년 5월 경제활동인구 고령층 부가조사 결과를 보면, 고령층 중에서 장래에 일하기를 원하는 사람은 1,060만 2천 명입니다. 이는 전년 동월 대비 25만 4천 명이 증가한 수치입니다. 근로 희망 사유는 '생활비에 보탬'이 55.8%로 가장 컸고, '일하는 즐거움'이 35.6%로 그 뒤를 이었습니다. 다만 '생활비에 보탬'이라는 응답은 1년 전보다 1.3%p 줄었고 '일하는 즐거움'은 0.9% 늘었습니다.

그런데 이것만으로 일하는 노인 증가를 전부 설명할 수는 없습니다. 통계청의 '2016~2021년 연금통계'에 따르면 65세 이상 인구의 90%가 연금을 수급하는데, 그중 64.4%인 500만 1천 명이 월평균 50만 원 미만의 연금을 수령하는 것으로 집계됐습니다.

국민연금공단 국민연금연구원 '제9차(2021년도) 중고령자 경제생활 및 노후준비 실태' 보고서를 보면, 고령층 1인 기준 필요한 최소 노후 생활비가 월평균 124만 3천 원입니다. 이 점을 고려한다면 연금 수급자 과반이 생활비의 절반도 안 되는 금액을 연금으로 받는 셈입니다. 평범한 삶을 유지하기 위한 적정 생활비는 이보다 더 높은 177만 3천 원으로 집계됐습니다.

월평균 수급금액별 비중을 보면, 25만~50만 원대가 43.3%로 가장 큰 비중을 차지했습니다. 50만~100만 원은 24.7%로 뒤를 이었습니다. 반면 25만 원도 채 받지 못하는 비중이 21.1%나 되었고, 100만~200만 원은 6.1%, 200만 원 이상은 4.9%로 소수였습니다. 고령층의 노후 대비에 핵심인 연금의 지급 수준과 실제 필요로 하는 생활비의 격차가 크게 나타나는 것입니다.

처분가능소득(개인 소득에서 세금을 제외하고 정부의 혜택을 더한 것)으로 계산한 우리나라 노인빈곤율은 2021년 기준 37.7%로 경제협력개발기구 회원국 중 최고 수준이었습니다. 생활비가 필요해서 '어쩔 수 없이' 일하는 노인들이 늘고 있는 것입니다.

통계청이 발표한 '2021년 사회조사' 중 '노후를 보내고 싶은 방법'에 대한 응답 결과를 보겠습니다. '소득창출 활동'이라고 응답한 75세 이상은 24.8%인 반면, 65~74세 취업자는 20.1%에 그쳤습니다. 65~74세 중 60% 이상은 취미 활동 또는 여행·관광 활동을 하며 노후를 보내고 싶다고 응답했습니다.

기대여명이 길어지면서 노동하는 노인들은 늘어날 수밖에 없습니다. 다만 젊어서 열심히 일했음에도 사회안전망이 없어서 취업 시장에 뛰어드는 상황은 사회가 적극적으로 관심을 갖고 해결해야 할 문제입니다.

### ﹪ 통계 돋보기

통계청에서는 급증하는 노인인구 현실을 반영해 2003년부터 매년 10월 2일 '노인의 날'에 '고령자 통계'를 내고 있습니다. 고령인구, 경제활동 상태, 소득분배 및 의식변화 등 고령자 관련 통계를 수집·정리한 내용으로, 각종 정책 수립에 활용되고 있습니다. 2023년에는 특별기획으로 '일하는 고령자의 생활과 의식'에 대한 분석을 추가 제공했습니다. 통계청 홈페이지(www.kostat.go.kr)에서 '고령자 통계'를 검색하면 매년 발행된 통계를 모아 볼 수 있습니다.

## 2024년에는 어떻게 달라질까?

계속 일하고자 하는 노인들을 바라보는 사회의 시선이 아직까지 차갑습니다. 정년 연장 등의 논의가 나오고 있지만, 청년실업률이 높고 세대갈등이 거론되는 상황에서 시기상조라는 것입니다.

정부는 노인빈곤 문제를 해결하기 위해 2027년 노인인구 1,167만 명의 10%까지 노인 일자리를 확대한다는 계획을 밝혔습니다. 특히 신노년 세대의 풍부한 직업 경험을 고려해 어린이·장애인·노인 돌봄 등 경력과 활동 역량을 활용한 '사회서비스형 일자리'를 대폭 늘린다며 관련 예산을 증액했습니다.

그런데 계속 일하고 싶어하는 신노년 세대의 필요를 정부 주도의 일자리가 메울 수 있을까요? 정부 대책이 노인 빈곤문제 해결과 동시에 건강한 노후 생활을 영위할 수 있는 지렛대가 될 수 있을지 궁금해집니다.

# 과로 사회,
# 한국 노동시간 OECD 5위

2023년 3월 고용노동부는 '주 최대 69시간 허용' 방향을 발표했다가 여론의 뭇매를 맞았습니다. 직장인들 사이에서는 주 69시간제가 시행됐을 때 벌어질 야근의 모습들이 각종 밈(meme, 인터넷 유행 콘텐츠)으로 회자되었지요. 정부는 '일할 때 집중적으로 일하고, 쉴 때 길게 쉬자'라는 취지로 유연근로의 한 방편인 주 최대 69시간제를 제시했습니다. 그러나 직장인들의 현실은 달랐습니다. "MZ세대가 자신의 의사를 적극적으로 표현하기 때문에 근로시간 연장을 악용하려는 시도를 바로 잡을 수 있을 것"이라는 정부 관계자의 말도 논란이었습니다. 대체 인력이 없어 마음 편히 쉴 수 없는 직장에서 이를 허용하면 업무시간만 연장될 거라는 우려가 확산되었지요. 일한 만큼 휴식할 수 있는 권리, 우리나라에서 보장되고 있는지 통계를 통해 살펴보겠습니다.

"지금도 휴가를 제대로 쓰지 못하는데, 주 69시간제가 허용된다고 열흘 이상 장기 휴가가 가능해질까요?" "주 52시간제는 유지되고 관리 단위가 늘어나는 것이라 하지만, 과연 그 취지대로 작동할지가 의문이에요." 이는 중소기업에 종사하는 직장인들의 하소연입니다.

여러분은 지난해 연차(유급 휴가)를 다 소진했나요? 업무상의 이유로 소진하지 못한 분들도 많이 계실 겁니다. 2023년 3월 정부가 발표한 주 69시간제, 그리고 윤석열 대통령의 재검토 지시로 관련 논의가 뜨거웠습니다.

인간으로서 일할 권리와 휴식할 권리는 삶을 유지하고 지속하는 데 매우 중요합니다. 충분한 휴식이 없으면 스트레스와 신체적 피로로 업무에 지장이 생기지요. 휴식은 '업무와의 단절', 나아가 '나에게 집중하는 시간'이라고 표현할 수 있습니다. 업무 관련 알람이 끊임없이 울리는 휴대전화, 컴퓨터와 잠시 거리를 두고 자기 삶에 온전히 몰입하는 시간이 필요합니다.

'일할 때 집중적으로 일하고, 쉴 때는 길게 쉬자'라는 취지로 정부가 추진했던 주 69시간 근로제 개편은 과연 휴식을 보장하는 방편이 맞았을까요? 실제 우리나라의 근로시간은 다른 국가와 비교했을 때 긴 편입니다. 한국의 전체 취업자 연간 근로시간은 2021년 기준 OECD 회원국 중에서 5위(1,915시간)를 차지했습니다. 연평균 근로시간은 연간 총 근로시간을 연간 평균 취업자 수로 나

눈 결과값입니다.

취업자 수에는 전일제와 시간제 근로자가 모두 포함됩니다. 1~4위 국가들은 모두 남아메리카 국가들입니다. 1위는 멕시코로 2,128시간이고, 그다음 코스타리카(2,073시간), 콜롬비아(1,964시간), 칠레(1,916시간) 순이었습니다.

임금근로자와 특수고용노동자 등을 나타내는 '의존적 취업자'만 따지면 한국의 연간 근로시간은 1,928시간으로 더 늘어납니다. 연간 근로시간이 낮은 국가는 독일 1,349시간, 덴마크 1,363시간, 룩셈부르크 1,382시간 순으로 집계됐습니다. OECD 연간 평균 근로시간은 1,716시간으로, 한국은 이보다 199시간이 많았습니다. 노동시간이 가장 짧은 독일과 비교하면 521시간 더 길게 일하는 것으로 나타났고요.

한국의 근로시간은 2011년 OECD 국가 중 1위였던 2,136시간에서 10년간 221시간(10.3%) 줄었습니다. 2018년을 기점으로 연간 2천 시간 미만으로 줄어든 후, 매년 OECD 평균과의 간격이 좁아지고 있지요. 하지만 여전히 높은 수준입니다.

근로시간이 앞에서 5위를 차지했다면 삶의 만족도는 그 반대입니다. 한국은 삶의 만족도가 OECD 회원국 중에서 꼴찌에서 3위에 위치했습니다. 통계청이 발표한 '국민 삶의 질 2022'에 따르면 한국인이 매긴 삶의 만족도는 2019~2021년 10점 만점에 평균 5.9점으로 집계됐습니다. 측정 방법은 '현재 삶에 어느 정도 만

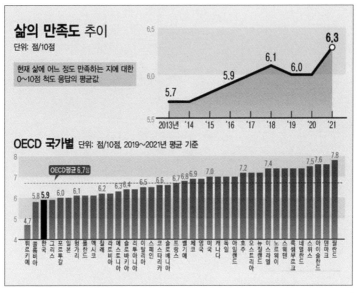

삶의 만족도 추이
단위: 점/10점

현재 삶에 어느 정도 만족하는 지에 대한
0~10점 척도 응답의 평균값

6.5
6.0
5.5
5.7  5.9  6.1  6.0  6.3
2013년  '14  '15  '16  '17  '18  '19  '20  '21

OECD 국가별 단위: 점/10점, 2019~2021년 평균 기준

OECD평균 6.7점

8
7
6
5
4

4.7  5.8  5.9  6.0  6.1  6.2  6.3 6.4  6.5  6.6  6.7 6.8 6.9  7.0  7.2  7.4  7.5 7.6  7.8

튀르키예 콜롬비아 한국 그리스 포르투갈 일본 헝가리 폴란드 멕시코 칠레 라트비아 에스토니아 슬로바키아 이탈리아 리투아니아 스페인 코스타리카 슬로베니아 벨기에 체코 영국 미국 캐나다 독일 아일랜드 호주 오스트리아 뉴질랜드 이스라엘 노르웨이 스웨덴 룩셈부르크 네덜란드 스위스 아이슬란드 덴마크 핀란드

출처: 통계청 '국민 삶의 질 2022'

족하는지'를 0점부터 10점 사이의 척도로 응답해 평균을 낸 것입
니다.

OECD 회원국의 평균인 6.7점보다는 0.8점이 낮았습니다. 같
은 하위권인 그리스(5.9점), 일본(6.0점), 포르투갈(6.0점)과 수준이
비슷합니다. 우리나라보다 삶의 만족도가 낮은 나라는 튀르키예
(4.7점), 콜롬비아(5.8점)로 2개 국가에 불과합니다. 만족도가 높게
나타난 국가는 북유럽에 많았습니다. 핀란드, 덴마크, 아이슬란드
등이 7.6점 이상으로 높게 나타났고, 오스트리아, 호주, 뉴질랜드,

스웨덴 등이 7.2점 이상으로 집계됐습니다.

근로시간이 다른 나라에 비해 긴 우리의 'K-직장인'은 연차를 잘 사용하고 있을까요? 문화체육관광부가 2022년 12월에 발표한 '2022년 근로자휴가조사' 결과를 보겠습니다. 우리나라 직장인이 1년간 평균 사용하는 연차일수는 15.2일입니다. 해당 조사는 코로나19 기간인 2021년 1월부터 12월까지, 17개 시도 5인 이상 사업체 5,580명의 상용근로자를 대상으로 이뤄졌습니다. 5일 이상 장기휴가 사용 경험률은 9.5%로 나타났습니다. 2019년 18.2%에서 2020년 9.4%로 뚝 떨어진 후 2021년에도 비슷한 결과가 나왔지요. 이는 코로나19로 해외여행이 자유롭지 못한 결과라 보입니다.

부여받은 연차휴가 중 사용한 연차휴가 비율인 '연차휴가 소진율'은 76.1%였습니다. 휴식을 위한 연차휴가 사용 비율은 30.9%, 여행 및 여가 활동을 위한 연차 사용 비율은 45.2%였습니다. 이외 16.5%는 집안일 때문에 연차를 사용했습니다.

정부는 코로나19 영향에도 휴가 사용 환경이 매년 양적·질적으로 개선되는 추세에 있다고 말합니다. 회사마다 차이가 있겠지만 주 69시간제는 장시간 노동의 길을 열 수 있다는 점에서 우려의 목소리가 높습니다. 근로자가 걱정하는 과로와 산업재해를 방지하려면, '쉴 권리'에 대한 가이드라인도 필요하다는 지적이 나옵니다. 여러분은 어떻게 생각하나요?

통계청 통계개발원은 매년 2월께 '국민 삶의 질 보고서'를 발표합니다.
국민의 삶을 질적인 측면에서 전반적으로 진단할 수 있는 보고서입니다.
이는 통계청 홈페이지(kostat.go.kr) '새소식-보도자료'에서 확인할 수 있
습니다.

## 2024년에는 어떻게 달라질까?

고용노동부는 2023년 11월 13일 근로시간제도 개편방안 제도가
방향을 발표했습니다. 같은 해 3월 개편안인 '주 최대 69시간' 장
시간 근로 논란을 불러일으킨 만큼, 주당 근로시간은 52시간으로
유지하되 일부 업종 및 직종에 한해 유연화를 추진하겠다고 밝혔
습니다. 국민 6천 명을 대상으로 한 설문조사와 심층면접을 통해
여론을 수렴한 결과입니다.

직장인의 80%가량이 현행 주 52시간제를 유지하거나 근로시
간을 줄여야 한다고 판단했습니다. 따라서 2024년 국회의원 선거
를 앞두고 주당 근로시간 확대는 어려울 것으로 관측됩니다. 다만
정부가 추진하는 노동개혁의 일환으로 유연화 기조를 유지하면서
업종별로 주당 근로시간제도가 달리 적용될 가능성은 남아 있습
니다. 가령 일이 몰리는 시기가 정해져 있는 게임 업계나 벤처 기

업 등이 그 대상이지요. 하지만 여전히 휴식권 보장을 외치는 여론이 거세기 때문에 사회적 합의에 이르기까지는 시간이 꽤 걸릴 전망입니다.

# 지금 행복하신가요?
# 국민 행복수준은 OECD 바닥권

당신의 오늘은 행복하신가요? 많은 사람이 '행복한 삶'을 추구합니다. 그런데 막상 주변을 둘러보면 만족할 만큼의 행복을 느끼는 사람을 찾기가 힘듭니다. 우리나라는 세계 13위의 경제 강국이지만, 자살률 1위라는 불명예가 붙은 지 오래입니다. 저출산·고령화를 극복하기 위해 정부가 각종 대책을 내놓는 데도 점점 더 아이를 낳기도, 기르기도 힘듭니다. 학교와 직장 내 관계에서 피곤함은 쌓이고 진학 고민, 취업 걱정, 경제적 빈곤함 등 무엇 하나 마음대로 되지 않는 게 현실입니다. 이러한 삶의 무게가 증명이라도 하듯, 세계 행복 순위에서 대한민국은 하위권입니다. 그렇다고 매번 눈물을 훔칠 수는 없는 노릇입니다. 평범한 하루 속에 소소한 행복을 찾다 보면 행복감도 올라가지 않을까요?

지난 30년간 가파른 성장을 거듭한 한국은 2022년 경제 규모 13위에 이름을 올리면서 경제 강국 대열에 합류했습니다. 국제통화기금 외환위기 시절인 1998년, 코로나19 팬데믹이 있던 2020년을 제외하고는 꾸준히 양(+)의 성장을 지속해온 결과입니다. 한국을 '개발도상국'으로 바라봤던 세계인들의 시선도 조금씩 '선진국'으로 옮겨가는 추세입니다.

이처럼 대한민국은 눈에 띄게 성장하면서 부를 빠르게 축적했지만, 막상 국민들이 느끼는 행복감은 세계 하위권입니다. UN 산하 지속가능발전해법네트워크(SDSN)가 공개한 '2023 UN세계행복보고서'에 따르면 한국인들이 스스로 매긴 행복도 평가는 10점 만점에 5.951점으로, 전 세계 137개국 중 57위에 그쳤습니다. 다만 2022년보다는 순위가 두 계단 상승했습니다. 경제협력개발기구 38개국과 비교하면 국민이 느끼는 행복도는 최하위 수준이었습니다. 한국보다 행복도 점수가 낮은 국가는 그리스(5.931점), 콜롬비아(5.630점), 튀르키예(4.614점) 세 나라뿐이었습니다.

행복도 1위는 핀란드(7.804점)로 6년 연속 세계 1위를 차지했습니다. 10위권 내에는 4위 이스라엘(7.473점), 10위 뉴질랜드(7.123점)를 제외하고 대부분 유럽국이 이름을 올렸습니다. 이어 덴마크(7.586점), 아이슬란드(7.530점), 이스라엘(7.473점), 네덜란드(7.403점) 순이었습니다. 아시아권으로 보면 싱가포르(6.587점)가 25위로 가장 높았고, 아랍에미리트(6.571점) 26위, 대만(6.535점)이 27위로 뒤

## 한국의 행복수준 및 비슷한 수준의 국가들

| 순위 | 나라 | |
|---|---|---|
| 49 | 브라질 | 6.125 |
| 50 | 엘살바도르 | 6.122 |
| 51 | 헝가리 | 6.041 |
| 52 | 아르헨티나 | 6.024 |
| 53 | 온두라스 | 6.023 |
| 54 | 우즈베키스탄 | 6.014 |
| 55 | 말레이시아* | 6.012 |
| 56 | 포르투갈 | 5.968 |
| 57 | 대한민국 | 5.951 |
| 58 | 그리스 | 5.931 |
| 59 | 모리셔스 | 5.902 |
| 60 | 태국 | 5.843 |
| 61 | 몽골 | 5.840 |
| 62 | 키르기스스탄 | 5.825 |
| 63 | 몰도바 | 5.819 |
| 64 | 중국* | 5.818 |

출처: 국회미래연구원 '2023 UN세계행복보고서'

를 이었습니다. 사우디아라비아(30위), 카자흐스탄(44위), 우즈베키스탄(54위), 말레이시아(55위)도 한국보다 순위가 높았습니다. 우리는 주요 교역국인 중국(64위)보다는 행복도가 높았지만, 일본(47위)이나 미국(15위)보다는 한참 뒤처졌습니다.

137개국 중 행복지수가 가장 낮은 나라는 1.859점인 아프가니스탄이었습니다. 2022년 2월부터 우크라이나와 전쟁 중인 러시아의 행복 순위는 70위(5.661점)인 반면에 우크라이나는 이보다 훨씬 낮은 92위(5.071점)였습니다.

보고서는 행복에 영향을 주는 요인으로 1인당 국내총생산(GDP)과 건강 기대수명, 사회적 지원, 삶의 선택 자유, 공동체 나

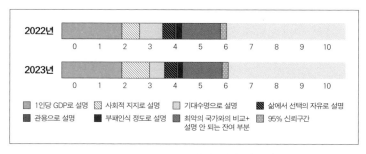

출처: 국회미래연구원 '2023 UN세계행복보고서'

눔(관용), 부정부패 지수 등 6개 항목을 꼽았습니다. 이를 토대로 한국의 행복지수를 살펴보면 1인당 GDP가 미치는 행복수준은 2022년 1.851점에서 2023년 1.853점으로 소폭 상승했습니다. 다만 건강 기대수명은 0.841점에서 0.603점으로 크게 내려갔습니다. 삶을 선택할 자유는 2022년 0.414점에서 2023년 0.446점으로 다소 올라갔지만, 여전히 낮은 점수였습니다.

　국민의 낮은 행복도를 확인할 수 있는 지표도 곳곳에서 살펴볼 수 있습니다. 통계청이 2023년 4월에 발간한 '한국의 안전보고서'를 보면, 2022년 한국의 자살률은 인구 10만 명당 24.1명입니다. 이는 OECD 국가 중 가장 높은 수치이지요. 2003년 이후 2016년과 2017년에는 1위 자리를 리투아니아에 내줬다가 2018년부터 다시 불명예 꼬리표를 달았습니다. OECD 평균 자살률인 11.1명보다 2배 이상 높았으며, 2번째로 자살률이 높은 리투아니아(20.3명)

와도 차이가 컸습니다.

특히 10대 청소년과 20대 청년들의 자살률 증가가 두드러졌습니다. 2021년 기준으로 보면 10대의 자살률은 7.1명, 20대의 자살률은 23.5명으로 전년보다 각각 10.1%, 8.5% 늘어났습니다.

2023년 5월에는 대낮에 강남 한복판에서 한 여고생이 소셜미디어 라이브 방송을 켜고 극단적인 선택을 하는 장면이 생중계되었습니다. 이 사건으로 국민들이 충격에 빠지기도 했습니다. 뉴스 사회면이나 연예면을 보면 삶의 무게를 이기지 못한 청년들의 극단적인 선택도 적지 않게 볼 수 있습니다.

저출산 시대에 아이를 키우는 것도 힘겹기만 합니다. 2023년 5월 홍콩 사우스차이나모닝포스트(SCMP)에 따르면, 한국에서 18세 자녀를 기르는 데 드는 비용은 1인당 GDP의 7.79배로 전 세계에

**세계행복보고서**

UN 산하 자문기구인 지속가능발전해법네트워크가 매년 발표하는 보고서

**합계출산율**

가임기 여성(15~49세) 1명이 평생 낳을 것으로 예상되는 평균 출생아 수

**우리나라 합계출산율 수준**

2017년 1.05명에서 2018년 0.98명으로 내려온 이후 1명을 밑돌며, 매년 역대 최저치를 경신하고 있습니다.

서 가장 높았습니다. 2023년 1인당 GDP를 약 4,700만 원으로 추정해서 계산하면, 아이 한 명을 기르는 데 약 3억 6,500만 원이 필요한 셈입니다. 이런 이유로 한국의 출산율도 가파르게 하락하고 있습니다. 2022년 한국의 합계출산율은 0.78명으로, 통계청이 1970년부터 통계를 작성한 이래 최저치를 찍었습니다.

유기홍 더불어민주당 의원이 발간한 '대학생 삶의 비용에 관한 리포트'를 보겠습니다. 2023년 기준으로 서울 4년제 사립대에 다니는 대학생이 입학부터 졸업까지 부담해야 할 등록금과 생활비, 주거비 등 대학 교육비는 1억 원에 가까운 9,740만 원이 든다고도 합니다.

노동 피로도도 쌓여만 갑니다. 2021년 한국의 연간 노동시간은 1,910시간으로, OECD 36개국 중에서 4번째로 많았습니다. OECD 평균 1,716시간보다 194시간이나 더 노동 현장에서 일하고 있습니다.

우리나라는 외적 조건인 소득과 건강 면에서 다른 국가들보다 빠른 시간에 크게 성장한 국가로 꼽힙니다. 다만 국민 행복도는 성장 속도와 달리 낮은 수준에 머물러 있습니다. 경제적 부와 복지를 충족한 만큼, 구성원들 간의 신뢰와 존중을 바탕으로 독립성과 자유를 인정해주는 관용이 필요합니다. 서로가 조금 더 노력하면 살 만하고 행복한 사회가 되지 않을까요?

통계청 산하 통계개발원(sri.kostat.go.kr)은 UN 산하 국제노동기구(ILO)가 지정한 '세계 안전의 날'을 맞이해 국가 안전 현황을 볼 수 있는 '한국의 안전보고서 2022'를 발간했습니다. 이 보고서에는 재난, 범죄, 산업안전 등 각 분야별로 산재되어 있는 안전통계 데이터가 있습니다. 이밖에 사이버 범죄 증가, 감염병 확산, 사망 원인, 미세먼지 농도, 아동학대 등 안전과 관련한 통계를 한눈에 확인할 수 있습니다.

## 2024년에는 어떻게 달라질까?

세계행복보고서는 매년 140여 국가를 대상으로 전화 설문조사를 실시해 행복지수를 산출해서 만들어집니다. 개인적인 생각이 담긴 주관적 지표지만 2021년 62위, 2022년 59위, 2023년 57위로 3년 연속 행복지수가 상승한 것은 긍정적으로 꼽힙니다.

게다가 정부는 일과 여가의 균형을 위해 노동시간을 단축해서 시행 중입니다. 개인의 삶을 중요시하는 사회적인 분위기에 맞춰 다양한 정책들도 시행되는 만큼, 2024년에는 국민이 조금 더 행복한 사회가 되기를 바랍니다.

# 6장

# 나 홀로 월세, 집값 꿈틀

# 5명 중 1명은 노인?
# 빠르게 늙어가는 대한민국

수개월째 출생아 수 2만 명 아래를 유지하면서 합계출산율 0.7명 선이 무너질 수 있다는 우려가 나오고 있습니다. 고령화가 빠르게 진행되면서 전체 인구 중 노인인구가 차지하는 비중이 2023년 18%를 차지했습니다. 이미 국민 5명 중 1명은 65세 이상 노인이라는 의미입니다.

출산율이 줄어들고 기대수명이 늘면서 고령화는 대다수의 국가들이 겪는 문제입니다. 그중 우리나라의 상황이 유독 심각합니다. 우리나라 노인인구가 얼마나 빨리 증가하고 있는지, 고령인구가 빠르게 증가하면 어떤 문제가 발생하는지 살펴보도록 하겠습니다.

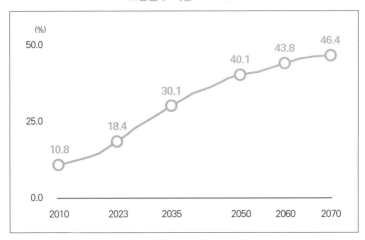

출처: 통계청

통계청의 '장래인구추계: 2020~2070년'에 따르면 2023년 65세 이상 고령인구는 우리나라 인구의 18.4%로, 향후 계속 증가해 2025년에는 20.6%로 우리나라가 초고령사회로 진입할 것으로 전망됩니다. 고령인구는 더 가파른 속도로 늘어서 2035년 30%, 2050년에 40%를 넘어설 것으로 전망됩니다. 통계청은 한국의 고령화 속도가 얼마나 빠른지를 단적으로 보여주기 위해 '세계와 한국의 인구현황 및 전망' 통계를 냈습니다. 세계 인구구조와 비교해 한국의 고령화 수준을 보여주려는 것이지요.

2022년 한국 인구 중 유소년인구는 11.5%, 생산연령인구 71.0%, 고령인구 17.5% 수준으로 전망했습니다. 같은 해 세계 인

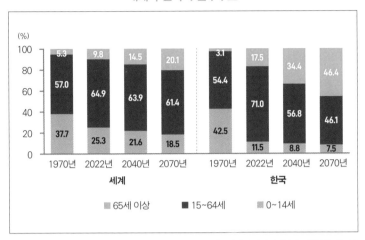

세계와 한국의 인구구조

출처: 2021년 장래인구추계를 반영한 세계와 한국의 인구현황 및 전망

구 중 유소년인구는 25.3%, 생산연령인구 64.9%, 고령인구 9.8% 수준일 것으로 전망했고요. 우리나라 고령인구 비중이 세계 각국에 비해 7.7%p 많은 셈입니다.

증가 속도는 더 문제입니다. 2022~2070년 기간에 세계 유소년인구와 생산연령인구 구성비는 각각 6.7%p, 3.6%p 감소, 고령인구의 구성비는 10.3%p 증가할 것으로 전망되었으니까요. 같은 기간 한국은 유소년인구와 생산연령인구의 구성비가 각각 4.0%p, 24.9%p 감소하는 반면 고령인구 구성비는 28.9%p 증가할 것으로 전망됩니다.

총인구에 대한 고령인구 구성비가 2022~2070년 기간에 계속 증가하는 국가는 127개(53.8%), 증가 후 감소하는 국가는 30개 (12.7%), 감소 후 증가하는 국가는 19개(8.1%)일 것으로 전망됩니다. 한국은 증가 후 감소하는 30개 국가에 속합니다.

한국의 고령인구 구성비는 2022년 17.5%에서 증가 후 감소해, 2070년 46.4%에 이를 것으로 전망됩니다. 전체 인구의 절반이 고령인구인 셈이지요.

고령인구가 많아지면 어떤 문제가 생길까요? 우선 생산가능인구가 줄어든다는 문제점이 있습니다. 한국의 생산연령인구 구성비는 2012년 73.4%를 정점으로 계속 감소해 2070년에는 46.1%까지 낮아질 것으로 전망됩니다. 일하는 사람이 그만큼 줄어든다는 의미이지요. 생산연령인구 대비 고령인구가 증가하면 어떤 결과가 생길까요? 노년부양비는 증가할 수밖에 없습니다. 고령인구의 빠른 증가로 2020년 21.8명에서 2036년 50명을 넘고 2070년에

**총인구 추계(시나리오)**

인구에는 다양한 요인이 영향을 미치고 각 요인들은 수시로 변화합니다. 이 때문에 통계청이 인구를 전망할 때 하나의 전망만을 내놓지 않습니다. 장래인구추계에서도 출산율·기대수명·국제순이동을 조합하는데, 낮은 수준을 가정한 것을 '저위 추계', 높은 수준을 가정한 것을 '고위 추계'라고 부릅니다. 중간 수준은 '중위 추계'라고 부르며 통상적인 인구추계 결과는 중위 추계 결과입니다.

는 100.6명 수준으로 2020년 대비 4.6배 증가할 것으로 전망됩니다.

문제는 이 같은 인구전망마저도 '낙관적'일 수 있다는 점입니다. 국회예산정책처는 2023년 10월에 '최근 추이를 반영한 총인구 추계' 보고서를 발간하고, 장기 저출산 시나리오상 2040년 총인구 수는 4,916만 명으로 인구 정점인 2020년(5,184만 명) 대비 268만 명 (5.17%) 감소할 것이라고 전망했습니다.

이는 통계청 중위추계 대비 103만 명(2%)이 감소한 수준입니다. 2020~2040년 총인구 증가율은 -0.27%로, 통계청(-0.16%)보다 가파른 인구 감소가 예상됩니다. 특히 전망 기간이 2040년으로 짧아 대부분의 영향은 유소년인구에 집중됐습니다.

유소년(0~14세)인구는 2020년 632만 명에서 2040년 318만 명으로, 49.6% 감소할 것으로 전망됩니다. 영유아(0~6세)인구는 감소세가 더 가파를 것으로 보입니다. 2020년 263만 명에서 2040년 130만 명으로 50.6% 감소할 것으로 예상됩니다. 이 수치는 통계청 중위추계 대비 각각 125만 명(28.2%), 86만 명(39.8%) 줄어든 수준입니다. 국회예산정책처는 이번 전망에서 중기 인구전망을 추세 연장하되 합계출산율은 통계청 중위추계의 저점인 0.7명에서 반등하지 않고 2040년까지 유지된다는 가정을 적용한 결과라고 소개했습니다.

장래인구추계(2020~2070년)는 2020년 인구총조사(등록센서스) 결과와 최근까지의 인구변동요인(출생·사망·국제이동) 추이를 반영해 미래 인구 변동요인을 가정하고, 향후 50년(2020~2070년)간의 장래인구를 전망한 결과입니다. 이번 추계에서는 코로나19 영향에 따른 혼인 감소와 국제이동 변화를 단기적으로는 향후 2~3년간 출생 및 국제이동 추계에 반영하고, 장기적으로는 특별시나리오를 추가했습니다.

통계청은 2023년 2월부터 통계시각화콘텐츠 '인구로 보는 대한민국'을 새롭게 서비스하고 있습니다. 통계시각화콘텐츠란 정보의 양이 방대한 텍스트 위주의 통계에서 핵심 정보를 추려, 누구나 쉽게 이용하고 이해할 수 있도록 도표·애니메이션·인포그래픽과 같은 시각적 요소로 표현한 콘텐츠입니다. 인구구조의 변화가 사회·경제에 미치는 영향에 대해 이용자가 다양한 방법을 통해 경험하고, 이를 바탕으로 미래를 전망할 수 있도록 개편했습니다.

## 2024년에는 어떻게 달라질까?

고령인구 증가는 생산연령인구, 부양비, 국민연금·건강보험과 같은 사회복지제도 전반에 영향을 미칩니다. 우리나라 고령층의 경우, 빠른 산업화와 경제적 성장이라는 시대적 배경과 달리 자신들의 노후 준비는 부족한 경우가 많습니다. 실제로 우리나라 노인의 상대적 빈곤율은 2021년 기준 39.3%로 경제협력개발기구 회원국 중 최상위 수준입니다.

이에 따라 역대 정부는 고갈이 우려되는 국민연금제도를 개혁하고 고용 정년을 연장하려는 움직임을 보이고 있습니다. 하지만 세대 간의 이해관계가 복잡하게 얽혀 있어 해결은 요원한 상황입니다. 정부는 2023년 국민연금 5차 종합계획을 꺼내들었는데, 관련 논의가 탄력을 받아 2024년에는 구체적인 내용이 정해질지 관심이 모아집니다.

# 벼랑 끝 합계출산율,
# 이를 극복한 세종시 비결은?

결혼과 출산을 긍정적으로 생각하는 청년들의 숫자가 빠르게 줄고 있습니다. 2022년 결혼을 긍정적으로 생각하는 청년이 10명 중 3명에 그치고, 결혼을 하더라도 자녀를 가질 필요가 없다고 생각하는 청년 비중이 절반을 넘었습니다.

청년들이 결혼을 하지 않는 이유로는 높은 주택가격과 육아 부담, 경력 단절 등이 거론되고 있습니다. 이 가운데 세종시는 2022년에도 전국에서 유일하게 합계출산율이 1을 넘었습니다. 수도권 대비 저렴한 집값과 공무원이라는 안정적 직업을 바탕으로 출산율이 높은 수준을 유지하고 있는 것이죠. 하지만 세종시 합계출산율도 자꾸만 떨어지고 있습니다. 이유가 무엇인지, 세종시의 인구 상황을 살펴보겠습니다.

2022년 세종시 합계출산율은 1.12명을 기록했습니다. 통계청이 2023년 8월에 발표한 '2022년 출생 통계'에 따르면 세종시 합계출산율은 2012년 1.6명에서 2014년 1.89명까지 올랐습니다. 이후 매년 줄어들어 2022년에는 1.12명으로 낮아졌으나 전국 합계출산율(0.78명)은 1970년 출생 통계 작성 이래 최저치를 기록하면서 여전히 높은 수준을 보이고 있습니다.

이 밖에 지역 합계출산율은 전남과 강원이 각각 0.97명, 경북 0.93명, 제주 0.92명, 충남 0.91명 순으로 높았습니다. 반면 서울 0.59명, 부산 0.72명, 인천 0.75명, 대구 0.76명 순으로 낮았습니다. 시도 간 합계출산율 격차는 최대 0.53명에 달합니다. 왜 이러한 격차가 발생하는 걸까요? 통계청은 주로 20대 후반과 30대 초반의 출산율에서 지역 간 격차가 발생했다고 분석했습니다.

여성 인구 1천 명당 출생아 수를 연령대별로 쪼개보면, 전국 20~24세는 4.1명, 25~29세 24명, 30~34세 73.5명으로 정점을 찍은 뒤 35~39세 44.1명, 40~44세 8명으로 떨어집니다. 출산율이 가장 낮은 서울의 25~29세 출산율은 9.9명입니다. 전국에서 유일하

---

**이상적인 합계출산율**

합계출산율이 높을수록 인구수는 증가하고 반대로 낮으면 인구수가 감소할 수 있습니다. 일반적으로 국가 또는 사회가 현재의 인구수를 유지할 수 있는 합계출산율은 약 2.1명으로 봅니다.

## 시도별 모의 연령별 출산율 및 합계출산율

(단위: 가임 여자 1명당 명, 해당 연령 여자인구 1천 명당 명)

| | 합계출산율 | | | 모의 연령별 출산율(2022) | | | | | | |
|---|---|---|---|---|---|---|---|---|---|---|
| | 2021 | 2022 | 증감 | 15-19세 | 20-24세 | 25-29세 | 30-34세 | 35-39세 | 40-44세 | 45-49세 |
| 전국 | 0.81 | 0.78 | -0.03 | 0.4 | 4.1 | 24.0 | 73.5 | 44.1 | 8.0 | 0.2 |
| 서울 | 0.63 | 0.59 | -0.03 | 0.2 | 1.4 | 9.9 | 53.5 | 43.4 | 8.7 | 0.2 |
| 부산 | 0.73 | 0.72 | -0.00 | 0.3 | 3.0 | 19.2 | 70.5 | 42.3 | 7.6 | 0.1 |
| 대구 | 0.78 | 0.76 | -0.03 | 0.2 | 3.3 | 23.6 | 75.4 | 39.7 | 6.9 | 0.1 |
| 인천 | 0.78 | 0.75 | -0.03 | 0.4 | 4.5 | 24.3 | 67.9 | 43.1 | 8.0 | 0.2 |
| 광주 | 0.90 | 0.84 | -0.05 | 0.4 | 4.1 | 28.8 | 80.6 | 45.1 | 7.4 | 0.2 |
| 대전 | 0.81 | 0.84 | 0.03 | 0.3 | 5.0 | 26.8 | 78.5 | 47.4 | 8.3 | 0.2 |
| 울산 | 0.94 | 0.85 | -0.09 | 0.6 | 4.4 | 31.6 | 87.5 | 37.5 | 6.5 | 0.1 |
| 세종 | 1.28 | 1.12 | -0.16 | 0.4 | 6.1 | 40.5 | 112.6 | 55.7 | 9.3 | 0.1 |
| 경기 | 0.85 | 0.84 | -0.01 | 0.3 | 4.0 | 25.7 | 80.0 | 47.8 | 8.7 | 0.2 |
| 강원 | 0.98 | 0.97 | -0.01 | 0.6 | 8.2 | 43.1 | 86.8 | 44.8 | 8.4 | 0.2 |
| 충북 | 0.95 | 0.87 | -0.08 | 0.5 | 7.5 | 37.9 | 81.6 | 38.9 | 6.2 | 0.2 |
| 충남 | 0.96 | 0.91 | -0.05 | 0.5 | 7.6 | 41.9 | 83.7 | 40.1 | 6.9 | 0.2 |
| 전북 | 0.85 | 0.82 | -0.03 | 0.6 | 5.8 | 30.6 | 77.4 | 40.2 | 6.8 | 0.2 |

출처: 통계청 '2022년 출생 통계'

게 한 자릿수를 기록했지요. 30~34세는 53.5명, 35~39세는 43.4명으로 떨어집니다. 다만 40~44세는 8.7명으로 전국 평균보다 0.7명 높았습니다. 반면에 세종시의 25~29세 출산율은 40.5명으로 서울의 4배를 넘어섭니다. 30~34세는 112.6명, 35~39세 55.7명으로 서울과 전국을 훌쩍 뛰어넘었습니다.

행정수도 이전으로 세종시가 젊어진 것이 높은 출산율에 영향을 미쳤습니다. 정부 부처와 연구기관들이 대거 세종시로 이전하면서 2012년 15개에 불과했던 세종시 중앙행정기관과 연구기관 수는 2022년 63개까지 불어났습니다. 이에 따라 안정적인 일자리로 평가되는 중앙행정기관과 국책연구기관 종사자도 5,159명에서 1만 9,416명으로 늘었지요. 중앙행정기관 소속 종사자 1만 6,087명,

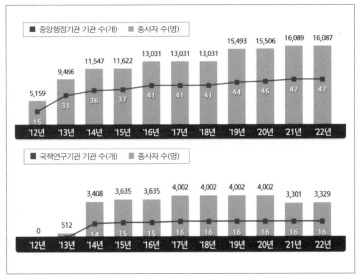

세종시 관련 기관 수 및 종사자 수

* 종사자 수는 각 기관별 정원 기준
출처: 세종특별자치시 '2023 시정 주요 통계'

국책연구기관 소속은 3,329명입니다.

세종시 인구는 2012년 7월 1일 출범 당시, 시 전체 주민등록 인구(외국인 제외)가 10만 751명에서 10년 6개월 만인 2022년 12월 말 38만 8,927명으로 28만 8,176명(286.0%)이 늘었습니다. 특히 세종시 정부청사 주변으로 꾸려진 신도시 인구는 5,748명에서 29만 7,358명으로 무려 29만 1,610명(5,073.2%·약 50배)이 증가했지요. 조치원읍이 4만 3,770명에서 4만 3,966명으로 196명(0.4%) 늘고, 9개 면 지역이 5만 1,233명에서 4만 7,603명으로 3,630명(7.1%) 줄어든

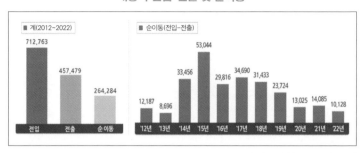

세종시 전입·전출 및 순이동

■ 계(2012~2022)
- 전입 712,763
- 전출 457,479
- 순이동 264,284

■ 순이동(전입-전출)
- '12년 12,187
- '13년 8,696
- '14년 33,456
- '15년 53,044
- '16년 29,816
- '17년 34,690
- '18년 31,433
- '19년 23,724
- '20년 13,025
- '21년 14,085
- '22년 10,128

출처: 통계청 '국내인구이동통계'

것과 대비되는 모습입니다.

주변 인구를 대거 흡수한 것도 세종시가 젊어진 데 큰 몫을 했습니다. 시 출범 후 10년 사이, 다른 지역에서 세종시로 순유입된 인구(전입자-전출자)는 26만 4,284명입니다. 이들의 직전 거주지를 살펴보면 충청권(대전·충남·충북)이 16만 7,458명(63.4%)으로 수도권(서울·경기·인천) 6만 2,201명(23.5%)보다 많았습니다. 기타 지역도 3만 4,625명(13.1%) 수준이었습니다. 행정수도 이전으로 서울에서 공무원과 그 가족들이 이전한 영향도 있지만 대전, 청주 등 주변 도시의 인구가 신도시 거주를 위해 대거 이전한 것입니다.

그 결과 10년 사이 세종시민의 평균 나이는 41.2세에서 38.1세로 2.9세 낮아졌습니다. 행정안전부 통계를 보면 2023년 4월 기준 세종시민 평균 나이는 시·도 기준으로 가장 젊은 38.2세입니다. 전국 44.3세이고요.

세종시 합계출산율은 독보적인 1위이지만 인구 전망은 밝지 않습니다. 세종시 출생아 수는 2021년 3,600명에서 2022년 3,200명으로 무려 10.1%(400명)나 줄었기 때문입니다. 같은 기간 전국 출생아 수가 26만 600명에서 24만 9,200명으로 4.4%(1만 1,400명), 서울 출생아 수가 4만 5,500명에서 4만 2,600명으로 6.4%(5,600명) 감소한 데 비해 감소폭이 훨씬 큽니다.

중앙행정기관 이전과 주변 인구 흡수는 정체되고 있는 반면, 부동산 가격의 불안이 지속되면서 세종시 출산율은 떨어질 것으로 전망됩니다. 부동산 프롭테크 '부동산지인'의 빅데이터 분석 자료를 보면, 2023년 1~10월 광역시·도 가운데 세종시 주택가격 상승률이 5.6%에 달해 1위를 기록했습니다. 2위를 차지한 대전광역시(2.4%)뿐 아니라 서울(1.2%), 경기도(2.1%)와 비교해도 높은 수준입니다. 2021년 기준 세종시의 주택보급률은 107.5%에 달하지만 이는 착시입니다. 지속적인 주택 공급에도 불구하고 외지인들이 주택을 대거 사들인 탓입니다.

부동산 빅데이터 업체 '아실'에 따르면, 2023년 5월 기준 최근 3개월간 외지인 매매거래가 많은 지역 1위가 세종시였습니다. 전체 1,564건의 거래 중 외지인이 사들인 경우가 523건으로 33.4%를 차지했습니다.

한국감정원이 조사한 전국주택가격지수에 따르면 세종시 매매가격지수는 2012년 63.8에서 2020년과 2021년 각각 97.0, 97.1로 큰 폭으로 상승했습니다. 그러다가 2022년 83.1로 대폭 하락했습니다. 향후에도 부동산 가격이 불안정한 모습을 보일 경우, 서울과 같은 저출산 현상이 가속화할 수 있다는 우려가 나옵니다.

## 2024년에는 어떻게 달라질까?

세종시는 2023년 10월 6일 국회에서 국회세종의사당 건립을 위한 국회규칙이 본회의를 통과하는 등 '부동산 호재'가 예정된 상황입니다. 다만 2024년 물가 안정과 금리 인하로 투기 세력이 세종으로 집중되면 부동산 가격은 더욱 오를 것이라는 우려도 상존합니다. 집값이 들썩이면 청년들이 출산을 피하기 때문이죠. 아울러 서울 또는 주변 지역의 인구를 흡수하는 방식도 한계로 지적됩니다.

# 거꾸로 흐르는 인구 시계,
# 그러나 불 켜진 집은 늘었다

여러분은 몇 명으로 구성된 가구인가요? 과거에 가장 익숙했던 가구 형태는

부모와 자녀 둘로 이뤄진 4인 가구였습니다. 그런데 이제는 먼 옛날 이야기

입니다. 합계출산율 0.78명 시대에 인구는 매해 줄어드는데, 가구수는 계속

늘어납니다. 1인 혹은 2인 가구가 늘었기 때문입니다.

2022년 주민등록통계상 1인 가구는 전체 인구의 41%를 차지했습니다. 그

리고 972만 명을 넘어 1인 가구 1천만 명 시대를 눈앞에 두고 있지요. 1인

가구는 어떻게 구성되어 있고, 이들은 어떤 소비패턴과 주거형태를 가졌는지

통계로 알아보겠습니다.

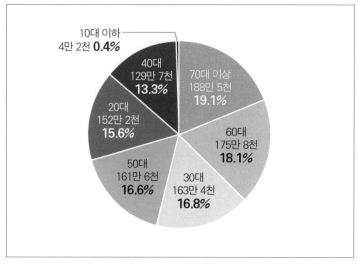

연령별 1인 세대

10대 이하
4만 2천 **0.4%**

40대
129만 7천
**13.3%**

70대 이상
188만 5천
**19.1%**

20대
152만 2천
**15.6%**

60대
175만 8천
**18.1%**

50대
161만 6천
**16.6%**

30대
163만 4천
**16.8%**

출처: 2023 행정안전통계연보

인구수는 3년 연속 감소하고 있지만 오히려 가구수는 늘었습니다. 1인 가구가 늘고 있기 때문이지요. 행정안전부가 발간한 '2023 행정안전통계연보'에 따르면 2022년 주민등록 인구수는 5,143만 9,038명으로 집계되었습니다. 평균 연령은 44.2세였고요. 2022년 인구는 전년인 2021년(5,163만 8,809명)보다 20만 명가량 줄었습니다. 2019년 5,185만 명에서 2020년 5,183만 명으로 줄어든 이후 3년 연속 감소한 겁니다.

그런데 가구수는 오히려 늘었습니다. 주민등록 가구수는 2,370만 5,814가구로 2021년(2,347만 2,895가구)에 비해 0.99%인 약

23만 가구가 늘었습니다. 이 가운데 1인과 2인 가구가 차지하는 비중은 65.2%로, 2021년 말 64.2%보다 0.1%p 증가했습니다. 특히 1인 가구는 972만 4,256가구로 전체 가구의 41%를 차지해 가장 비중이 컸습니다. 곧 1천만 명을 넘어서는 때가 머지않습니다.

1인 가구 중 60~70대가 차지하는 비중은 40%가량 됐습니다. 1인 가구가 가장 많은 연령은 70대 이상으로, 1인 가구 중 19.1%인 185만 5,150가구를 차지했습니다. 그다음으로 많은 연령은 60대로 18.1%(175만 8,095세대)를 차지했습니다.

2022년에는 20대(2.7%), 30대(3.8%), 60대(4.3%), 70대 이상(5.4%) 등 대부분의 연령대에서 1인 가구가 늘었습니다. 반면 3인 이상 가구의 비중은 2021년 말 35.7%에서 2022년 34.7%로 감소하는 등 지속적으로 줄었습니다.

우리나라는 2025년 65세 이상 인구의 비중이 전체의 20%를 넘는 '초고령사회'로의 진입을 앞두고 있습니다. 저출산·고령화로 일할 수 있는 생산연령인구인 15~64세는 줄어들고, 65세 이상 고

---

**고령사회와 초고령사회**

우리는 보통 만 65세 이상을 고령층이라 부릅니다. 고령층이 전체 인구의 14%를 넘으면 고령사회, 20%를 넘으면 초고령사회에 진입했다고 봅니다. 2022년 인구주택총조사 결과에 따르면 우리나라의 65세 이상 인구 비중은 17.7%로 고령사회를 넘어 초고령사회를 눈앞에 두고 있습니다.

령인구는 늘어나기 때문이지요. 2022년 인구주택총조사 결과에 따르면 65세 이상 인구는 전년 대비 5.1%(44만 명) 늘어나, 전체 인구의 17.7%로 915만 명이었습니다. 900만 명을 훌쩍 넘은 겁니다. 우리나라는 2018년 65세 이상의 비중이 14.4%를 기록하면서 고령사회로 구분되었습니다.

1인 가구는 어떤 데 돈을 쓸까요? 그리고 주거의 형태는 어떨까요? 1인 가구의 소비지출을 세분화해 분석한 통계를 보면 쉽게 알 수 있습니다. 통계청에서는 '가계동향조사를 통해 본 1인 가구의 소비지출' 보고서를 작성했습니다. 2022년 기준으로 10명 중 4명이 월세살이 중이었고 집밥보다는 배달 음식을 먹는 것으로 나타났습니다.

1인 가구의 주택 점유 형태는 월세(36.8%)가 가장 많았습니다. 아무래도 경제 기반이 약한 청년층과 빈곤 노인층이 많기 때문입니다. 10명 중 3명은 자가(30.1%)로, 2명은 전세(23.1%)로 거주했습니다. 이와 달리 2인 이상 가구는 자가(69.0%)가 거의 70%에 육박할 정도로 많았습니다. 그다음으로 전세(13.8%), 월세(11.9%), 기타(5.3%) 순이었습니다.

1인 가구의 소비지출을 보면 음식·숙박에서 가장 많은 돈을 지출했습니다. 1인 가구의 2022년 월평균 소비지출액은 155만 1천 원인데, 이 중에서 가장 많이 지출한 항목이 음식·숙박(27만 6천 원)이었습니다. 소비의 약 18%를 먹는 데 자는 데 쓴 겁니다. 그다음

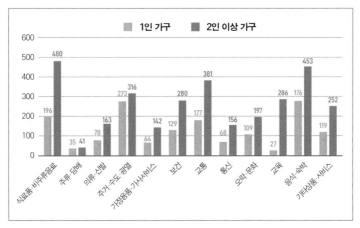

가구원 수별 소비지출

■ 1인 가구   ■ 2인 이상 가구

단위: 천 원

출처: 통계청 '2022년 가계동향조사'

은 거주하고 물을 쓰고 전기를 쓰는 데 드는 비용인 주거·수도·광열(27만 3천 원)이 3천 원 차이로 2번째 큰 비중을 차지했습니다. 그리고 식료품·비주류음료(19만 6천 원), 교통(17만 7천 원)이 뒤를 이었습니다.

1인 가구가 가장 적게 돈을 쓴 항목은 무엇이었을까요? 바로 교육입니다. 교육에는 2만 7천 원을 소비해 전체 지출액의 1.7% 정도에 불과했습니다. 이는 주류·담배(3만 5천 원), 가정용품·가사서비스(6만 4천 원)보다도 적은 금액이었습니다.

1인 가구는 월세 거주 비율이 높아서 실제 주거비 지출이 크다는 특징이 있습니다. 또 젊은 1인 가구는 집밥보다는 배달 음식 등 외식을 자주 하기 때문에, 음식·숙박 소비가 식료품·비주류 음료 소비보다 지출이 큰 것으로 분석됩니다.

1인 가구 중에서도 연령별로 살펴보면 식료품·비주류음료, 보건은 연령이 높을수록, 음식·숙박, 오락·문화, 의류·신발, 교육은 연령이 낮을수록 지출 비중이 증가하는 모습이었습니다. 39세 이하에서 가장 많이 지출한 항목은 음식·숙박(39만 8천 원)이었고, 다음으로 주거·수도·광열(29만 원), 교통(21만 1천 원), 오락·문화(16만 5천 원) 순이었습니다.

반면 60세 이상에서는 식료품·비주류음료(25만 4천 원) 지출액이 가장 많았고, 다음으로 주거·수도·광열(24만 원), 보건(16만 6천 원), 음식·숙박(12만 3천 원) 순이었습니다.

성별로 보면 남성 1인 가구의 월평균 소비지출액(165만 원)은 여성(146만 6천 원)보다 18만 4천 원 많았습니다. 남성 1인 가구의 소비지출은 음식·숙박, 교통 항목에서 많았고, 여성 1인 가구의 소비지출은 식료품·비주류음료, 보건 항목에서 많았습니다. 남성 1인 가구는 집밥보다 외식을 선호하고, 차량 관련 지출이 컸습니다. 여성 1인 가구는 60세 이상 비율이 높아 상대적으로 가정 요리를 선호하고, 건강 관련 지출이 크게 나타났습니다.

통계청 통계개발원은 봄·여름·가을·겨울 분기별로 'KOSTAT 통계플러스'를 발간하고 있습니다. 경제와 사회, 인구 등 여러 분야의 통계를 활용해 해당 주제를 심층적으로 분석하는 리포트입니다. 통계플러스는 통계청 홈페이지(kostat.go.kr) '새소식–보도자료'에서 확인할 수 있습니다. 깊이 있는 주제별 통계 분석을 원한다면 적극 추천합니다.

## 2024년에는 어떻게 달라질까?

1인 가구의 증가세는 2024년에도 이어질 것으로 관측됩니다. 가임기 여성이 일생에 낳을 것으로 기대되는 평균 자녀수인 합계출산율은 0.7명 선 이하로 떨어지고 있습니다. 출산율 저하로 인구는 매년 자연감소하고요.

1인 가구의 주된 축을 차지하는 청년층의 혼인 연령은 늦어지고, 결혼을 아예 하지 않겠다는 비혼주의 청년들도 느는 추세입니다. 여기에 인구 고령화에 따른 1인 독거노인의 유입이 점점 많아지면서 1인 가구 증가세는 가속할 것으로 전망됩니다.

# 세입자 울리는 전세사기,
# 임차인 10명 중 6명은 월세로!

전 세계에서 거의 찾아보기 힘든 임대차 유형이라는 '전세'. 전세는 그동안 무주택자 서민들에게 내 집을 마련하는 징검다리 역할을 해왔습니다. 그런데 저금리에 전세난이 계속되자 이를 조직적으로 악용한 '전세사기'가 곳곳에서 터졌습니다. 이른바 '빌라왕' '건축왕' 사건이죠. 전 재산인 보증금을 구제받지 못하게 된 피해자들이 스스로 목숨을 끊는 안타까운 일까지 벌어졌습니다. 사회 문제로 확대되자 전세 공포가 커졌습니다. 전세를 피해 월세로 돌아선 이들이 늘면서 '전세의 월세화' 현상이 가속화했고 월세 가격이 오르기 시작했지요. 깡통전세 우려에 월세를 택하자니 고물가 시대에 월세가 너무 비싸고, 전세로 가자니 보증금을 잃을까 봐 두려운 임대차 현실. 앞으로 임대차 시장은 안정될까요? 전세와 월세, 어떤 것을 택하는 게 더 나을까요?

A씨는 2021년 5월 인천 미추홀구의 한 빌라 전세가 2억 6천만 원에 나온 것을 알게 됐습니다. 그는 인근에 비슷한 규모의 빌라가 없어서 시세를 가늠하기가 어려웠습니다. 공인중개사의 "요즘 같은 전세난에 이 가격으로 이런 신축 빌라의 전세를 구하기 어렵다"라는 말만 믿고 계약을 체결했습니다. 그런데 입주 후 같은 빌라, 같은 크기의 매물이 2억 4천만 원에 매매 거래된다는 사실을 알게 되었습니다. 그야말로 '깡통 전세'였지요. 게다가 집주인은 이런 식으로 전세보증금을 모아 여러 채의 빌라를 소유한 '빌라왕'이라는 사실도 드러났습니다. 이 빌라왕은 수백 채의 빌라를 가지고 있지만, 정작 보증금을 돌려줄 자본은 없는 상태였습니다. A씨는 곧 계약이 만료되는데 보증금을 돌려받을 수 없다는 사실에 망연자실했습니다.

B씨는 2021년 7월 경기 수원시에서 공인중개사에게 2억 1천만 원짜리 신축 빌라 전세를 소개받았습니다. 공인중개사는 "건축주가 짓자마자 직접 전세를 놓는 매물인 만큼 더 저렴하고 신뢰할 수 있다"라고 설득했죠. 무엇이 다른지는 모르지만, 그만큼 새집이란 생각에 계약했습니다. 그런데 입주 후 이 집이 2억 5천만 원에 분양되었다는 사실을 알게 되었습니다. 그것도 본인 전세금을 끼고 말이죠. B씨는 집주인이 건축주에서 바뀐지도 몰랐습니다. 문제는 집주인은 4천만 원 갭으로 이 집을 소유한 상태라, 보증금을 돌려줄 여력이 없다는 겁니다.

빌라·연립주택 등 다세대를 둘러싼 깡통 전세, 이를 조직적으로 악용한 전세사기 피해자가 2023년에 들어서면서 속출했습니다. 깡통 전세와 전세사기는 주로 전세가율이 높을 때 두드러집니다. 2021년부터 초저금리 시대가 이어지면서 전세 물량은 희소한데 전세 수요가 늘었습니다. 그래서 전셋값이 매매가 턱밑까지 올랐죠. 즉 '갭투자'하기 좋은 시장이 된 겁니다. 이를 악용한 투기꾼들은 공인중개사와 결탁해 '무자본 갭투자'를 확대하기 시작합니다. 세입자의 보증금으로 다른 빌라를 연달아 갭투자하는 식이죠.

다세대 주택을 상대로 사기를 친 '빌라왕'에 이어, 건물 하나를 통째로 취급하는 다가구를 상대하는 '건물왕'까지 등장하면서 전세사기 피해자가 속출했습니다. 2023년은 그로부터 전세계약이

### (순수)월세

일반적인 월세를 이르는 말. 보증금이 매달 지불하는 방세의 1년치(12배) 이하인 임대차 유형입니다.

### 준월세(반월세)

보증금 액수가 큰 월세. 다달이 내는 월 임대료 부담을 줄이고 싶을 때 얻는 월세입니다. 보증금이 월세의 1년치(12배)를 초과하지만 2년치 이하입니다.

### 준전세(반전세)

반전세의 정확한 용어입니다. 보증금이 월 임대료의 약 240배를 초과하는, 전세에 근접한 임대차 유형입니다.

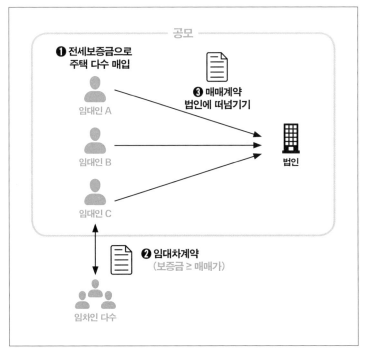

만료되는 시점이자 기준금리가 본격적으로 오른 시기이기도 합니다. 이들 피해는 다세대·다가구가 밀집한 인천 미추홀구와 경기 수원시, 동탄신도시 등 수도권에 집중되었습니다.

전세는 세계에서 찾아보기 힘든, 우리나라만의 독특한 임대차 유형입니다. 목돈이 필요하긴 하지만 계약이 끝나면 온전히 돌려받는 만큼 월 임대료 지출의 부담이 없습니다. 그래서 무주택 서민들에게 내 집 마련을 위해 자금을 모을 수 있는 기회가 됩니다. 그래서 우리나라에서는 전세가 무주택 서민들의 내 집 마련을 위한 징검다리 역할을 해왔습니다.

그런데 전세가율이 오른 시장 상황을 악용한 '무자본 갭투기' 세력이 보증금을 돌려주지 않자 전세사기 피해가 확산되었습니다. 2023년 10월 25일에 열린 전세사기피해지원위원회 전체 회의에서 전세사기 피해자 등으로 최종 가결한 건은 심의한 1,220건 중 963건에 달합니다. 그동안 위원회에서 최종 의결된 전세사기 피해자 가결 건만 해도 총 7,590건이죠. 드러난 건만 이 정도이고, 실상은 더 많을 것으로 예상됩니다.

전세사기 피해자들은 구제받기 위해 전세사기피해 대책위원회를 꾸려 대책 마련을 호소했습니다. 검·경찰 등에서 범죄자 색출에 나서고 국토교통부에서 대책 마련에 나섰지만 피해 구제는 쉽지 않은 상황입니다. 결국 전 재산을 잃고 거리에 나앉게 됐다는 상실감에 스스로 목숨을 끊는 일까지 벌어졌습니다.

'전세 공포'는 2023년 부동산 임대차 시장에 드리웠습니다. 세입자 입장에서 아무리 전세가 유리하더라도 전 재산을 잃을 수 있는 위험을 무릅쓰고 전세를 택하기가 쉽지 않았던 것입니다. 결국 매달 임대료를 지출하는 부담을 안고서라도 전세보증금을 잃는 위험을 피하겠다는 '월세 선호'가 높아졌습니다. 즉 전세에서 월세로 전환하는 '월세화' 현상이 가속화했는데, 이는 통계에서도 잘 드러납니다.

서울부동산정보광장에 따르면 2023년 1분기 서울 다세대(빌라·연립)의 전월세 거래량은 2만 7,611건입니다. 이 중 전세 거래량은 54.0%인 1만 4,903건으로 집계됐습니다. 이는 관련 통계가 작성되기 시작한 2011년 이후 1분기 기준 가장 작은 비율입니다.

보증금과 월세 비중의 차이는 나지만, 결국 월세라 통칭되는 준월세와 준전세 비중은 반대로 늘었습니다. 해당 기간 서울 빌라의 준월세와 준전세 거래량은 각각 8,417건, 3,223건으로 30.5%, 11.7%로 조사됐습니다. 이 중에서 준전세 비중은 통계를 작성한 이후 역대 최고치를 기록했지요. 즉 전세에서 준전세로 넘어선 비중이 크게 늘었다는 점을 알 수 있습니다.

이러한 분위기는 하반기로 넘어가기 직전 더욱더 고조됩니다. 전세 비율은 하락, 월세 비율은 증가하는 분위기가 계속되었지요. 그러면서 서울 및 경기 등 일부 지역에서는 10명 중 최대 6명이 월세에 거주할 정도로 전세와 월세 판도가 역전됩니다. 국회 국토교통위원회 소속 박상혁 더불어민주당 의원이 국토교통부에서 제출받은 전월세 현황 자료에 따르면, 2023년 6월 기준 전국 주택 임대차계약 21만 3,265건 중 전세 계약이 9만 7,964건으로 45.9%를 차지했습니다. 2019년 1월 16만 8,781건 전월세 계약 중 전세가 60.7%(10만 2,464건)였던 것과 비교하면 14.8%p 낮아진 겁니다. 인천(62.1%→53.2%)과 경기(63.8%→48.2%)도 감소세를 보였습니다.

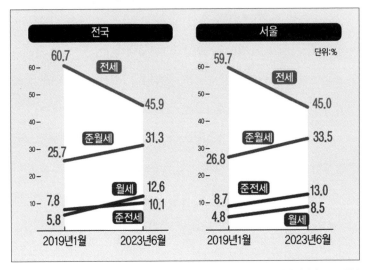

주택임대차계약 유형별 거래비율 현황

전국

전세 60.7 → 45.9
준월세 25.7 → 31.3
월세 7.8 → 12.6
준전세 5.8 → 10.1

2019년1월 2023년6월

서울

단위:%

전세 59.7 → 45.0
준월세 26.8 → 33.5
준전세 8.7 → 13.0
월세 4.8 → 8.5

2019년1월 2023년6월

출처: 더불어민주당 박상혁 의원실, 국토교통부

반면 임대차 시장에서 월세 비중은 큰 폭으로 증가합니다. 전국 기준, 월세 비중은 2019년 1월 5.8%에 불과했지만 2023년 6월에는 12.6로 2배 넘게 확대되었죠. 서울도 같은 기간 4.8%에서 8.5%로 늘어납니다.

그런데 월세살이도 녹록지 않습니다. 전세 공포에 울며 겨자 먹기로 택한 월세인데, 그 수요가 늘어나자 월세 가격이 오르기 시작했지요. 매달 임대료 지출도 부담인데, 그 부담이 점차 커지니 기가 막힐 노릇입니다. 월세화가 계속되자 하반기로 갈수록 월세는 점점 올랐습니다.

한국부동산원 월간주택가격동향을 보면 전국 빌라 월세가격 지수는 꾸준히 상승했습니다. 2023년 3월 0.03%로 상승 전환한 뒤, 4월 0.10%, 7월 0.12%, 9월 0.16% 등 상승폭이 확대되었습니다. 세입자들의 임대차 부담이 점차 커지고 있습니다.

## 🔍 통계 돋보기

부동산 통계 중에서 '서울'만 집중적으로 보고 싶다면 '서울시부동산정보광장'에서 확인 가능합니다. 국토교통부나 한국부동산원에서는 서울을 비롯한 전국의 다양한 부동산 통계를 제공합니다. 다만 이들 홈페이지는 정보 양이 방대해서 서울만 보고 싶을 때 오히려 한눈에 파악하기가 어렵습니다. 그러니 부동산 시장이 어떻게 변화하는지 빠르고 간편하게 보고 싶다면, 서울시부동산정보광장(land.seoul.go.kr)을 활용해보세요. 서울시의 전월세 가격 오름세나 거래량 등을 지역별로 손쉽게 확인할 수 있습니다.

## 2024년에는 어떻게 달라질까?

정부에서 전세사기 대책을 강구하고 있지만, 당장 뚜렷한 해결책이 나오기는 어려워 보입니다. 전세사기 가해자를 색출하더라도 피해자를 구제하기가 쉽지 않을 테고요. 이렇게 전세사기 공포는 2024년에도 계속될 겁니다. 고금리가 계속되다 보니 자금이 충분치 않은 경우 내 집 마련이 쉽지 않으므로 임대차 시장에 남아야 할 텐데, 지금처럼 전세를 피해 월세로 이동하는 월세화가 계속될 가능성이 높습니다.

그리고 2023년 하반기처럼 월세 수요가 늘어날수록 월세 시세는 더욱 오르겠죠. 전기·가스 등 공공요금에 물가까지 오르다 보니, 비싼 월세까지 감당하려면 부담이 클 수밖에 없습니다. 이들 중에서는 결국 위험을 무릅쓰더라도 전세를 선택하는 사례도 생겨날 겁니다. 전세라고 모두가 사기라거나 위험한 계약인 것은 아니니까요. 월세 부담에 허덕이느니 사기를 당하지 않을 확률, 즉 운에 맡기겠다는 생각이겠죠. 그런 사람들이 늘어나면 월세 오름세도 어느 수준에서 멈추지 않을까 싶습니다.

2024년 전세사기에서 보호받을 수 있는 강력한 대책이 나올지가 관건입니다. 안심하고 전세에 살 수 있는 때가 된다면 '월세화'와 '월세 급등'도 멈출 수 있을 텐데 말이죠.

# 흉물이 된 빈집 13만 호,
# 어디 손쓸 방법 없을까요?

온기가 사라진 집, 주인을 잃은 집, 길고양이 차지가 된 집. 전국에 흉물이 되어 아무도 찾지 않는 빈집이 13만 호가 넘는다고 합니다. 고령화 속도가 빨라지고 아이 울음소리가 줄어드는 가운데, 사람들은 점점 더 도시로 몰려들고 있습니다.

한때 활기 넘치던 지방도시에서는 일할 사람을 구하는 것조차 쉽지 않습니다. 지방도시도 상황이 이러한데 기반 시설이 낙후된 농어촌지역의 심각성은 말할 것도 없겠죠. 폐허가 된 빈집은 안전사고나 범죄 위험에 노출되기 십상입니다. 미관을 해치고 위생상의 문제도 야기합니다. 이러한 복합적인 사회현상과 문제들의 해결책을 찾지 못하면서 전국의 빈집 숫자는 해마다 늘고 있는 상황입니다.

**통계청 인구주택총조사 빈집통계 vs. 빈집 실태조사**

| 구분 | 통계청 인구주택총조사 | 빈집 실태조사 |
|---|---|---|
| '빈집'의 정의 | 11월 1일 시점에 사람이 거주하지 않는 주택(이듬해 8월 말 확정·발표) | 1년 이상 아무도 거주하지 않는 주택 |
| 포괄 범위 | 국내 모든 주택을 대상으로 조사 | 위탁기관에서 추정한 전기, 상수도 사용량이 없는 주택을 대상으로 조사 |
| | 일시적 빈집도 포함 | 1년 이상 빈집 |
| | 미분양 주택, 공공임대주택 포함 | 미분양 주택, 공공임대주택 제외 |

우리 사회는 최근에야 빈집에 관심을 기울이기 시작했습니다. 그동안 정부가 파악하고 있는 전국의 빈집 숫자도 조사하는 기관마다 제각각이었죠. 통계청이 확인한 전국 빈집은 2022년 기준 145만 2천 호로, 전체 주택(1,916만 6천 호)의 7.6%를 차지했습니다. 동네마다 대략적으로 12채 건너 1채가 빈집이라니, 매우 놀라운 수치입니다.

그나마 다행인 것은 우리가 흔히 생각하는 '당장이라도 쓰러질 것 같은 위태위태한 빈집'은 아니라는 겁니다. 통계청은 인구주택총조사 과정에서 조사일인 11월 1일을 기준으로, 집에 사람이 살지 않는 주택을 빈집으로 간주했습니다. 이사나 매매 등으로 집을 내놓거나 신축·매매, 미분양 주택 등 여러 가지 이유로 '잠시 비어 있는 집'을 빈집 통계에 반영한 것이죠. 당장 인기척이 없다고 해서 모두 빈집이라고 하기에는 무리가 있어 보입니다.

이는 법령에 있는 빈집의 정의와도 차이가 있습니다. '빈집 및 소규모주택 정비에 관한 특례법'과 '농어촌정비법'에서 제시하는 '빈집'이란 '1년 이상 아무도 거주하지 않거나 사용하지 않은 주택'을 말합니다. 1년 이상 전기와 상수도 사용량 자료 등을 토대로 사전 조사와 현장 조사를 거쳐 '이 집이 빈집인지 아닌지'를 판단하는 것이죠. 여기에는 미분양 주택이나 사용 승인을 받지 못한 주택, 기숙사나 다중생활시설, 별장 등은 제외합니다. 통계청 조사와 달리 사람이 장기간 살고 있지 않은 집을 빈집으로 본 것입니다.

이 기준에 부합하는 빈집은 2022년 기준으로 도시지역 4만 2,356호, 농촌지역 6만 6,024호, 어촌지역 2만 3,672호 등 전국적으로 13만 2천 호로 파악됩니다. 도시지역과 농어촌지역은 각기 다른 방식으로 조사되었습니다. 그래서 일부 지역이 중복되었지만 통계청 조사에서 드러난 빈집의 10분의 1 수준입니다. 전국의 빈집 중 절반은 농촌지역에 있습니다. 고령화와 인구 감소 속도가 도시나 어촌지역에 비해 빠르게 진행되면서 농촌지역의 빈집 또한 빠르게 늘고 있는 실정입니다.

농촌지역의 빈집은 2018년 3만 8,988호 수준이었지만 2022년 6만 6,024호로 5년도 되지 않아 70% 가까이 증가했습니다. 각 시도별로 보면 전남(1만 6,310호), 경북(1만 3,886호), 전북(9,904동), 경남(9,106동) 농촌지역 빈집이 전국 농촌지역 빈집의 4분의 3을 차지합니다. 공교롭게도 이들 지역은 지속적으로 사람이 빠져나가고, 고령화 속도는 빨라지지만 아기 울음소리는 듣기 어려운 '인구가 줄고 있는 지역'입니다. 농촌지역 빈집이 많은 전남과 경북은 행정안전부가 지정한 인구감소 기초자치단체가 각각 16개로 가장 많습니다. 경남과 전북도 인구감소 지자체가 11개와 10개로 많은 편입니다.

이처럼 인구감소지역과 빈집 통계는 맞닿아 있습니다. 인구감소와 지방소멸이 빠르게 진행되면서 빈집이 범죄나 안전사고 문제를 일으키는 것은 물론이고, 지역경제 위축 등 각종 문제를 초래할 가능성이 큽니다. 이는 사람들의 발길을 수도권과 도심으로 향하게끔 떠미는 요인으로 작용합니다. 따라서 빈집에 대한 체계적인 관리가 중요한 때입니다. 정부도 이러한 문제의 심각성을 인식하고, 빈집을 체계적이고 효율적으로 관리하는 데 팔을 걷었습니다. 정확한 빈집 현황을 파악하기 위해 '전국 빈집모니터링체계'를 마련했습니다.

국토교통부, 농림축산식품부, 해양수산부 등 3개 중앙 부처가 머리를 맞대어 만든 가이드라인에 따라 빈집 실태조사를 하고, 지자체에 빈집을 관리하는 전담 부서를 지정하도록 했습니다. 이렇게 파악한 빈집 실태와 각 부처·지자체에 흩어져 있는 빈집 정보를 모아 빈집정보시스템을 구축하고, 한국부동산원이 관리토록 한 것입니다.

전국 곳곳에 빈집이 빠르게 늘고 있지만, 이에 대한 관리는 걸

전국 빈집 현황(2022년 기준)

| 구분 | 도시지역 | 농촌지역 | 어촌지역 |
|---|---|---|---|
| 계 | 42,356 | 66,024 | 23,672 |
| 서울 | 2,859 | - | - |
| 인천 | 2,985 | 470 | 540 |
| 대전 | 3,247 | 17 | - |
| 대구 | 1,990 | 528 | - |
| 부산 | 4,897 | 21 | 15 |
| 광주 | 1,492 | - | - |
| 울산 | 946 | 743 | 2 |
| 경기 | 1,650 | 2,481 | 23 |
| 강원 | 2,567 | 3,886 | 1,891 |
| 충북 | 146 | 3,446 | 3,460 |
| 충남 | 622 | 3,901 | 1,115 |
| 전북 | 8,056 | 9,904 | 1,144 |
| 전남 | 3,711 | 16,310 | 7,998 |
| 경북 | 4,248 | 13,886 | 3,829 |
| 경남 | 2,219 | 9,106 | 3,130 |
| 제주 | 74 | 658 | 525 |
| 세종 | 647 | - | - |

\* 도시지역은 '소규모주택정비법', 농촌지역과 어촌지역은 '농어촌정비법'에 따라 조사되어 도농복합
지역, 반농반어지역 등 일부 지역 중복 조사된 통계임

단위: 호

음마 수준입니다. 빈집에 대한 사회적 관심 또한 낮아서 빈집의
효율적인 관리와 활용 방안을 고민하기 위해서는 다양한 사회적
합의가 필요해 보입니다.

가까운 일본은 버블경제 붕괴와 함께 부동산 거품이 꺼지고
고령화가 가속화하면서 버려진 빈집이 폭증하고 있습니다. 늘어
가는 빈집이 심각한 사회문제로 부상하자 시골지역에서는 지자체
가 빈집을 수리해 싸게 내놓으면서 인구 유인책으로 활용하고, 도
심에서는 사용하지 않는 빈집을 방치할 경우 집주인에게 세금을
물리기로 했습니다.

이제야 실태 파악에 나선 우리나라는 엄연한 사유재산인 빈집을 정부와 지자체가 임의대로 활용하거나 세금을 부과하는 방식이 너무나 먼 이야기처럼 들립니다. 귀농·귀촌 유치지원사업과 농촌공간정비사업 등을 통해 활용 가능한 빈집은 최대한 활용하고, 철거가 필요한 빈집은 정비하겠다는 계획이지만 실제 사례는 많지 않습니다. 당장은 집주인이 자발적으로 빈집을 철거하거나 정비해 활용할 수 있도록 인센티브를 부여하되, 고의로 장기간 방치하거나 투기 등의 목적이라면 이행강제금 등 페널티를 부과하는 제도 개선이 시급합니다.

전문가들은 빈집이 늘어날수록 농촌은 황폐화되고 도시는 슬럼화될 수밖에 없다고 한목소리로 강조합니다. 사람들이 떠난 곳에는 빈집이 생기기 마련이고, 이를 방치했다가는 새로운 이웃을 받아들이기 힘든 지경에 이를 수 있습니다.

"집은 사람의 온기를 담고 산다"라는 말이 있듯이 아무리 좋은 집이더라도 사람이 살지 않으면 온전할 리가 없습니다. 온전치 않은 집이 방치된 마을에 사람의 발길이 닿긴 어렵겠죠. 지역 소멸과 빈집 문제라는 악순환의 고리를 끊기 위해 정부 차원의 대책이 시급해 보입니다.

전국의 빈집 현황을 알고 싶다면 한국부동산원의 '소규모&빈집정보알림e(binzib.reb.or.kr)'를 활용해보세요. 통계정보 중 빈집 현황을 조회하면 지역별·주택유형별·등급별로 '전국에 빈집이 얼마나 되는지'를 한눈에 확인할 수 있습니다. 이밖에도 빈집정비사업, 소규모주택정비사업, 소규모주택정비관리계획 등 빈집과 관련한 다양한 정보를 제공합니다.

## 2024년에는 어떻게 달라질까?

늘어나는 빈집을 하루아침에 쓸모 있는 곳으로 만들기란 쉽지 않습니다. 빈집은 대한민국이 처한 상황과 산적한 난제들이 집약된 것이라 할 수 있습니다. 심각한 저출산과 가속화된 고령화 때문에 이미 인구 절벽에 직면했습니다. 수도권 집중화와 지역 소멸로 농촌에는 한 집 건너 한 집이 불 꺼진 집입니다. 부동산 경기마저 살아날 기미를 보이지 않아서 빈집에 목돈을 쓸 수도 없는 노릇이지요. 그러니 빈집 숫자는 2024년에도 늘어날 수밖에 없습니다.

그나마 다행인 점은 제각각인 빈집 통계가 일원화됐다는 것입니다. 매년 전국에 빈집이 얼마나 늘고 줄었는지를 파악해, 관계기관이 머리를 맞대어 고민하고 활용 방안을 찾는다면 빈집에도 생기를 불어넣을 수 있지 않을까 기대해봅니다.

# 상속세 납세인원,
# 5년 새 2배 이상 급등?

최근 수년간 부동산 가격의 등락이 무척 심했습니다. 코로나19가 창궐한 기간에 경기침체가 우려되자 중앙은행은 경기부양을 위해 기준금리를 낮은 수준으로 유지했습니다. 그러자 시중에 풀린 돈들이 자산시장으로 몰렸습니다. 주식, 코인, 부동산 등의 가격이 폭등하면서 납세자들은 더욱 많은 세금을 내야 했지요. 특히 자산 소유자가 사망한 경우 납부해야 하는 상속세 납세인원이 5년 새 2배가량 증가했다고 합니다. 어떻게 이런 일이 생겼는지, 향후 상속세 납세인원은 계속 늘어날지 살펴보겠습니다.

돌아가신 분의 재산에 대해 유가족이 납부하는 세금이 상속세입니다. 이 상속세의 납세인원과 총상속재산가액이 과거에 비

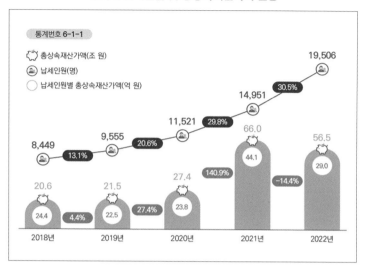

상속세 납세인원 및 총상속재산가액 현황

통계번호 6-1-1

○ 총상속재산가액(조 원)
○ 납세인원(명)
○ 납세인원별 총상속재산가액(억 원)

| 연도 | 납세인원 | 증가율 | 총상속재산가액 | 증가율 | 납세인원별 가액 | 증가율 |
|---|---|---|---|---|---|---|
| 2018년 | 8,449 | 13.1% | 20.6 | | 24.4 | 4.4% |
| 2019년 | 9,555 | 20.6% | 21.5 | 27.4% | 22.5 | |
| 2020년 | 11,521 | 29.8% | 27.4 | 140.9% | 23.8 | |
| 2021년 | 14,951 | 30.5% | 66.0 | -14.4% | 44.1 | |
| 2022년 | 19,506 | | 56.5 | | 29.0 | |

출처: 국세청 국세통계

해 큰 폭으로 증가했습니다. 국세청에서 운영하는 국세통계포털을 보면 2022년 상속세 납세인원(피상속인 수)은 1만 9,506명으로 2021년(1만 4,951명) 대비 30.5%(4,555명) 증가했습니다. 2021년은 2020년에 비해 29.8% 증가한 데 이어, 높은 수준의 증가율을 보인 셈입니다.

총상속재산가액은 56조 5천억 원으로 2021년(66조 원) 대비 14.4%(9조 5천억 원) 감소했습니다. 다만 2021년 증가율이 140.9%에 달했다는 점을 고려하면 여전히 높은 수준입니다. 5년 전과 비교하면 증가폭은 더욱 큽니다. 2018년 상속세 납세인원은 8,449명,

총상속재산가액은 20조 6천억 원이었습니다. 2018년보다 2022년 납세인원은 1만 1,057명(130.9%), 총상속재산가액은 35조 9천억 원 (174.3%)으로 대폭 늘었습니다.

2019~2021년 3년간 평균 사망자 수는 30만 5,913명이었습니다. 2022년 피상속인이 비거주자 등인 경우를 제외한 상속세 납세인원 1만 9,480명이 차지하는 비율은 6.4%였고요. 사망자 100명 중 6~7명은 상속세 납부 대상인 셈입니다.

상속 자산의 종류로는 주택, 자동차, 주식, 예금 등 다양합니다. 이 중 가장 많은 범위를 차지하는 자산은 부동산입니다. 부동산 29조 5천억 원 중 건물 20조 7천억 원, 토지 8조 8천억 원이었습니다. 주식 등 유가증권은 17조 3천억 원으로 상속재산가액의 30.7%를 차지했습니다(83.0%→30.7%).

상속세 납부대상과 상속재산가액이 증가한 배경으로는 부동산 가격의 폭등이 지목됩니다. 한국부동산원이 집계한 전국주택가격동향조사에 따르면, 코로나19 직전인 2019년 0.36% 하락을 기록한 주택가격 변동률이 2020년 5.36%, 2021년에는 9.93%로 2년 연속 큰 폭으로 상승했습니다. 특히 2021년 상승률은 2006년에 11.58% 오른 이후 가장 큰 폭의 상승률입니다. 부동산을 보유했을 뿐인데 갑작스러운 자산가격 상승으로 상속세 대상이 된 사람들이 많았다는 의미입니다.

상속재산의 규모가 10억 원 초과~20억 원 이하 구간인 경우 납세인원이 8,510명으로 가장 많았습니다. 이들은 전체 상속 납세 인원(1만 9,506명)의 43.6%를 차지했습니다. 10억 원 이하까지 포함하면 전체 납부인원의 67.4%에 달합니다.

10억 원 초과~20억 원 미만 구간인 납세자들의 상속세액은 6,512억 원으로, 총 상속세액인 13조 7,253억 원의 4.7%에 그쳤습니다. 10억 원 미만을 전부 포괄해도 5.5%입니다. 기초공제, 배우자·자녀 등 각종 인적공제, 비과세, 장례비용 등으로 실제 과세표준이 크게 낮아지면서 전체 상속세액에서 차지하는 비중이 이와 같이 낮아진 것입니다.

현재 상속세는 과세표준 1억 원 이하에 대해서는 세율 10%, 1억 원 초과~5억 원 이하는 세율 20%, 5억 원 초과~10억 원 이하는 30%, 10억 원 초과~30억 원 이하는 40%, 30억 원 초과는 50%가 부과됩니다. 과세표준이 작을수록 세율이 줄어드는 구조이기 때문에 비교적 재산이 적은 사람들은 세금도 적게 납부합니다.

## 상속세 과세표준

과세표준은 세정 당국이 세금을 매기는 표준이 되는 금액을 의미합니다. 정부는 납세자들의 납세 정보를 파악해 실제로 납부해야 하는 세금의 대상 수준을 계산합니다. 공제제도는 납부대상이 되는 전체 자산 규모를 줄여주는 역할을 합니다. 상속세 과세표준은 상속재산가액과 상속인이 피상속인에게 생전에 증여한 사전증여재산을 더한 뒤, 비과세·공과금·채무·장례비용 등을 제외한 금액을 실제 상속재산이라고 봅니다.

상속세 연부연납 현황

출처: 국세청 국세통계

    실제로 과세표준 규모별 납세인원 현황을 살펴보면, 3억 원 이하가 4,401명으로 전체의 5분의 1인 22.6%를 차지했습니다. 1억 원 이하 16.2%, 5억 원 이하 15.3%, 10억 원 이하 20.3%로, 과세표준 10억 원 이하가 전체 인원에서 차지하는 비중은 74.3%에 달합니다. 상속세 납부세액이 가장 큰 구간은 500억 원 초과 구간으로 38명(0.2%)이 8조 원(약 58%)을 부담했습니다.

    상속세 납부 대상자가 늘어나자 연부연납(세금을 수년에 걸쳐 나눠 내는 것) 건수도 4배 가까이 늘었습니다. 2022년 상속세 연부연납 건수는 4,756건으로 세액은 4조 4천억 원입니다. 상속세 납부세액 13조 7천억 원 대비 32.1%를 차지했습니다. 5년 전의 상속세 연부연납 현황과 비교하면, 건수는 3,546건(293.1%), 세액은 2조 7천억 원(158.8%)으로 크게 증가했습니다.

    정부는 2022년부터 우리나라의 상속세가 너무 높다고 보고

제도 개편을 검토하고 있습니다. 특히 상속세 부과 방식을 현행 유산세에서 유산취득세 방식으로 바꾸기 위한 연구용역을 진행했습니다. 유산세 방식은 피상속인의 상속재산총액을 대상으로 세액이 결정됩니다. 반면 유산취득세 방식은 상속인 각자가 취득하는 상속재산의 크기에 따라 세액이 결정됩니다. 과세표준이 올라가면서 세율이 늘어나는 구조이기 때문에, 유산세 방식을 택하면 상속인이 많아질수록 내야 하는 세금이 훨씬 줄어듭니다.

다만 유산취득세로 바꿀 경우 기초공제, 배우자공제 등 각종 공제제도를 함께 건드려야 합니다. 징세를 담당하는 국세청 입장에서도 세금을 걷어야 하는 사람이 급격하게 늘어나고, 세무조사 대상도 증가하는 만큼 체계 정비가 필요하다는 의견입니다. 이에 따라 아직까지 제도 개편을 본격화하고 있지는 않습니다.

---

**연부연납**

세금을 최대 10년에 걸쳐 매년 일정한 금액을 납부하는 방식

**연부연납과 분납의 차이**

10년 연부연납을 하면 총액의 11분의 1을 신고 시에 즉시 납부하고, 매년 11분의 1을 납부합니다. 다만 장기간에 걸쳐 세금을 내는 만큼 국세청에 담보를 제공해야 하고 이자도 납부해야 합니다. 분납은 상속세를 신고할 때 세금의 일부를 먼저 납부하고 남은 세금은 2개월 후에 내는 방식입니다. 신고할 때 내야 하는 금액은 총 세금에 따라 다릅니다. 만약 총 세금이 2천만 원 이상이라면 총액의 50% 이상을 바로 납부해야 합니다.

전국주택가격동향조사는 전국의 주택 매매·전세·월세 가격을 조사해 주택시장의 평균적인 가격 변화를 측정하고, 주택시장 판단지표 또는 주택정책 수립에 기초자료로 삼기 위해 한국부동산원이 집계하는 통계입니다. 주택 매매·전세·월세 가격, 주택가격 변동요인, 주택수급동향 및 주택시장 변동요인을 종합적으로 조사해 매달 중순에 공표합니다. 한국부동산원이 운영하는 R-ONE 부동산통계뷰어(www.reb.or.kr/r-one)에 들어가서 '공개자료실-공표보고서'를 보면 통계를 확인할 수 있습니다.

## 2024년에는 어떻게 달라질까?

상속세 납부인원이 끊임없이 늘어날 것 같지는 않습니다. 전국주택가격동향조사를 보면 전국주택가격 상승률은 기준금리 인상으로 2022년 4.68%, 2023년 1~9월 누계 3.68% 떨어졌습니다. 한국은행이 기준금리를 인상하면서 주택담보대출 등 주택 관련 금리부담이 크게 높아졌고, 이 영향으로 주택가격 또한 떨어졌기 때문입니다. 2024년 상속세 최고세율과 관련한 논의가 본격화할 경우, 재산 규모가 똑같더라도 향후 세금 부담 또한 감소할 여지가 있습니다.

# 주택 매매가 꿈틀,
# 고금리에 2024년 전망은 '안갯속'

코로나19로 국내 경제 지형도 많이 바뀌었습니다. 감염병에 경제 활동이 올 스톱되고 폐업 등이 늘었지요. 그러자 정부는 현금성 위로금인 손해보상금, 피해보존금 등을 지원하며 경제 위기를 극복하고자 했습니다. 그런데 부작용도 나타났습니다. 시장에 풀린 돈으로 부동산 투기 세력이 늘어나면서 주택 가격이 급등한 겁니다. 자산은 물론 빚까지 내는 등 영혼을 끌어 모아 부동산에 투자하는 '영끌족'도 등장했지요. 꺾일 줄 모르던 부동산 가격은 경기 둔화와 정부의 고강도 제재로 한풀 꺾이며 '연착륙'에 성공했습니다.

하지만 2023년 하반기가 되면서 부동산 가격이 꿈틀거렸습니다. 집값이 바닥을 찍었다는 전망과 아직 바닥이 아니라는 의견이 팽팽히 엇갈리는 가운데, 기준금리 인하 시기가 그 키를 쥘 것으로 보입니다. 2023년 부동산 시장의 흐름과 금리 기조는 어떠했는지를 짚으며 2024년 집값을 전망해보겠습니다.

요즘 집값 수준, 어떻게 보고 계신가요? 땅덩이가 좁은 우리나라에서 부동산은 중요한 경기부양의 키입니다. 부동산 시장이 호황이면 그에 따라 건설업 등 연관 산업들이 살아납니다. 그렇기에 부동산 시장은 현재 경기 상황과 정부 정책에 민감하게 반응합니다. 과거 천정부지처럼 치솟았던 집값이 2023년 들어 안정세를 보이며 연착륙에 성공했습니다. 비행기가 완만하게 활주로에 착륙을 하듯, 주택시장이 부수적인 충격을 발생시키지 않고 점진적으로 안정세에 접어들었다는 뜻입니다.

그런데 2023년 여름부터 집값이 꿈틀거렸습니다. 7월부터 9월까지 3달 연속 주택 매매가격이 오른 겁니다. 집값이 바닥을 치고 오를 일만 남았다는 '집값 바닥론'도 솔솔 나왔습니다. 한국부동산원이 발표한 통계를 보면, 2023년 9월 주택 매매가격은 전월보다 0.25% 올랐습니다. 주택 가격이 상승 조짐을 보인 시점은 2023년 7월부터입니다. 6월보다 0.03% 오른 주택 가격은 8월과 9월에 각각 전월보다 0.16%, 0.25% 올랐습니다. 증가폭도 점점 커지는 모습입니다.

실제 부동산 매물을 봐도 가격 오름의 조짐이 나타납니다. 부동산 시장이 얼어붙어도 서울 강남은 반등이 가장 빠른 노른자 땅

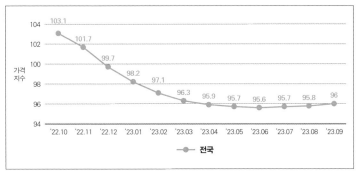

매매가격지수

출처: 부동산원

입니다. 국토교통부 실거래가 공개시스템에 따르면 강남구 압구정 신현대 11차 전용 183m²가 2023년 10월 초 69억 5천만 원에 거래되며 신고가를 경신했습니다. 8월에 실거래된 62억 5천만 원보다 7억 원이 뛰었습니다. 압구정 일대는 재건축 사업이 한창 진행되면서 아파트 값이 크게 오르고 있습니다.

대치동 은마아파트 전용면적 84m²는 9월에 27억 2천만 원으로 거래됐습니다. 8월 최고가인 25억 7천만 원보다 1억 5천만 원 올랐습니다. 전용면적 76m²는 8월 22억 7천만 원에서 24억 4천만 원까지 상승했습니다. 전셋값이 전세보증금보다 낮아지는 역전세난을 일으켰던 전세 시장도 오름세로 전환했습니다. 9월 전세가격은 0.32% 증가하면서 2개월 연속 상승세를 이어갔습니다. 8월(0.15%)보다 오름폭이 확대된 모습입니다.

출처: 국토교통부

    실거래가에서도 전셋값 회복세를 확인할 수 있습니다. 서울 송파구 가락동 헬리오시티 전용 84.99m²는 2023년 1월 전세가가 8억 원 초반대에서 10월 11억 원까지 올랐습니다. 강남구 대치동 래미안대치팰리스 전용 84.97m² 역시 2월 14억 3천만 원에서 10월 2억 7천만 원 오른 17억 원에 신규 계약이 체결됐습니다.

    이런 가운데 주택구입 부담은 커지고 있습니다. 정부의 대출 축소 정책과 고금리 기조, 시중은행의 주택담보대출 금리 인상 때문이지요. 우리는 주택을 구입할 때 빚을 얼마나 낼까요? '주택구입부담지수(소득 대비 몇 퍼센트를 주택 구입 원리금으로 상환하고 있는지를 보여주는 지표)'를 보면 알 수 있습니다

2023년 2분기 주택구입부담지수를 보면, 서울의 경우 소득의 41%가량으로 집계됐습니다. 즉 서울의 중위소득가구가 중간 가격의 주택을 구입하면 소득의 41%를 주택담보대출 원리금 상환으로 부담해야 한다는 뜻입니다. 이는 정부가 규제하는 총부채원리금상환비율(DSR) 기준 40%를 넘는 수준입니다.

시중은행들의 금리가 오르면서 집을 산 사람들의 가계부채는 늘어가고 있습니다. 2023년 6월 말 주택담보대출액은 858조 3천억 원으로, 2022년 12월 말보다 2.4% 늘었습니다. 가계대출에서 주택담보대출이 차지하는 비중은 2021년부터 꾸준히 증가하고 있습니다. 2021년 12월 말 43.8%, 2022년 12월 말 45.1%, 2023년 6월 말

**총부채원리금상환비율(DSR)**

연간 소득 대비 원리금 상환액의 비율. DSR이 80%라면 연소득 가운데 80%를 빚을 갚는 데 써야 한다는 뜻입니다.

**주택구입부담지수**

소득이 중간인 가구가 중간가격의 주택을 구입할 때 대출상환 부담을 어느 정도 져야 하는지를 나타내는 지수. 지수 100은 소득의 약 25%를 주택담보대출 원리금 상환으로 부담해야 한다는 의미입니다. 수치가 커질수록 상환부담이 커집니다.

**중위소득가구**

모든 가구를 소득 순으로 줄을 세웠을 때 한가운데 있는 가구의 소득

46.5%로 집계됐습니다.

정부가 2023년 1월에 부동산 연착을 위해 출시했던 특례보금자리론은 금리 인상에 따라 40조 원을 넘어섰습니다. 당초 금융당국의 예상 금액을 뛰어넘었지요. 이에 따라 시세가 6억~9억 원대 대출은 같은 해 9월 말부터 중단됐습니다.

이창용 한국은행 총재는 가계부채가 계속 증가하면 기준금리 인상을 다시 고려하겠다는 '고금리 기조'를 언급했습니다. 빚 내서 투자하겠다는 영끌족에게 경고장을 날린 겁니다. 은행 이자를 갚지 못한 영끌족은 경매 시장에 집을 내놔야 할 가능성도 높아지고 있습니다. 시중은행 주택담보대출금리가 2023년 초 3%대까지 떨어졌다가 10월 7%대를 넘어섰기 때문입니다. 부동산 시장의 연착륙과 고금리 지속, 주택담보대출 증가. 여러분은 2024년 부동산 시장의 향방을 어떻게 전망하나요?

### ⌕ 통계 돋보기

월간 주택가격동향을 살펴보고 싶다면 한국부동산원에서 운영하는 부동산통계정보시스템(reb.or.kr/r-one)을 활용해보세요. 주택 실거래가를 시기별로 확인하고 싶다면 국토교통부에서 운영하는 실거래가 공개시스템을 이용하면 됩니다. 누리집(rt.molit.go.kr)에 접속해서 확인하고 싶은 매물의 지역과 단지를 입력하면 지도상 위치와 월별 매매가를 확인할 수 있습니다.

# 2024년에는 어떻게 달라질까?

집값 전망이 안갯속입니다. 이 가운데 2024년 부동산 경기 전망은 한마디로 '약보합'으로 관측됩니다. 약보합이란 시세가 떨어진 채로 반등하지 않는 것을 뜻합니다. 즉 고금리 수준이 유지된다면 집값이 예전처럼 크게 오르지 않을 수 있다는 겁니다. 정부에서 가계대출 규제를 강화하고 있어서 고금리와 더불어 대출이 잘 되지 않으면, 주택이 높은 가격대를 형성할 수 없을 거라는 전망이지요.

7장

# 더 글로리,
# 그리고 학교 참상

# 학교폭력 참상,
# 10여 년이 지나도 현재진행형

교육은 부와 계층 간의 격차를 줄여주는 사다리 역할을 합니다. 교육의 불평등을 메워주기 위해 모두에게 기회를 주는데 이것이 공교육입니다. 그런데 공교육이 순기능을 하지 못하고 폭력의 아픔을 키우고 있습니다. 학교폭력의 잔인함이 얼마나 극에 달했는지 2023년 드라마 〈더 글로리〉가 세상을 들썩이게 했습니다. '학교폭력 복수극'을 담은 이 드라마는 국내를 넘어 세계적으로 인기를 끌었습니다. 실제 학교폭력(학폭) 사건을 모티브로 만들었다는 점에서 더 큰 충격을 줬습니다. 학폭이 계속되는 한, 교육은 기회의 사다리 역할을 하지 못합니다. 그렇다면 왜 학폭을 진즉에 막지 못했을까요? 코로나19 시기를 넘어 엔데믹 시대가 도래했습니다. 학폭도 다른 모습으로 진화했다는데, 대처법은 어떻게 달라져야 할지 함께 생각해볼까요?

"연진아, 오늘부터 내 꿈은 너야." 넷플릭스 드라마 〈더 글로리〉의 주인공 문동은(송혜교 역)은 학교폭력을 이기지 못하고 결국 자퇴를 하면서 가해자 연진(임지연 역)에게 이렇게 말합니다. 그리고 다짐하죠. "나는 너의 아주 오래된 소문이 될 거야."

생계전선에 뛰어들 수밖에 없던 동은은 다짐합니다. 꿋꿋하게 살아남은 내 자신이 '학폭 소문'이 되어서 상대를 가장 찬란한 순간에 괴롭게 만들겠다고, 그런 복수를 하는 게 지금부터 나의 꿈이라며 말이죠. 그 방법으로 동은이 선택한 방법은 가해자인 연진이 가장 사랑하는 딸의 담임교사가 되는 것입니다. 내가 너희들에게 고통을 당한 학교, 그곳에서 너도 나와 똑같은 아픔을 느끼게 만들겠다고요.

동은의 '학폭 복수극'은 넷플릭스 TV 비영어권 부문 세계 랭킹 1위에 올랐습니다. 국내를 넘어 세계적으로 인기몰이를 한 매력은 어디에 있을까요? 많은 평론가가 학교폭력이라는 진부해보일 수 있는 소재를 평범하지 않게 풀어낸 작가의 구성력과 배우들의 연기력 때문이라고 했습니다. 학폭이라는 평범한 소재에, 드라마 단골 설정인 복수를 입혔음에도 전혀 뻔하지 않게 풀어간 그 능력을 높이 산 것이죠.

'학폭 복수'는 막상 현실에서 찾아보기 힘듭니다. 학폭 피해자가 트라우마를 이기고 복수까지 해내기란 쉽지 않으니까요. 수십 년간 가슴에 피눈물을 안고 살았던 많은 피해자가 동은을 보며 위

학교폭력 피해자 사진

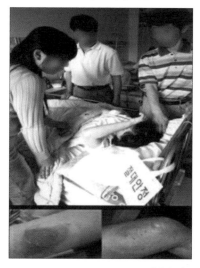

출처: 뉴시스

안을 삼았을지 모릅니다. 현실과 달리 주인공이 어려움을 극복한 과정을 담아낸 것이 진정한 성공요인 아니었을까요.

드라마는 시대상을 반영합니다. 언어와 문화가 다른 나라에서 인기를 누렸다는 것은 그만큼 학폭으로 고통받는 이들이 우리나라에만 국한되지 않았다는 뜻이기도 하죠. 그런데 문제는 이 학폭이 현재만의 문제가 아니라는 겁니다.

실제로 드라마 속에서 가장 충격적인 장면으로 꼽히는 '고데기 괴롭힘' 기억하나요? 가해자들이 고데기로 피해자의 온몸을 지지는 장면인데요, 이 장면은 2006년 충북 청주시의 한 중학교에서 벌어진 실제 사건을 기반으로 재구성한 것입니다. 2006년 5월 29일 〈'친구들이 무서워요' 여중생의 절규〉라는 제목의 뉴스기사와 후속 기사가 보도되면서 사건이 세상에 알려졌습니다.

과연 드라마의 모티브가 된 이 사건 이후, 학교는 어떻게 달라졌을까요? 그래서 직접 교육부의 학교폭력 실태조사를 찾아봤습니다. 그런데 2006년 사건 당시의 관련 자료가 없었습니다. 우리 사회에서 학폭의 경각심은 1995년 김종기 푸른나무재단 명예 이사장의 아들인 고 김대현 학생이 16세에 학폭으로 생을 스스로 마감한 사건 이후로 커졌습니다.

그런데 이를 예방하기 위한 학교폭력예방 및 대책에 관한 법률(학폭법)은 한참 이후인 2004년에서야 나왔습니다. 학폭법이 나왔지만 그마저도 유명무실했습니다. 결국 대구 중학생 집단 괴롭힘 사건이 터진 이후인 지난 2011년에 해당 법이 강화됐습니다. 교육부의 학폭 실태조사도 그 이후부터 본격 시작됐고요. 관련 자료는 2014년에 발표된 2012년 데이터가 가장 오래된 자료입니다.

교육부의 실태조사 자료를 보면, 2012년부터 학폭 피해를 당했다는 응답률은 꾸준히 감소했습니다. 피해 응답은 2012년 12.3%에서 2013년 2.3%로 떨어졌죠. 2014년 1.4%, 2015년 1.0%, 2016년 0.9% 등 내림세를 이어갑니다. 2014년 피해 응답자의 78.4%가 피해 사실을 가족이나 학교, 친구 등에게 알렸다고 답했습니다. 이는 바로 직전 조사 대비 2.3%p 증가한 수치입니다. 알리지 않은 이유

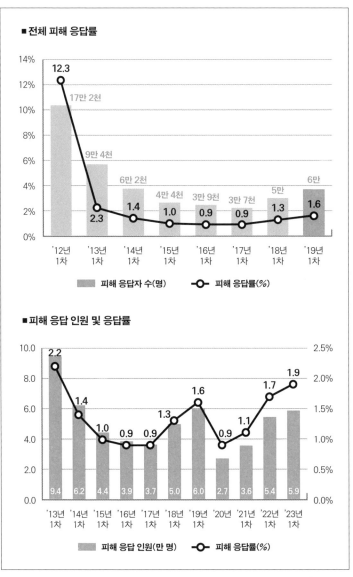

■전체 피해 응답률

■피해 응답 인원 및 응답률

출처: 교육부

로는 '별일 아니라고 생각했다'라고 응답한 비중이 전 조사 대비 3.6%p 감소했습니다. 학폭에 대한 경각심이 커진 것으로 해석됩니다.

안타깝게도 피해 응답률은 2018년부터 다시 증가합니다. 통계 결과를 보면 2018년 1.3%, 2019년 1.6%를 기록했지요. 학폭이 여전히 계속되고 있습니다. 그나마 다행인 점은 2018년에 피해 사실을 주위에 알리거나 신고했다는 응답 비율이 80.9%로 이전보다 늘었다는 겁니다. 학폭 대처방안에 대한 피해 학생들의 인식이 높아진 것으로 분석됩니다.

눈여겨볼 시점은 코로나19가 닥친 2020년 이후입니다. 피해를 입었다는 응답률은 2020년 0.9%로 떨어지더니, 2021년 1.1%에서

### 10%와 10%p는 무엇이 다른가요?

가끔 통계나 기사에서 두 단위가 혼재해 사용됩니다. 굉장히 비슷해 보여도 사실상 다른 의미를 지니고 있습니다. 잘못 쓰다가는 큰 오차를 낼 수 있으니 주의가 필요합니다.

'10%'는 100분의 10/앞에는 수치가 온다/~의 100분의 10입니다. '10%p'는 %가 10개/앞에는 %가 온다/~에 더하기 10입니다. 가령 10%는 100의 10이라고 쓰며 100의 10분의 1만큼이니 10이 되겠죠. 반면 10%p는 100이 아닌 100%란 수치와 함께 쓰입니다. '100%의 10%포인트 늘었다'는 식으로 표현되고, 이는 100+10인 110%가 됐다고 이해하면 됩니다. 통계를 보면 자주 나오는 단위인데, 자칫 '포인트(p)'란 말 하나를 놓치면 수치와 내용을 왜곡할 수 있으니 잘 파악하는 게 필요합니다.

학교폭력 사안 조치 현황

| 기간 | 총 건수 | 학교장 자체해결 건수 | 학교폭력대책 심의위원회 심의 건수 |
|---|---|---|---|
| '17학년도 | 31,240 | – | 31,240 |
| '18학년도 | 32,632 | – | 32,632 |
| '19학년도 | 42,706 | 11,576 | 31,130 |
| '20학년도 | 25,903 | 17,546 | 8,357 |
| '21학년도 | 44,444 | 28,791 | 15,653 |

단위: 건

출처: 교육청

이듬해 1.7%로 반등합니다. 코로나19가 한창 창궐하던 때라서 학폭이 줄어든 걸까요? 비대면 수업 등으로 학생들을 마주하기 어려워지면서 잠시 주춤한 것으로 분석됩니다.

이는 학폭 사안을 조치한 현황을 봐도 알 수 있습니다. 교육부의 학교폭력 사안 조치 현황에 따르면 2017년 총 3만 1,240건에서 2020년 2만 5,903건으로, 잠시 줄었던 것을 제외하면 계속 증가세를 이어갔습니다. 심지어 2021년에는 4만 4,444건까지 늘어났지요. 응답률이 한때 줄어든 것을 보고 '학폭이 개선된 것이 아닐까'라며 단순하게 분석한다면 현장을 제대로 파악할 수 없습니다. 통계 수치 하나만 볼 게 아니라, 다른 수치도 함께 보며 사회상도 고려하며 파악해야 합니다.

## 2024년에는 어떻게 달라질까?

코로나19 시기에 비대면으로 수업을 진행한 결과, 학폭 응답률이 한때 낮아졌습니다. 그런데 물리적으로 마주하는 일이 적어지면서 응답률이 줄어든 것일 뿐 학폭 위험은 여전했습니다. 소셜미디어를 비롯해 온라인에서 다른 방식으로 표출됐거든요.

최근 온라인에서 따돌림을 당하거나 정보 유출 등으로 피해를 본 사례가 보도됩니다. 학폭이 사회 위기 속에서 다른 모습으로 진화한 것은 아닌지 살펴야 하는 이유죠. 즉 '엔데믹 이후'로 맞춰서 학폭에 대처해야 합니다. 전국 곳곳의 학교가 비대면 수업을 끝내고 오프라인 수업을 시작했습니다. 다시 눈에 띄게 폭력이 나타날 수 있습니다.

아이들은 더 취약한 상태입니다. 오랜 비대면 활동으로 친구들과 사회·정서적 역량에 관련한 기본적인 소양을 배울 기회나

또래 간 갈등을 조절하는 경험이 줄었고, 미래에 대한 불안이나 초조함을 어떻게 다뤄야 할지 모를 수 있거든요. 이 때문에 다른 양상의 학폭이 등장할 수 있다는 전문가들의 경고도 나옵니다.

그만큼 교사와 부모들의 관심이 중요합니다. 〈더 글로리〉의 아픔이 휩쓸고 간 2023년, 이제는 새로운 유형의 학폭에 노출되지 않도록 관심을 기울여야 합니다. 아이들이 감정을 스스로 조절하는 능력, 문제상황에서 스트레스를 다루는 방식 등을 익힐 수 있도록 심리·정서적으로 지원해주는 것은 어떨까요?

# 학부모 민원·학생 폭언에
# 괴로운 교사들

불과 몇 년 전까지만 하더라도 '선생님'은 선망의 직업이었습니다. 학생들이 바라보는 교사라는 직업은 존경받기 충분한 지위뿐 아니라 안정적인 직장으로도 손색없었지요. 그런데 최근 교권이 무너지고 있습니다. 학부모들의 민원, 학생들의 지도 부담 등으로 교직을 떠나 새로운 일자리를 찾는 교사들도 늘어나고 있습니다. 교육대학 입시 경쟁률도 떨어지는 추세라, 교대의 위상이 이전만 못하다는 반응도 나옵니다. 이런 이유로 교사들은 스스로 투쟁에 뛰어들었습니다. 교사들의 교육활동을 보호해달라는 요구이지요. 정부와 정치권 또한 '교권 회복'을 위한 각종 대책을 내놓고 있습니다. 이제라도 늦지 않았습니다. 학생은 학생답고, 선생은 선생다운 학교가 될 수 있도록 모든 구성원이 힘을 모아야 할 때입니다.

2023년 7월, 서울 서이초등학교에서 근무하던 20대 여교사가 교내에서 스스로 목숨을 끊었습니다. 경찰 조사 결과 무혐의로 종결됐지만, 처음 사건이 보도될 때만 하더라도 해당 교사가 학부모의 악성 민원에 시달렸다는 의혹이 사망 원인으로 지목되었습니다. 2023년 9월에는 대전의 한 초등학교 교사가 학부모들의 괴롭힘에 힘들어하다가 극단적인 선택을 한 사건도 있었습니다. 의정부 호원초등학교의 한 교사는 2016년부터 2021년까지 학부모의 반복되는 악성 민원에 고통을 받다가 2021년 12월 자택 인근에서 숨진 채 발견되었습니다. 2년이 지나서야 순직으로 인정받았고요.

교권 침해 경험은 설문조사에도 고스란히 드러났습니다. 전국초등교사노동조합이 2023년 7월에 실시한 '교권 침해 실태 설문'에 따르면, 전국 초등교사 2,390명 중 2,370명이 교권 침해를 당한 적이 있다고 답했습니다. 응답자의 99.2%에 달하는 수준이지요. 교권 침해 유형으로는 '학부모의 악성 민원'이 49%로 절반에 육박했습니다. 정당한 생활지도에 대한 불응·무시·반항(44.3%)이나 학부모의 폭언·폭행(40.6%), 학생의 폭언·폭행(34.6%)의 비율도 높게 집계됐습니다.

학부모 상담일에 결혼 계획 같이 사적인 질문을 하거나 퇴근 시간 이후에 문자메시지로 민원을 제기하는 등 괴롭힘이 이어졌다는 것입니다. 학생한테 여러 차례 주먹질을 당하거나 욕설을 들었다는 교사들도 다수였습니다. 이와 관련해 2023년 교육부가 전

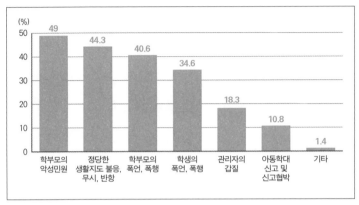

교권 침해 실태 설문조사(2023년 7월)

출처: 전국초등교사노동조합

국 유치원과 초·중·고·특수학교에 재직 중인 교원 2만 2,084명을 대상으로 온라인 설문조사를 실시했습니다. 교권 침해 사례가 증가하는 이유로 응답자의 25.0%는 '교육활동을 침해한 학생과 학부모에 대한 엄격한 처벌 미흡'을 꼽았습니다. 이들 중 23.8%는 '교권에 비해 학생 인권의 지나친 강조'를 지적했습니다. 응답자의 90.0%는 교권 침해 조치 사항을 학교생활기록부에 기재하는 것에 찬성했으며 반대 의견은 3.5%에 불과했습니다.

교단을 떠나는 교사들도 늘어나는 추세입니다. 2023년 6월 교육통계서비스(KESS)에 실린 '초·중·고 교사들의 교직 이탈 의도와 명예퇴직자 증감 추이'를 보면 '향후 5년 안에 교직을 그만두고 싶다'라고 답한 비율이 23.8%로 나타났습니다. 이는 경제협력개발기

향후 5년 안에 교직을 그만두고 싶어하는 교사의 비율

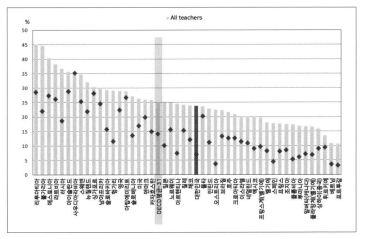

출처: 교육통계서비스 '초·중·고 교사들의 교직 이탈 의도와 명예퇴직자 증감 추이'

구 47개국 중 25번째로 높은 수준입니다.

　초등학교 교사를 양성하는 교육대학의 인기도 예전 같지 않습니다. 수능을 앞두고 2023년 10월 종로학원 등 입시 업계가 전국 10개 교대와 일반대 3개(이화여대·제주대·한국교원대) 초등교육과의 '2024학년도 수시모집 경쟁률 현황'을 집계했습니다. 그 결과 평균 경쟁률 5.11 대 1을 기록했습니다. 2022년 최종 경쟁률 5.19 대 1보다 소폭 하락한 결과입니다. 2021년 치러진 '2022년도 수시모집' 평균 경쟁률 6.11 대 1보다 크게 뒤처졌습니다.

　대입정보포털 '어디가'에 공개된 자료를 보면, 2023학년도 교대·초등교육과 내신 및 대학수학능력시험(수능) 합격 점수 70% 기준점(합격선)도 2020학년도 이후 최저치를 기록했습니다. 저출산 사회 분위기에 따른 학령인구(6~21세) 감소로 신규교사 선발 규모가 줄어드는 추세도 있지만, 최근 사회를 뜨겁게 달군 교권 추락 등의 분위기로 교대의 위상이 떨어졌다는 분석이 나옵니다.

현직에 있는 교사들도 폭발했습니다. 교권 회복을 위한 대책을 내놓으라는 목소리였습니다. 릴레이 1인 시위와 100만 대국민 서명운동, 교원 총궐기 집회 등을 통해 그동안 억눌렸던 목소리를 냈습니다. 정부와 정치권 또한 대책 마련에 분주했습니다.

2023년 9월 21일 교원지위법, 초·중등교육법, 유아교육법, 교육기본법 등 일명 교원의 지위 향상 및 교육활동 보호를 법으로 규정한 '교권 보호 4법 개정안'이 국회 본회의를 통과했습니다. 교육부 또한 법 통과를 계기로 학교 현장의 어려움을 해소하고 교권이 바로 설 수 있도록, 교권 회복을 체감하는 정책을 최우선으로 추진할 계획이라고 밝혔습니다.

### 최근 교권이라는 단어가 중요시되는 이유

요즘 뉴스 사회면에서는 '교권(교사가 학생들을 교육하기 위해 필요한 권위와 권리)'이라는 단어가 자주 등장합니다. 성적 평가권, 학생 생활지도권, 교육내용 방법 및 수업할 권리 등이 여기에 해당하지요. 그러나 최근 아이를 낳지 않는 사회 분위기에 따라 아동복지법이 강화되면서 교사들의 교권이 침해받는 사건이 잇따라 발생하고 있습니다.

교육통계서비스(kess.kedi.re.kr)는 교육과 관련된 통계를 한번에 확인할 수 있습니다. 연도별 학급당 학생 수가 어떻게 변화했는지, 대학 신입생의 출석률과 학업 중단율, 취업률 등도 있지요. 특히 '테마통계〉이슈통계'를 보면 최근 사회현상을 담은 통계로 교육의 현실을 체감할 수 있는 보고서들을 확인할 수 있습니다.

## 2024년에는 어떻게 달라질까?

정부는 서이초 사건을 계기로 2023년 8월 '교권 보호를 위한 종합 대책'을 발표했습니다. 악성 민원을 제기하는 학부모를 소환해 심리치료를 받게 하거나 과태료를 부과하고, 학교 내에서 폭행·협박·성희롱 등 교권을 침해할 경우 처벌을 강화하겠다는 방침입니다. 피해를 본 교원은 수업에서 제외하고 상담 치료를 지원할 계획이고요.

교권 침해가 어제오늘 일은 아닙니다. 오랜 시간 누적된 학교 내의 갈등이 폭발한 결과입니다. 단시간에 학교다운 학교가 세워지기는 힘들겠지만, 정부가 교권 회복에 칼을 뺀 만큼 머지않은 미래에 교육하기 좋은 사회가 다가올 것이라 기대해봅니다.

# 학원에서 배울래요,
# 2022년 사교육비 '역대 최대'

저출산 현상 심화로 학생 인구가 빠르게 줄어들고 있습니다. 그럼에도 교육

열은 여전히 뜨겁습니다. 한 가정에 자녀가 한두 명에 그치니, 소수의 아이라

도 잘 키워보자는 생각이죠.

대형 입시학원들의 상승세는 무너지는 공교육과 대비되는 모습입니다. 사교

육 시장의 과열은 양육에 대한 부담으로 이어집니다. 커져버린 양육비는 다

시 출산 기피 원인이 되고요. 최근 사교육비 추세는 어떤지, 코로나19가 교

육에 미친 영향은 무엇인지 살펴보겠습니다.


　　저출산 현상으로 학령인구가 지속적으로 감소하고 있습니다.

2019년 545만 명이던 초·중·고 전체 학생 수는 2020년 535만 명,

| 【 사교육비 총액 및 전체 학생수 】 | | | | | 【 참여율 및 주당 참여시간 】 | | | | |
|---|---|---|---|---|---|---|---|---|---|
| 구 분 | 2019년 | 2020년 | 2021년 | 증감률 | 구 분 | 2019년 | 2020년 | 2021년 | 전년차 |
| 사교육비 총액 (조원, %) | 21.0 | 19.4 | 23.4 | 21.0 | 참여율 (%, %p) | 74.8 | 67.1 | 75.5 | 8.4 |
| 전체 학생수 (만명, %) | 545 | 535 | 532 | -0.4 | 주당 참여시간 (시간) | 6.5 | 5.3 | 6.7 | 1.5 |

| 【 사교육비 총액 및 전체 학생수 】 | | | | 【 참여율 및 주당 참여시간 】 | | | |
|---|---|---|---|---|---|---|---|
| 구 분 | 2021년 | 2022년 | 증감률 | 구 분 | 2021년 | 2022년 | 증감 |
| 사교육비 총액 (조원, %) | 23.4 | 26.0 | 10.8 | 참여율 (%, %p) | 75.5 | 78.3 | 2.8 |
| 전체 학생수 (만명, %) | 532 | 528 | -0.9 | 주당 참여시간 (시간) | 6.7 | 7.2 | 0.5 |

출처: 통계청

2021년 532만 명, 2022년 528만 명으로 줄었습니다. 그런데 사교육비 총액은 오히려 증가하는 모습니다. 통계청의 '초·중·고 사교육비 조사'를 보면 2022년 연간 초·중·고 학생의 사교육비 총액은 약 26조 원으로, 전년 대비 10.8% 증가했습니다. 이는 통계 작성이 시작된 2007년 이래 최고 수준입니다.

사교육비 총액은 2019년 21조 원을 기록한 뒤 2020년 코로나19 여파로 19조 4천억 원으로 줄었습니다. 그러나 그것도 잠시였습니다. 2021년 23조 4천억 원, 2022년 26조 원을 기록하면서 역대 최대 수준을 경신했습니다.

학생 수 감소에도 불구하고 전체 사교육비 지출이 늘어난 이유는 무엇일까요? 바로 학생 1인당 지출이 증가했기 때문입니다.

2022년 사교육을 받지 않은 학생까지 포함한 '전체 학생 1인당 월 평균 사교육비'는 전년보다 11.8% 늘어난 41만 원으로, 역대 최고 수준을 기록했습니다. 학교급별로 보면 고등학교 46만 원, 중학교 43만 8천 원, 초등학교 37만 2천 원입니다. 초등학교(13.4%), 중학교(11.8%), 고등학교(9.7%) 순으로 증가했습니다.

초등학교 사교육비 총액은 전년 대비 13.1% 증가한 11조 9천억 원이었습니다. 중학교와 고등학교는 7조 1천억 원, 7조 원으로 각각 11.6%, 6.5% 늘었습니다. 특히 학습보다는 돌봄 성격이 강한 초등학생 사교육이 반등하는 모습입니다. 2021년 코로나19의 영향으로 줄어든 뒤 '위드 코로나'에 돌입하면서 사교육비가 증가한 것으로 분석됩니다.

사교육을 받지 않는 학생을 제외하고 참여학생만을 대상으로 했을 때, 이를 평균으로 계산한 참여학생 사교육비는 52만 4천 원으로 뜁니다. 참여학생 사교육비는 고등학교 69만 7천 원, 중학교 57만 5천 원, 초등학교 43만 7천 원 순이었습니다. 증가폭은 초등학교 9.2%, 중학교 7.4%, 고등학교 7.3% 순입니다.

특히 2019년 9만 9천 원에 그쳤던 인터넷·통신을 통한 참여학생 사교육비가 2020년 12만 3천 원으로 늘어난 뒤, 2021년 12만 6천 원, 2022년 13만 5천 원으로 증가세를 보였습니다. 2022년 증가율은 7.5%로 전체 일반교과 증가율(6.5%)을 상회했습니다. 코로나19로 비대면 학습 선호가 늘어난 영향으로 분석됩니다.

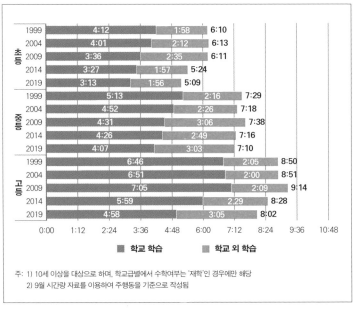

학습 시간(1999~2019년)

주: 1) 10세 이상을 대상으로 하며, 학교급별에서 수학여부는 '재학'인 경우에만 해당
2) 9월 시간량 자료를 이용하여 주행동을 기준으로 작성됨

단위: 시간:분
출처: 통계청 '생활시간조사'

초·중·고 사교육 참여율은 전년 대비 2.8%p 증가한 78.3%였습니다. 주당 사교육 참여시간은 0.5시간 늘어난 7.2시간이었고요. 참여율의 경우 초등학교는 3.2%p 상승한 85.2%, 중학교 3.0%p 상승한 76.2%, 고등학교 1.4%p 늘어난 66.0%였습니다.

늘어나는 사교육과 달리, 초·중·고 학생들의 평균 학습 시간은 전반적으로 감소하고 있습니다. 공교육인 '학교학습' 시간은 감소한 반면, 사교육 또는 자율학습인 '학교 외 학습' 시간은 늘었기

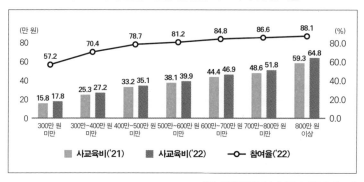

가구 소득 수준별 1인당 월평균 사교육비 및 참여율

출처: 통계청 '2022년 초·중·고 사교육비 조사'

때문입니다.

　통계청의 '아동·청소년 삶의 질 2022'를 보면, 고등학생의 학습 시간은 2009년 9시간 14분에서 2014년 8시간 28분, 2019년 8시간 2분으로 줄었습니다. 학교학습 시간이 2009년 7시간 5분에서 2014년 5시간 59분으로, 다시 2019년 4시간 58분으로 큰 폭으로 줄어든 영향입니다. 반면 학교 외 학습 시간은 2시간 9분에서 2시간 29분, 3시간 5분으로 대폭 늘었습니다. 중학생과 초등학생 학습 시간도 유사한 양상을 보였습니다.

　가구 소득에 따른 사교육비 지출과 참여율은 어떨까요? 가구 소득 수준별 전체 학생 1인당 월평균 사교육비와 참여율을 보겠습니다. 300만 원 미만 가구의 1인당 월평균 사교육비는 17만 8천 원, 참여율은 57.2%에 그친 반면 800만 원 이상의 고소득 가구는 64만

8천 원, 참여율은 64.8%입니다. 금액으로 따지면 소득 800만 원 이상 가구와 300만 원 미만 가구의 사교육비 지출이 3.6배에 달합니다.

부모의 경제활동 상태별 사교육 참여율을 보면, 외벌이(61.1%)일 때보다 맞벌이(65.6%)일 때 사교육 참여율이 높았습니다. 경제활동을 안 하는 경우 참여율은 27.7%에 그쳤습니다. 이 수치가 나타내는 의미가 무엇일까요? 바로 양육자의 경제형편이 자녀의 사교육 참여에 큰 영향을 미친다는 것입니다.

자녀수별 통계를 보면 아이를 적게 낳은 가구에서 1인당 사교육비를 집중적으로 지출하는 경향이 보였습니다. 1인당 월평균 사교육비 지출을 자녀수에 따라 살펴보면, 자녀가 1명과 2명일 때는 각각 46만 1천 원, 43만 원으로 큰 차이가 없었습니다. 다만 3명 이

---

**학령인구**

6~21세 구간의 인구. 초등학령 6~11세, 중등학령 12~14세, 고등학령 15~17세, 대학교학령 18~21세

**사교육비에 포함되는 항목**

사교육비 범위는 초·중·고 학생들이 학교의 정규 교육과정 이외에 사적인 필요에 의해서 학교 밖에서 받는, 보충교육을 위해 개인이 부담하는 비용 일체입니다. 학원, 개인 과외, 그룹 과외, 방문 학습지, 인터넷 및 통신강좌 등의 수강료 지출이 포함됩니다.

상이 되면 24만 2천 원으로 크게 줄어드는 모습이었습니다. 자녀 수에 따른 참여율 또한 1명과 2명은 각각 79.4%, 77.3%로 대동소이했으나 3명 이상이 되면 68.1%로 뚝 떨어집니다.

유아 사교육비 상황을 보겠습니다. 통계청은 현재 국가공식통계로 유아 사교육비 실태를 따로 파악하지는 않습니다. 다만 유아 영어학원비를 통해 실태를 일부 짐작해볼 수는 있습니다. 국회 교육위원회 소속인 강득구 의원이 교육부에서 받은 자료를 보겠습니다.

2023년 6월 기준 유아를 대상으로 하는 영어학원의 월평균 교습비는 123만 9천 원이었습니다. 이는 2021년 107만 원 대비 15.8%, 2022년 115만 4천 원 대비 7.4% 증가한 수준입니다. 교습비에는 기타 경비인 재료비, 유치원복비, 간식 포함 급식비, 차량비, 모의고사비 등이 포함되지 않았습니다. 따라서 학부모가 실제 부담하는 비용은 더 클 것으로 보입니다.

유아를 대상으로 하는 영어학원은 2018년 562개에서 2023년 6월 840개로 1.5배 증가했습니다. 지역별로는 서울 289개, 경기 221개로 전체의 60.7%가 수도권에 집중되어 있고요. 2023년 3월 말 기준, 원생 4만 1,486명 가운데 67.4%는 수도권에 몰려 있었습니다.

'초·중·고 사교육비 조사'는 사교육비 지출을 체계적으로 파악해 교육정책 및 관련 연구에 필요한 기초자료를 제공하고자 통계청과 교육부가 공동으로 실시하고 있습니다. 매년 약 3천여 학급을 대상으로 진행합니다. 국가통계포털(www.kosis.kr) 주제별 통계에서 '교육·훈련 초·중·고 사교육비 조사'에 들어가면 데이터를 확인할 수 있습니다.

'아동·청소년 삶의 질 2022'는 사교육비 조사 등 기존 승인통계를 활용해 아동·청소년 삶의 질을 사회적 배경·물질적 상황·주거환경·건강 등 총 8개 영역으로 나눠 보여주는 통계입니다. 생애주기 단계 중 아동·청소년의 전반적인 삶의 질을 요약적으로 보여주기 위해 2022년 12월 처음 공개했습니다. 통계청 홈페이지(www.kostat.go.kr)에 접속해 '아동·청소년 삶의 질 2022'를 검색하면 확인할 수 있습니다.

## 2024년에는 어떻게 달라질까?

저출산 현상은 계속되는데 국민 소득 수준은 높아지면서 1~2명의 아이에게 교육비를 집중하는 현상이 강화될 전망입니다. 사교육비는 2024년에도 계속 늘어날 것으로 예상됩니다. 특히 통계청과 교육부가 2024년부터 조사할 것이라고 공표한 유아 사교육비에도 이목이 집중됩니다.

코로나19 이후로 사교육 참여 유형도 다양해질 것입니다. 기존의 학원 수강에서 인터넷·통신 등 비대면 학습이 더욱 늘어날 것으로 보입니다.

# 사교육 시장,
# 여전한 '부익부 빈익빈'

우리나라의 과도한 사교육 문제는 어제오늘만의 문제가 아닙니다. '학원 뺑뺑이(학교를 마친 학생들이 이 학원 저 학원을 돌며 추가로 수업을 듣는 것)'라는 신조어가 생겼을 정도입니다. 이처럼 교육열이 높은 국가 중 늘 상위권을 차지하는 우리나라는 사교육 의존도가 높다는 지적이 있었습니다. 정부가 '사교육 경감대책'을 세운 이유도 여기에 있습니다. 사교육 과열 현상의 가장 큰 부작용은 바로 교육의 '부익부 빈익빈'입니다. 다시 말해 돈이 많을수록 교육기회가 더 많아지는 것이지요. 상황이 이렇다 보니 빠듯한 살림에도 '내 아이의 학원비를 포기할 수 없다'는 부모들이 많아지고 있습니다. 게다가 부모의 마음을 이용하는 불공정 행위도 생겼습니다. 대한민국의 교육계 현실을 통계로 조금 더 자세히 알아보겠습니다.

정부가 사교육 시장을 정조준했습니다. 사교육 업계의 카르텔과 부조리를 뿌리 뽑겠다며 교육부는 물론 국세청과 공정거래위원회까지 조사에 나섰습니다. 경찰청까지 합동으로 범부처 회의를 열었고, 신고센터까지 운영했습니다. 입시 교육계는 물론이고 성인 대상 교육계까지 조사 대상에 오르며 대대적인 조사에 집중했습니다. 실제로 몇몇 업체는 거짓·과장광고 사례가 적발되어 과징금 처분을 받았지요. 사교육계에는 어쩌다 '마약'이나 '폭력조직'에서나 들을 법한 카르텔이 존재하는 것일까요?

우리 아이가 살고 있는 대한민국의 교육 현실이 어디서부터 잘못된 것인지 짚어보겠습니다. 학교가 끝나면 친구들과 뛰어놀 놀이터도 따뜻한 밥상이 기다리는 집도 아닌, 차가운 학원 의자에 있어야 하는 현실이 왜 발생한 것인지 알아야 합니다.

우리나라 사교육 현실을 숫자로 알 수 있는 통계를 보겠습니다. 통계청의 '2022 초중고 사교육비 조사'는 전국 초·중·고 약 3천 개 학교의 학생 7만 4천 명을 대상으로 조사했습니다.

가구의 월평균 소득별 사교육비를 보면 부익부 빈익빈의 모습이 보입니다. 우리나라 학생 1인당 월평균 사교육비는 41만 원. 가구의 월평균 소득이 800만 원 이상인 고소득층인 경우에는 무려 64만 8천 원을 사교육에 투자하고 있었습니다. 월평균 소득이 300만 원 미만인 경우 17만 8천 원을 쓴 것과 비교하면 무려 3배 이상 높았습니다.

300만 원 이상~400만 원 미만 가구는 27만 2천 원, 400만 원 이상~500만 원 미만 가구는 35만 1천 원, 500만 원 이상~600만 원 미만은 39만 9천 원으로 순차적으로 높아졌습니다. 600만 원 이상~700만 원 미만인 가구는 평균을 웃도는 46만 9천 원, 700만 원 이상~800만 원 미만인 가구는 51만 8천 원을 투자하는 것으로 집계됐습니다. 월평균 소득이 높은 집일수록 사교육에 쓰는 비용도 높아진 겁니다.

소득이 낮더라도 사교육을 포기하지 못하는 상황도 볼 수 있습니다. 가구의 월평균 소득이 300만 원을 넘지 않는 경우에도 절반이 넘는 가구(57.2%)가 사교육에 참여하고 있었습니다. 부모가 맞벌이를 하는 경우에는 무려 80.2%가 사교육에 참여했고, 부모 중 1명만 경제활동을 하는 외벌이인 경우에도 76.9%가 사교육에 참여하고 있었습니다.

자녀가 외동일 경우에 사교육비가 더욱 집중된다는 결과도 나왔습니다. 외동의 월평균 사교육비는 46만 1천 원으로, 평균보다 5만 원 넘게 나왔습니다. 놀라운 것은 또 있습니다. 성적이 좋

---

**카르텔**

동일 업종의 기업이 경쟁을 제한하거나 완화하는 것을 목적으로 가격, 생산량, 판로 등에 대해 협정을 맺는 독점 형태를 의미합니다. 소수 혹은 대규모의 기업들이 시장을 편안하게 나눠먹기 위한 잘못된 협정이지요.

## 2022년 초·중·고 사교육비 조사 결과

출처: 통계청

을수록 사교육비가 더 높았다는 점이지요. 상위 10% 이내의 학생의 경우 한 달에 학원비로 59만 원을 썼지만 81~100%의 하위권 학생은 32만 3천 원을 썼습니다. 사교육 참여율도 상위 10% 이내는 77.5%, 하위 20% 이내는 54.0%로 차이가 났습니다.

지역별로도 살펴볼까요? 서울의 월평균 사교육비는 59만 6천 원으로 전국 지역 중 가장 높았습니다. 읍면지역의 2.1배에 해당하는 규모입니다. 이어 중소도시(40만 1천 원), 광역시(39만 5천 원), 읍면지역(28만 2천 원) 순입니다. 2021년에 비하면 모든 지역에서 사

**사교육비 현황**

| 구분 | 전체 | 외벌이 | | | 맞벌이 | 경제활동 안 함 |
|---|---|---|---|---|---|---|
| | | | 아버지 | 어머니 | | |
| 2021년 | 36.7 | 34.6 | 36.5 | 23.5 | 38.8 | 14.8 |
| 2022년 | 41.0 | 38.9 | 41.0 | 27.0 | 43.2 | 14.6 |

단위: 만 원

교육비가 늘었습니다. 2021년 대비 증가폭은 읍면지역(14.6%), 서울(12.8%), 중소도시(11.7%), 광역시(10.4%) 순으로 컸습니다.

시도별로 살펴보면 서울, 경기, 대구, 세종 순으로 전체 학생의 사교육비가 높았고, 참여학생의 경우 서울, 대구, 경기에서 높게 나타났습니다. 참여학생의 시도별 고등학교 사교육비는 서울(93만 7천 원), 경기(72만 7천 원), 대구(70만 4천 원)가 높았습니다. 중학교는 서울(74만 9천 원), 대구(60만 1천 원), 경기(59만 9천 원), 세종(58만 1천 원), 초등학교는 서울(58만 8천 원), 대구(46만 3천 원), 경기(45만 3천 원), 세종(44만 5천 원) 순으로 높았습니다.

사교육이 모두 나쁘다는 것이 아닙니다. 공교육의 보완재 역할로 기능할 때 사교육은 그 가치를 인정받을 수 있습니다. 다만 소득이 높을수록 더 비싼 사교육을 받고, 어떤 상황이라도 대부분 사교육을 택하고 있는 우리나라의 현실이 많은 생각을 하게 만듭니다.

이뿐만 아니라 열심히 공부한 학생들에게 주어지는 방학이 '사교육을 받는 기간'으로 변질될 가능성도 엿보입니다. 한 사교육업체가 2023년 6월 진행한 설문조사에 따르면, 학부모 10명 중 3명은 '여름방학에 자녀의 사교육을 학기 중보다 늘릴 계획'인 것으로 조사됐습니다.

'학교(學校)에서 학기(學期)를 마치고 수업(授業)을 쉬는 한동안'이라는 방학(放學)의 의미가 무색해진 것입니다. 교육업체 '윤선생'이 2023년 6월 16일부터 21일까지 고등학생 이하 자녀를 둔 학부모 693명을 대상으로 설문조사를 실시한 결과, 여름방학 자녀의 사교육 계획에 대한 질문에 '학기 중보다 늘릴 계획'이라고 답한 학부모는 30%를 차지했습니다. '비슷하게 유지할 계획'이라고 답한 비율은 56.4%로 가장 높았습니다.

### 🔍 통계 돋보기

'초·중·고 사교육비 조사'는 우리나라 학생들의 사교육비 실태를 파악해서 사교육비 경감대책 및 공교육 내실화 등 교육정책 추진에 활용할 기초자료 제공에 목적이 있습니다. 3~5월 및 7~9월간 월별 사교육비를 각각 5~6월과 9~10월에 조사합니다. 학부모가 홈페이지에 접속해서 직접 입력하는 인터넷(모바일) 조사입니다. 통계자료는 국가통계포털(kosis.kr)에서 확인할 수 있습니다.

사교육비 조사와 국민이 체감하는 사교육비 간에 차이가 생기는 이유는 무엇일까요? 학교급·지역 등의 개별적인 상황을 고려하지 않고 전체 학생 1인당 월평균 사교육비만 크게 부각된 결과이기 때문입니다.

## 2024년에는 어떻게 달라질까?

2028학년도 대학입시 개편안이 공개됐습니다. 주요 내용을 살펴보면 내신이 9등급에서 5등급 평가로 바뀌고, 1등급이 현재 상위 4%에서 10%로 늘어납니다. 그리고 수능은 사회탐구와 과학탐구를 통합사회, 통합과학으로 바꿔서 선택과목 없이 시험을 보게 할 방침입니다.

교육부는 국가교육위원회를 중심으로 개편안을 논의하고, 공청회를 열어 의견을 수렴한 뒤 개편안을 확정할 계획입니다. 해당 개편안이 그대로 추진될 경우 사교육 의존도가 더 높아질 것이라는 우려가 나옵니다. 모든 학생이 통합사회와 통합과학을 동시에 준비해야 하기 때문이지요. 또한 심화수학이 수능 선택영역 과목으로 도입되면 사교육 의존도가 높아질 수밖에 없다는 것입니다.

방학에 더 많은 사교육을 받고 공부를 잘할수록, 더 비싼 사교육비를 내야 하는 세상이 바람직하지 않다는 것은 자명합니다. 사교육 시장에 만연한 카르텔과 부조리를 잡아내는 것도 중요합니다. 그보다 중요한 것은 사교육이 학부모와 학생들에게 진정한 선택지가 될 수 있도록 해야 한다는 것 아닐까요. 사교육 참여율을 낮추지 못한다면 사교육 시장의 문제는 영원히 계속될지도 모릅니다.

# 학원 전전하는 청소년,
# 삶의 만족도는 세계 최하위

다시 학생 때로 돌아간다면 소원이 없을 것만 같습니다. 학교와 집만 오가며 아무 걱정 없이 공부만 하면 되는 학창시절이 제일 행복했을 것이란 생각마저 듭니다. 그런데 우리 아이들의 마음은 다른 것 같습니다. 현재 대한민국에서 자라나고 있는 10대 청소년들은 삶의 만족도가 매우 낮습니다. '사춘기 땐 원래 그래'라고 여기기엔 경제협력개발기구에서도 최하위 수준입니다.

반대로 우리나라 청소년들이 OECD 최상위를 기록하는 게 있습니다. 바로 '성적'입니다. 다른 나라보다 공부도 잘하고 열심히 하는 우리나라 청소년들은 시험 대비를 잘해놔도 불안하다고 합니다. 학생들에게 공부와 행복은 상관관계가 없는 것일까요? 성적과 행복에 대한 통계 데이터로 우리 아이들의 마음을 조금 더 헤아려보고자 합니다.

### 10~19세 사망원인 사망률 및 구성비

| 1위 | 고의적 자해(자살) | 7.2(42.3%) |
|---|---|---|
| 2위 | 악성신생물 | 2.0(12.1%) |
| 3위 | 운수사고 | 1.5(8.9%) |
| 4위 | 코로나19 | 0.5(2.8%) |
| 5위 | 선천기형 변형 및 염색체 이상 | 0.4(2.6%) |

단위: 인구 10만 명당 명, %
출처: 통계청

우리나라 10대 청소년들이 느끼는 삶이 얼마나 고통스러운지 엿볼 수 있는 통계가 있습니다. 통계청의 '2022년 사망원인 통계'에 따르면, 우리나라 10대의 사망원인 1위는 고의적 자해(자살)입니다. 10만 명당 7.2명이 죽음을 스스로 선택했습니다. 자동차 등 교통사고로 인한 사망이 인구 10만 명당 1.5명인 것을 고려하면, 얼마나 많은 아이가 스스로 목숨을 끊고 있는지 알 수 있습니다.

문제는 10대의 자살률이 해를 거듭할수록 가파르게 상승하고 있다는 점입니다. 2012년 10~19세 자살률은 5.1%였는데 10년 만에 7.2%로 커졌습니다. 자살률이 매년 증가하면서 2022년 10대 청소년 자살률은 2000년 이후 사상 최고치를 기록하기도 했습니다.

앞으로 우리나라를 이끌어갈 청소년들이 어떤 일 때문에 힘들어하는지를 알아야 문제를 해소할 수 있겠지요. '불안과 우울을 쉽게 느끼는 사춘기라서 의지가 약한 것'이라는 어른들의 시각에

## 청소년들이 느끼는 삶의 만족도

| 구분 | 평균 삶의 만족도 | 만족하지 않음 | 어느 정도 만족함 | 적당히 만족함 | 매우 만족함 |
|---|---|---|---|---|---|
| OECD 평균 | 7.04 | 16.2 | 17.0 | 33.7 | 33.2 |
| 한국 | 6.52 | 22.8 | 20.5 | 30.7 | 26.1 |
| 일본 | 6.18 | 24.7 | 25.0 | 30.4 | 19.8 |
| 미국 | 6.75 | 19.2 | 20.1 | 32.2 | 28.5 |
| 중국 | 6.64 | 18.7 | 22.1 | 34.2 | 25.0 |
| 핀란드 | 7.61 | 10.4 | 12.0 | 34.8 | 42.8 |
| 멕시코 | 8.11 | 8.2 | 9.1 | 26.7 | 55.9 |
| 영국 | 6.16 | 26.3 | 21.2 | 32.3 | 20.2 |

출처: OECD, '국제 학업성취도평가 연구(PISA) 2018'

서는 이 문제를 풀 수 없습니다. 우리나라 청소년들이 느끼는 삶의 만족도는 다른 나라의 같은 나잇대 청소년들과 비교해도 최하위이기 때문입니다.

우리나라 청소년들의 삶의 만족도는 말 그대로 최하위입니다. OECD가 2020년 발표한 '국제 학업성취도평가 연구(PISA) 2018' 보고서에 따르면, 우리나라 만 15세 청소년의 삶의 만족도는 67% 밖에 되지 않습니다. 자기 삶의 만족도를 스스로 평가한 점수인데, OECD 국가 청소년들 중에서도 낮은 수준입니다. 우리나라 학생들의 삶에 대한 만족도를 점수로 따져 보면 평균 6.52점입니다.

다른 나라에 비해 얼마나 낮을까요? OECD 70개국의 평균은

7.04점입니다. 평균에서도 멀리 떨어져 있지요. 우리나라와 같이 점수가 낮은 나라는 일본(6.18), 영국(6.16), 홍콩(6.27), 터키(5.62) 정도가 있습니다. 우리나라보다 청소년 삶의 만족도가 높은 나라들은 훨씬 많습니다. 대표적으로 핀란드(7.61), 멕시코(8.11) 등을 꼽을 수 있겠네요.

반대로 우리나라 청소년들이 OECD 국가들과 비교했을 때 눈에 띄게 최상위를 차지하는 분야도 있습니다. 바로 성적입니다. 청소년들이 우울한 이유에 공부가 있는 건 아닌지 살펴보겠습니다. 물론 청소년이 느끼는 어려움의 원인을 학업 문제로 한정할 수는 없습니다. 다만 학구열이 높고 대학 진학에 열을 올리는 우리나라의 사회 특성상, 10대가 겪는 고민에서 공부는 떼려야 뗄 수 없을 것입니다.

실제로 공부를 잘하기 위해서는 공부에 쏟는 시간이 많아야

---

### 우울감과 우울증은 어떻게 다른가요?

환경이나 상황이 바뀌어도 우울함이 가시지 않는다면, 이는 우울증일 수 있습니다. 예컨대 학교에서 우울하다가도 집에 돌아오거나 친구를 만날 때 기분이 나아진다면 우울감으로 볼 수 있습니다. 보통 청소년기에 겪는 우울증을 사춘기에 발생하는 일탈 정도로 여기는 경우가 많아 더욱 관심이 필요합니다. 청소년의 경우에는 등교 거부, 짜증, 심한 감정 기복, 과격한 행동, 극단적 언행, 흥미 상실, 학습력 저하 등의 증상을 보입니다.

한다는 의미겠죠. 통계청의 '아동·청소년 삶의 질 2022' 보고서에 따르면, 우리나라 청소년의 여가시간 활동 1위는 학원·과외가 47.3%로 가장 많았습니다. 스마트폰 사용이 14.1%로 그 뒤를 이었습니다. 쉬는 시간에도 우리 학생들은 제대로 휴식하지 못하고 공부를 붙잡고 있는 것이지요.

이에 우리나라 청소년들은 다른 나라보다 공부 성적이 훨씬 뛰어납니다. PISA 보고서에 따르면 우리나라는 2020년(63개국)부터 2023년(64개국)까지 4년 연속 학업성취도 부분에서 6위를 차지했습니다. 성취 수준이 낮지 않은 학생 비율을 따져봐도 2020년부터 4년간 7%밖에 되지 않았습니다. 대다수의 학생이 좋은 평가를 받고 있다는 것이죠.

세부 항목별로 보면, 읽기 영역은 평균 514점을 기록해 OECD 평균점수(487점)보다 높았고 순위로는 37개국 중 2~7위였습니다. 수학 영역은 526점으로 OECD 평균인 489점보다 37점이나 높았습니다. 이는 OECD 37개국 중 1~4위로 최상위권입니다. 과학 영역은 519점을 기록하며 OECD 평균인 489점보다 30점 높았고 3~5위에 올랐습니다.

'6등'이라는 걸 보고 우리나라보다 공부를 잘하는 나라가 어딘지 궁금하지 않나요? 영역별로 차이가 있긴 하나 일본, 에스토니아, 핀란드 등이 우리나라와 비슷한 등수를 기록했습니다. 6등은 훌륭한 성적입니다. 다만 우리 아이들이 6등이라는 성적표를

학업 관련 불안지수

| 구분 | 학업 관련 불안지수 | 시험을 잘 준비하고 있다고 해도 매우 불안하다 | 나는 공부할 때 긴장이 많이 된다 |
|---|---|---|---|
| OECD 평균 | 0.01 | 55.5% | 36.6% |
| 한국 | 0.10 | 55.3% | 41.9% |

출처: OECD '국제 학업성취도평가 연구(PISA) 2015'

가져와도 만족하지 않고, 더 좋은 성적을 기록한 곳은 어느 나라인지에만 집중하는 사회 분위기가 아이들의 스트레스 원인은 아닐지 짐작해봅니다. 대한민국 청소년들은 공부를 잘하고 있으나 사회적인 기대를 충족시키지 못한다고 느끼는 겁니다.

아이들이 생각하는 학업 불안감은 꽤 높습니다. 2017년 OECD가 발표한 '국제 학업성취도평가 연구(PISA) 2015'에 따르면 우리나라 학생들의 학업 관련 불안감 지수는 0.10이었습니다. 이렇게만 보면 높은 수준인지 낮은 수준인지 가늠하기가 어렵지요. OECD의 다른 나라들과 비교해보겠습니다. OECD 평균은 0.01입니다. 다른 나라 청소년들보다 우리나라 청소년들이 학업 스트레스를 많이 받고 있음을 알 수 있습니다. 이때 문제는 시험을 잘 준비하고 있다고 여겨도 불안감이 높다는 것입니다.

'시험을 잘 준비하고 있지만 불안하다'라는 질문에 동의한 우리나라 청소년은 55.3%였습니다. 또 '공부를 할 때 긴장이 많이 된다'라는 문항에 '그렇다'라고 답한 아이들이 41.9%에 달했습니다. OECD 청소년들이 같은 질문에 동의한 비율이 36.6%임을 감안하면, 학업에 대한 불안과 스트레스가 심한 것으로 풀이됩니다.

우리나라 청소년들의 행복도는 코로나19 팬데믹으로 더 최악으로 치달았습니다. 코로나19 때문에 일상화된 고립이 아이들을 벼랑 끝으로 내몰았던 것이죠. 2023년 학생 정서행동 특성검사를 받은 청소년 약 173만 명 중 8만 명(4.8%)이 적극적인 상담과 치료가 필요한 '관심군'으로 나타났습니다. 특히 당장 관심과 손길이 필요한 '자살 위험군' 청소년만 2만여 명(1.3%)에 달했습니다. 정신건강에 적신호가 켜진 청소년 비율만 놓고 봐도 역대 최대입니다.

### ⌕% 통계 톺보기

스위스 국제경영개발대학원(www.imd.org)은 1989년부터 OECD 회원국 등을 대상으로 국가경쟁력을 분석해 발표하고 있습니다. 경제 성과, 정부 효율성, 기업 효율성을 비롯해 교육에 대한 국가 경쟁력을 순위로 매깁니다. 그 일환으로 국제학업성취도평가(PISA)에 대한 조사도 함께 시행되고 있습니다.

PISA는 OECD(www.oecd.org)가 학업성취도를 비교해서 평가하는 시험으로, 만 15세 청소년을 대상으로 읽기·수학·과학 영역에 대한 학업성취 수준을 점검합니다. 가장 최근 통계가 2018년 조사라고 하니, 꽤 오래된 데이터라는 생각이 듭니다. OECD에서 집계하는 통계의 경우 회원국들의 자료를 취합해 작성하는 과정에서 시차가 크게 발생합니다.

사회의 관심이 필요한 청소년 비율은 최근 증가하고 있습니다. 관심군 학생 비율은 2020년과 2021년 4.4%에서 2022년 4.6%, 2023년 4.8%로 늘어났습니다. 자살위험군 청소년 비율도 2021년 1.0%, 2022년 1.1%에서 2023년 1.3%로 뛰었습니다.

## 2024년에는 어떻게 달라질까?

매년 낮아지는 아이들의 삶의 만족도만큼, 청소년 우울증과 자살률 증가가 그리 놀라운 결과는 아닙니다. 그동안 '공부만 잘하면 아무 문제없다'는 식의 분위기가 우리 아이들을 벼랑으로 내몰아 간 것은 아닐까요? 가정과 학교에서의 돌봄에만 청소년 문제를 맡겨온 건 아닌가 싶습니다.

학생들의 우울을 해소하고 행복 증진을 위한 방법을 모색하고자 사회 구성원이 나서야 합니다. 2024년에는 이런 추세를 끊을 수 있도록 모두가 고민해야 합니다.

# 통계 즐겨찾기

- ⊘ 통계청 국가통계포털(KOSIS)
- ⊘ 열린재정
- ⊘ 국세통계포털(TASIS)
- ⊘ 한국부동산원 부동산통계정보시스템(R-ONE)
- ⊘ 산업통계 분석시스템(ISTANS)
- ⊘ 국가에너지통계 종합정보시스템(KESIS)
- ⊘ 한국무역협회 무역통계(K-stat)
- ⊘ 유가정보시스템 오피넷(OPINET)
- ⊘ 원전안전운영정보시스템(OPIS)
- ⊘ 농산물유통정보(KAMIS)

# 통계청 국가통계포털(KOSIS)

국가통계포털(kosis.kr)은 통계청에서 운영하는 국가 승인 통계로, 300여 기관이 제공하는 1천여 종의 주요 통계를 국민에게 서비스하고 있습니다. 인구, 사회, 노동, 소득, 소비, 자산, 주거, 물가 등 국가에서 발표하는 대부분의 통계를 확인할 수 있습니다.

예를 들어 매달 태어나는 출생아가 몇 명이기에 '저출산국'으로 분류되는지, 정부의 주택 공급 정책에 따라 인구가 얼마나 이동하는지, 다가오는 미래 노동력을 가진 '생산가능인구'가 몇 명일지 등을 보여줍니다. 직장을 구한 취업자와 일자리를 잃은 실업자, 일상생활과 밀접한 소비자물가도 매달 확인할 수 있습니다. 고소득층과 저소득층의 소득이 얼마나 차이가 나는지, 이들의 소비패턴 등이 매 분기별 제공됩니다.

**따라 해보기** ▶▶▶ 자장면 가격이 10년 동안 얼마나 올랐을까요? 국가통계포털 홈페이지 → 물가 → 소비자물가조사 → 품목별 소비자물가지수로 들어가면 다양한 품목이 나옵니다. 이 중에서 자장면 물가 변화만 확인하고 싶다면, 우측 상단 조회설정에 들어가 자장면을 클릭한 뒤 시점을 2013년 이후로 맞춥니다. 왼쪽 상단 증감률을 누르면 10년간의 자장면 물가상승률을 확인할 수 있습니다. 단 물가는 계절적 요인의 영향을 받기 때문에 같은 달(전년 동월) 기준으로 보는 게 정확합니다.

# 열린재정

열린재정(www.openfiscaldata.go.kr)은 나라의 곳간을 책임지는 기획재정부에서 운영하고 있으며 국가의 재정 정보를 한눈에 확인할 수 있습니다. '2년 연속 세수 펑크' 내용을 신문 등에서 종종 접할 수 있는데, 매년 소득세, 법인세, 부가가치세 등 세금이 얼마나 걷혔는지 이곳에 게재됩니다.

또 '나랏빚'이라 불리는 국가채무가 매년 얼마나 늘었는지, 국가에 들어온 총수입에서 정부가 지출한 돈을 제외한 통합재정수지가 흑자인지 적자인지 등도 볼 수 있습니다. 국가 재정 상태가 튼튼한지 등 실질적인 나라 살림을 지표로 나타내는 관리재정수지 규모도 집계되어 있습니다. 어렵게만 느껴지는 재정과 관련된 경제 용어도 제공됩니다.

따라 해보기 ▶▶▶ 지난해 우리나라의 빚이 얼마만큼 쌓였는지, 국민 한 명당 갚아야 할 채무가 얼마인지 확인해봅시다. 열린재정 홈페이지 → 재정통계 → 국가채무(D1)로 들어가면 나랏빚이 얼마만큼 쌓였는지 알 수 있습니다. D1은 중앙정부와 지방정부가 반드시 갚아야 하는 돈으로, 정부는 D1 기준으로 나랏빚을 산출하고 있습니다.

# 국세통계포털(TASIS)

국세통계포털(tasis.nts.go.kr)은 징세를 책임지고 있는 국세청이 제공하는 통계 서비스입니다. 13개 세목 등 총 15개 분야 552종의 통계표를 공개해 세금 현황을 한눈에 볼 수 있습니다. 세입구조 실태, 변동 등에 따른 정책수립, 경제효과 분석 등을 위한 통계자료를 제공합니다. 2023년 5월부터 최근 5년간의 100대 생활업종 데이터를 분석해 예비 창업자·취업 희망자 등에 도움이 되는 신규 통계를 공개했습니다. 그리고 9월에는 100대 생활업종 통계를 지도나 그래프로 시각화해 업종별·지역별 매출 수준 등을 알 수 있게 제공하고 있습니다.

일례로 '커피음료점'을 선택하고 연 매출액 1억 2,500만 원을 입력한 후 전국-서울특별시-서울특별시 중구 순서로 선택합니다. 그러면 지역별 매출 수준과 사업자 수, 얼마나 오랫동안 해당 커피숍을 운영했는지 등을 시각화된 자료로 확인할 수 있습니다.

**따라 해보기 ▶▶▶** 지난해 상속세가 얼마나 들어왔는지 확인해봅시다. 홈페이지 → 국세통계조회 → 국세통계 → 상속증여세로 들어가면 상속세 신고현황과 결정현황을 확인할 수 있습니다. 연도별로 상속세를 내야 하는 사람이 몇 명이고 상속세 대상 재산은 얼마인지, 상속세 총액은 얼마인지 등 다양한 정보를 볼 수 있습니다.

# 한국부동산원 부동산통계정보시스템(R-ONE)

부동산통계정보시스템(www.reb.or.kr)은 국토교통부 산하 공공기관인 한국부동산원이 운영하는 부동산·주택관련 통계 포털입니다. 정부 부동산 정책과 경제 정책을 수립하고 운영하는 데 가장 중요하다고 할 수 있는 부동산 상황을 진단하기 위해, 필요한 통계 자료를 일목요연하게 정리해서 제공하고 있습니다.

전국의 땅값이 매달 어떻게 변화하고 있는지, 아파트·단독주택·연립주택 등 집값이 얼마나 오르고 내렸는지, 주요 도시지역 전·월세 부담은 늘었는지 줄었는지 등을 확인할 수 있습니다. 집을 사고 팔 때의 기준이 되는 아파트와 연립·다세대 주택 실거래 가격도 매월 알려줍니다. 이뿐만 아니라 상가나 사무실 등 상업용 부동산의 투자 가치를 파악할 수 있는 상업용부동산임대동향도 볼 수 있습니다.

특히 간편통계조회를 활용하면 주택매매가격 변동률과 주택 전세가격 변동률, 지가 변동률, 상업용 임대가격지수 변동률을 월간 단위로 확인할 수 있습니다. 이를 참고하면 부동산 시장의 흐름을 지역별·유형별로 파악할 수 있어, 집을 사거나 이사를 하거나 가게를 차릴 때 도움이 됩니다.

**따라 해보기** ▸▸▸ 2023년 부동산 시장이 꽁꽁 얼어붙었다는데 부동산통계정보시스템에서 제공하는 데이터로 확인해볼까요? 부동산통계정보시스템 홈페이지에서 메뉴를 선택해 공개자료실을 보면 '통계자료 받기'가 있습니다. 이곳을 클릭하면 전국주택가격동향조사와 주간아파트가격동향조사를 각각 월 단위, 주 단위로 살펴볼 수 있습니다.

아파트 가격 변동을 알고 싶다면 주간아파트가격동향조사에 들어가 '주간아파트가격동향' 파일을 다운로드받아 압축을 해제하세요. 매매가격지수, 수급동향, 전세가격지수를 상세히 볼 수 있습니다. 2023년 10월 첫째 주 전국 주간 아파트가격은 전주 대비 0.20% 하락했고, 수도권은 0.25% 내려 역대 최대 하락폭을 보이는 등 하락세를 지속했다는 사실을 확인할 수 있습니다.

# 산업통계 분석시스템(ISTANS)

산업통계 분석시스템(www.istans.or.kr)은 산업통상자원부 주관하에 산업연구원이 운영하는 산업통계 포털입니다. 산업통계 정보를 다양한 형태로 연계·통합해서 제공합니다.

가령 산업 분야를 40대 제조업과 20대 서비스업으로 구분한 뒤 이를 '해외투자금액' '수출액' 등 주제별로 그래프를 곁들여 서비스합니다. 산업별로 업계나 협회 홈페이지를 각각 찾아보며 비교해야 하는 번거로움을 덜 수 있지요. 이 밖에 거시적인 관점에서 광업, 제조업 등 업권별 수치를 확인하거나 국가별 수출이나 생산지수 등 다양한 지표도 살필 수 있습니다.

**따라 해보기 ▶▶▶** 자동차 수출액이 얼마나 늘었는지 어떻게 확인할 수 있을까요? 산업통계 분석시스템 홈페이지에서 산업별통계를 누르면 40대 제조업과 20대 서비스업 탭이 나타납니다. 40대 제조업은 고위·중고위·중저위·저위기술산업군으로 구분되는데, 각각을 눌러보면 기술 수준에 따라 산업군이 분류된다는 것을 확인할 수 있습니다.
자동차는 그중에서 '중고위기술산업군'에 속합니다. 중고위기술산업군 중 자동차를 누르면 그와 관련된 통계와 그래프를 한눈에 볼 수 있습니다. 이제 2번째 수출액 그래프를 참고하면 됩니다. 정확한 액수가 궁금하다면 그래프 위에 커서를 올려보세요. 수치를 확인할 수 있습니다.

# 국가에너지통계 종합정보시스템(KESIS)

국가에너지통계 종합정보시스템(www.kesis.net)은 에너지경제연구원이 국가 에너지관련 정보를 한데 모아 종합적으로 제공하는 홈페이지입니다. 한국전력·석유·가스공사 등 에너지 공기업과 전력거래소, 에너지공단, 도시가스·석탄협회 등 업계가 보유한 정보를 모두 취합해서 제공하지요.

석탄과 석유, 가스, 신재생 등 에너지원별로는 물론 지역·국가별로도 살필 수 있습니다. 최근 사회 이슈로 떠오른 온실가스 관련 정보도 한눈에 확인 가능합니다. 한 달에 한 번씩 전체적인 흐름을 담은 '에너지통계월보'도 발간됩니다.

**따라 해보기** ▶▶▶ 과연 우리들은 온실가스 배출을 줄이기 위한 노력을 잘하고 있을까요? 온실가스 배출량은 줄어드는 추세일까요? 국가에너지통계 종합정보시스템에서 확인해봅시다. 홈페이지에 접속해서 주제별 → 온실가스 → 개요 탭을 누르면 온실가스 연간 지표가 나옵니다. 이 중 1인당 온실가스 배출량(연간)을 눌러보세요. 1990년부터 2019년까지 온실가스 배출량 추이를 연간 단위로 그래프와 표로 살펴볼 수 있습니다. 단 2019년이 가장 최근 데이터라는 점 참고하세요.

# 한국무역협회 무역통계(K-stat)

무역통계(stat.kita.net)는 산업통상자원부의 위탁을 받아 한국무역협회가 관리·운영하는 통계 포털입니다. 한국무역협회는 수출입통계 공식 집계기관으로서 무려 1957년부터 데이터를 쌓아왔습니다.

국내 무역통계를 비롯해 주요국들의 해외무역통계, 세계무역·경제통계를 다양한 형태로 수록하고 있습니다. 대륙·경제권별로 수출입통계도 제공하고 있으니 아시아·북미·유럽 등 넓은 지역의 데이터도 받을 수 있습니다.

연월별·국가별·품목별 수출입통계도 찾아볼 수 있는데, 이런 분류들을 교차해서도 살펴볼 수 있습니다. 예컨대 '지난해' '미국'으로의 '전기차' 수출액을 찾아볼 수 있는 것이죠.

**따라 해보기** ▶▶▶ 2020년 1월 중국으로 향한 메모리 반도체 수출액을 살펴볼까요? 국내통계 → 품목 수출입로 들어가면 주요 품목들의 수출입데이터가 나옵니다. 여기서 '중국으로 수출된 금액'만 보고 싶다면 국가별 탭에 들어가야 합니다. HSK코드에서 메모리 반도체를 검색하려면 '854232'를 검색하세요. 연월 시점을 2020년 1월로 맞춘 후 조회를 누르면 맨 위에 중국에 대한 수출액이 뜹니다. 마침 중국이 메모리 반도체 수출 1위국이기에 상단에 자리하고 있을 겁니다.

# 유가정보시스템 오피넷(OPINET)

오피넷(www.opinet.co.kr)은 한국석유공사가 법령에 따라 석유사업자의 자료를 토대로 전국 주유소의 판매 가격 등 유가 정보를 제공하는 사이트입니다. 정유사·주유소·충전소의 유종별 판매 가격뿐만 아니라 시도별 최저가 주유소, 불법 거래업소까지 개별 업체 정보를 공개하고 있습니다.

더욱이 경로별·도로별 저렴한 주유소 정보를 제공해서 실생활에 적용하기 편리하게 서비스하고 있습니다. 또 일정 기간별 유가도 살펴볼 수 있어 가격 추이도 한눈에 볼 수 있습니다. 더 넓게는 연간 국제유가 추이 데이터까지 제공합니다.

**따라 해보기** ▶▶▶ 2023년 11월 20일 세종시에서 휘발유가 가장 저렴한 주유소를 찾아보겠습니다. 싼 주유소찾기 → 지역별로 들어간 후 주유소 탭에서 세종 지역을 고릅니다. 읍·면·동도 고를 수 있으나 일단 세종 전체 지역으로 찾아보겠습니다. 세차장이나 편의점, 24시간 등 부가 서비스 사항도 지정할 수 있습니다. 여기서 보통휘발유를 검색하면 당시 기준으로 휘발유 가격이 가장 저렴한 충청에너지주유소(1,590원), 신안주유소(1,594원), 굿모닝주유소(1,594원)이 검색됩니다. 2023년 11월 20일 세종시 휘발유 평균 가격이 1,658원인 것을 감안하면 정말 저렴하네요.

# 원전안전운영정보시스템(OPIS)

원전안전운영정보시스템(opis.kins.re.kr)은 한국원자력안전기술원이 세계원자력발전소 현황부터 설계운영 정보, 사건 정보 등을 제공하는 종합 데이터베이스입니다. 원전과 관련해서 국민의 관심이 높은 사안인 사고·고장 등의 정보를 국내 원전·계통·원인·연도별로 찾아볼 수 있습니다.

원전은 고장 발생위치에 따라 1차 계통과 2차 계통으로 분류됩니다. 쉽게 말해 원자로와 그 주변에서 발생한 고장은 1차 계통 고장이며, 발전을 하는 터빈 등에서 문제가 발생하면 2차 계통 고장입니다. 예컨대 우리 집 근처에 있는 원전이 특정 시점에 몇 번 고장이 났는지, 얼마나 자주 고장이 나는지 등을 찾아볼 수 있습니다. 우리나라뿐만 아니라 해외의 원전 고장 및 사고 사례, 국가별 원자로 현황 등 해외 데이터도 상세하게 제공하고 있습니다.

**따라 해보기** ▶▶▶ 우리나라에서 가장 오래된 고리원전이 처음 가동됐을 때부터 10년간 얼마나 많이 고장 났는지 살펴보겠습니다. 사건정보 → 원전사고·고장현황에 들어가서 시설별 현황을 찾아보겠습니다. 고리 원전은 1~4호기까지 있습니다. 전부 체크한 후 고리원전이 상업운전을 시작한 1978년부터 1988년까지의 기간을 선택합니다. 고리원전은 1988년까지 10년 동안 사고나 고장이 총 149건 발생했다고 나옵니다.

# 농산물유통정보(KAMIS)

농산물유통정보는(www.kamis.or.kr)는 한국농수산식품유통공사에서 운영하는 사이트입니다. 농산물, 수산물, 축산물 등 품목별 도소매 가격을 볼 수 있습니다. 이른바 장바구니 물가를 체감할 수 있는 곳이지요.

식탁에 단골로 등장하는 상추, 고추, 깻잎, 양배추, 사과, 배, 바나나 등 농산물뿐 아니라 돼지고기, 닭고기, 계란 등 축산물 가격도 한눈에 확인할 수 있습니다. '주간 알뜰 장보기' 정보도 확인할 수 있으니 가계 지출을 줄이는 데 도움이 될 것입니다.

따라 해보기 ▸▸▸ 우리 동네 삼겹살이 전국 평균보다 싼지 비싼지를 확인할 수 있습니다. 홈페이지 → 가격정보 → 축산물 소매가격에 들어가 품목을 '돼지>삼겹살'로 설정한 후 기간별 가격을 누릅니다. 그러면 지난 10일간 삼겹살 100g 평균 가격, 최고 및 최저 가격, 각 시별 삼겹살 가격이 한번에 제공됩니다.

### 오종택

뉴시스에 입사해 사회부 사건팀장(캡)으로서 우리 사회의 희로애락을 전했다. 정치부 외교안보팀장을 지내면서 남북 정상회담과 철원 비무장지대(DMZ)에서 남북한 군인이 손을 맞잡는 역사적인 순간을 전하기도 했다. 경제부로 옮겨 세종취재팀장으로 통계청을 출입하며 새롭고 다양한 통계를 접했다. 통계 숫자 너머에 담긴 의미와 사회상을 짚어내고자 이 책에 기반이 된 기사 연재를 기획했다.

"이 책의 토대가 된 〈뉴시스〉 연재물을 쓰면서 매주 새로운 글이 쌓였다. 그러면서 '훗날 그간의 글들을 모아서 책으로 펴내면 어떨까'

## ✒ 박영주

뉴시스 문화부 영화·방송 담당으로 기자 생활을 시작했다. 산
업부, 사회부, 정치부를 거쳐 현재 경제부를 담당하고 있다. 문화
부 시절에 한국방송대상 최연소 심사위원을 맡았다. 산업부 시절
재계 1, 2위를 출입했으며 사회부에서 국내 최대 지진발생과 수능
연기, 대통령 탄핵 등 굵직한 사건을 경험했다. 정치부 지방선거를
거쳐 현재는 기획재정부와 농림축산식품부를 맡고 있다.

## ✒ 이승주

뉴시스에서 기자 생활을 시작했다. 부동산과 금융, 증권 등 기
자 생활 대부분을 경제 분야에 몸담았다. 특히 부동산에 관심이

많아 책『토익보다 부동산』『부동산투자를 잘한다는 것』을 출간했다. 현재 세종시에서 산업통상자원부와 공정거래위원회, 원자력안전위원회를 담당하고 있다. 21대 총선 때는 정치부, 미국 중간선거 때는 국제부를 출입했다.

"한창 바쁜 국감 시즌에도 새벽까지 원고를 넘겨준 후배들, 해외출장 당일과 연차에도 기획에 함께해준 선배들 모두에게 감사를 표한다. 그리고 이를 다 취합하고 조율한 내 자신에게도 수고했다고 말하고 싶다! 마감하니 2024년이네. 새해를 책과 함께 열다니, 우리 모두 파이팅!"

### 임소현

대학 졸업과 동시에 기자 생활을 시작해 금융부와 유통부 출입을 지냈다. 코로나19 사태 속 취재 현장에서 기자로서 느낀 점과 현시대 속 뉴스의 의미를 탐구하기 위한 논문「한국 기자들의 '현장' 의미 인식에 대한 탐색적 연구」를 게재했다. 현재 미디어학 박사과정으로, 뉴시스 경제부에서 일하고 있다.

"통계는 숫자의 탈을 썼지만 맥락의 언어다. 나에게 이번 원고 작업은 맥락과의 싸움이었다. 통계는 가만히 있는 듯 보이지만, 기사 안에서 역동적으로 살아 움직인다. 누군가를 한 번에 설득시킬 수 있지만 완벽한 방패가 될 수는 없다. 그래서일까. 읽고 작업은 한없이 어려웠다. 느낀 바는 분명하다. 통계가 던져준 숙제는 기자의 몫이다. 이 책을 읽는 모든 이들에게 통계는 재미가 되기를."

## 용윤신

뉴시스에서 기획재정부, 통계청, 국세청 등 경제 정책을 담당하는 정부 부처를 출입하고 있다. 앞서 고용노동부, 보건복지부 등 사회 정책 부처를 출입했다. 정부 정책이 국민들의 실생활에 미치는 영향이 커지고 있는 가운데, 딱딱하고 어려운 정부 정책을 쉽게 풀어 전달하기 위해 노력 중이다. 때로는 숨겨진 정책을 알리고, 때로는 정부 정책에 대한 문제점을 따끔하게 지적하는 기자가 되고자 한다.

"통계 속에 숨겨진 의미를 명료하게 풀어 독자에게 전달하는 것은 기자의 역할 중 하나다. 하지만 책을 집필하며 다시 보니, 어려운 단어나 불친절한 설명이 눈에 들어와 수정 작업에 애를 먹었다. 출간을 계기로 모두에게 도움이 되는 기사, 이해하기 쉬운 기사를 쓰기 위해 더욱 노력해야겠다는 생각이 든다."

## 🖋 손차민

대학에서 경제학을 공부하며 기자를 꿈꿨다. 현재 뉴시스에서 경제부 기자로 일하는 중이다. 기획재정부, 환경부, 농림축산식품부, 해양수산부, 교육부를 거쳐 현재는 산업통상자원부, 공정거래위원회를 출입하고 있다.

"학부 때 그렇게 공부하기 싫었던 통계로 책을 내게 될 줄은 몰랐다. 앞날은 한 치도 예측할 수 없기에 매 순간 열심히 하려고 한다. 이번 책도 마찬가지."

## 🖋 임하은

뉴시스 사회부 사건팀에서 기자 생활을 시작했다. '광진'과 '강남'의 경찰, 검찰, 법원을 출입했다. 이태원 참사를 마무리한 후 경제부로 왔다. 기획재정부와 통계청, 농림축산식품부를 출입한다. 통계로 우리 사회의 이면을 파헤치는 기사에 매일 도전 중이다.

"그간 작성한 기사가 책으로 출간되니 감회가 남다르다. 내가 처음 통계를 '읽으며' 겪었던 어려움을 이 책의 독자들은 보다 수월히 건널 수 있었으면 한다. 부디 통계를 처음 접하는 이들에게 길잡이가 되는 친구 같은 책이었으면."

# 통계로 미리 보는 핵심 키워드 7

초판 1쇄 발행 2024년 2월 1일
초판 2쇄 발행 2024년 2월 8일

지은이 | 뉴시스 경제부
펴낸곳 | 원앤원북스
펴낸이 | 오운영
경영총괄 | 박종명
편집 | 최윤정 김형욱 이광민 김슬기
디자인 | 윤지예 이영재
마케팅 | 문준영 이지은 박미애
디지털콘텐츠 | 안태정
등록번호 | 제2018-000146호(2018년 1월 23일)
주소 | 04091 서울시 마포구 토정로 222 한국출판콘텐츠센터 319호(신수동)
전화 | (02)719-7735    팩스 | (02)719-7736
이메일 | onobooks2018@naver.com    블로그 | blog.naver.com/onobooks2018

값 | 21,000원
ISBN 979-11-7043-492-4 03320